狭い家でも子どもと快適に暮らすための

部屋作りのルール

一級建築士
しかまのりこ

彩図社

はじめに

幼児期は物があふれる時期

床に散らかる、うっかり踏むととても痛いおもちゃ、帯とカバーがはずれたままの絵本、畳んだはずなのにいつの間にかぐちゃぐちゃになっている子どもの服や、片づかない知育の教材セット……。

小さい子どもと暮らすとどうしても物が増えますね。さらに、多くの子どもは、なんでも出すだけ出して片づけないため、家はどんどん荒れていきます。片づけても片づけても片づかない！　とお悩みの方は少なくないでしょう。

就学時期になるとさらに増える！

さらに**子どもが就学すると、物が増えるのでより片づかなくなります。**

ダイニングテーブルの上に置きっぱなしで食事の度にテーブルとソファを行き来する教材、教育にいいからと聞いて置いてはみたものの邪魔で仕方がない地球儀、置き場所がなくて床に直置きされたプリンター、いつもソファを占領しているランドセル……。

パーソナルな空間への配慮も必要になる

子どもが小学生になる時期は、そろそろ自室も用意してあげなければいけない頃かしら？　なんていう悩みも出てくる頃ですね。**思春期や受験期になると、より子どものパーソナル空間に配慮する必要も出てくる**ため、お悩みは尽きません。

とくに狭小住宅では、子ども一人一人に個室を与えることのできる間取りは多くないため、大きな悩みの種となっているお宅が多いです。

家が快適になると家族仲が良くなる

わたしは一級建築士・模様替え作家として20年間で5０００件以上の新築および中古住

宅の設計や検査、内装デザインや模様替えに関わってきました。とくに子育て世帯からは前述したような多くのお悩みの相談を受け、解決してきました。

家が快適になるとイライラすることが減り、子どもと楽しく過ごせるようになったというご意見をいただいています。

他にも、住まいの使い方を家族で話し合い、見つめなおし、模様替えを協力して行うことで、**会話のなかった家族が団結した**という嬉しい効果もうかがっております。

●仕組みがあれば、子どもは自ら考え行動するようになる

また、わたし自身も仕事をしながら、狭く散らかりがちな住まいを整え、２人の子育てをしてきました。

「子どもが勉強しない」「兄弟げんかをする」「学力が伸びない」「協調性がない」などの親としての悩みや、子育ての挫折や限界を感じることもたびたびありました。

そんな中で、**「子どもが自ら考え行動する住まいの仕組み作り」**を育児書や医学書を参考に試行錯誤しながらも考え、子どもが育つ住まいの環境を成長に合わせ整えてきました。

あんなに小さかった子どもたちもいまでは大きく成長し、上の子は医師として、下の子はゲームプランナーとして活躍しています。

「リビングで一緒にゲームをしたことが楽しかった」「リビングの広いテーブルで家族の存在を感じながら工作をしたり勉強をしたりする時間が好きだった」と子どもたちに言われ、家を整えてきたことは各々の好きなこと・やりたいことを見つける土台作りになったようだと嬉しく思っています。

解決事例を多数掲載！

本書では、読者のみなさんが子どもと快適に暮らせるヒントが見つけられるように、**間取りや家族構成などがさまざまな家族の、多くの解決事例を掲載**しました。もし全く同じ間取りや家族構成の例がなくとも、大家族の例を多数紹介していますので、ご自宅と近い間取りでご自分の家族より人数が多い例を参考に考えていただければ、応用できると思います。

また、狭い住まいでも子どもの心の成長を守るパーソナルスペースの作り方などもお伝えしていければと思います。お子さんと快適に過ごすための部屋作りの参考にしてもらえれば幸いです。

〈今すぐチェック！〉

この本で解決できるお悩み

子どもの学習・自立について

- □子どもに自ら勉強してほしい
- □登校準備など自分で自分のことをできる仕組みを作りたい
- □小学校入学や中学受験に向けて学習スペースを作ってあげたい
- □兄弟で仲良く協力してほしい
- □忍耐力や思いやり、協調性を身に付けてほしい

片づかないことについて

- □リビングが片づかなくてイライラする
- □物が多すぎて家がいつまでも整わない
- □子どもの学用品を収納する場所をリビングに作りたいがどうしたらよいかわからない
- □ランドセルがいつも床に放置されている
- □リビングが荒れていて子どもが勉強するどころではない

家が狭いことについて

- □思春期の子どものパーソナルな空間がない
- □部屋数はないが個室を作ってあげたい
- □親のテレワークスペースも確保したい
- □引越しをせずに子どもが独立するまでの時期を乗り切りたい
- □子どもの成長やライフスタイルの変化に合わせて部屋を過ごしやすく整えたい

上記のお悩みは本書で解決できます！

＼模様替えで家族が変わった人の嬉しい声／

リビングの収納を変えただけで、子どもたちがすすんで片づけをするようになりました。

（20代女性）


リビングダイニングの家具配置を変えたら、ＴＶがついていてもダイニングで集中して勉強するようになりました。

（40代女性）


狭い住まいで物があふれかえっていましたが、テレワークスペースや勉強部屋ができたことで、仕事もしやすく、また子どもの成績も上がりました。

（40代男性）


子ども部屋がたりなかったために引越しも考えていましたが、現状の間取りで子ども部屋が作れました。資金は教育費に回せそうで、助かりました。

（40代男性）


造りが古めかしい築40年の住まいに住んでおり、子どもが成長する中、部屋をどのように使っていくべきか悩んでいましたが、部屋割りを学べたことで、今の住まいでもなんとか希望が持てるようになりました。

（30代　女性）


２ＬＤＫで子どもが２人ですが、狭くても一人になれるスペースを作ってあげたことで子どもたちが大変喜んでくれました。

身支度なども自分たちでできるようになりました。

（40代女性）

狭い家でも子どもと快適に暮らすための部屋作りのルール　もくじ

Contents

Contents

第2章 子どもと快適に過ごせるリビングの作り方

第3章 狭い家でも子どもに快適な部屋を作る方法

Contents

第4章 3年後を見据えた家具配置をしよう

第5章 一生使える家具の選び方

Contents

第1章

子どもと快適に過ごすための部屋作りの基本

ルール0

家が狭いと快適に暮らせない理由

みんなが1人6畳以上の個室スペースを持てる時代は終わった

ひと昔前は、家族で住む家を購入する場合の間取りは3LDKと相場が決まっていました。お父さんとお母さんの寝室として一部屋、子ども2人に個室を一部屋ずつ、そしてリビングダイニングキッチン、という部屋割ですね。

しかし、共働き家庭の増加による職住近接のニーズの高まりや、不動産価格の高騰により、多くの人にとって望む広さの住宅を手に入れることは難しくなりました。

そのため、狭めの賃貸に住み続ける人や、独身のときに購入した1LDK・2LDKに住み続ける人が増えています。

また3LDKの住宅に住むことができたとしても、昨今の新築は60㎡台後半の広さのものが増加しており、かつてのように個人のスペースを十分に確保することは難しくなってきています。

みなさん狭い家に人と物があふれかえって苦労されているようで、わたしのところに寄せられる相談も、**「家族が増えて家が手狭になったがなんとかこのまま暮らしていきたい、どうにかならないか」、という内容のものがこの数年でぐっと増えました**。

狭い家に住むことで起こる弊害

そもそも住まいには、快適に暮らすための理想的な広さがあることをご存じでしょうか？

国土交通省が定める「住生活基本計画」では、人々が豊かに暮らすために必要な居住面積の基準が定められています。

それによると4人家族で住む場合、都心部の共同住宅では95㎡以上、郊外及び都市部以外の戸建てでは125㎡と言われています。しかし、都心部のマンションなどは前述のように、居住面積が60㎡台後半～70㎡台前半のものがほとんどです。つまり、**理想値よりは3割近く狭い住まいに住んでいる**わけです。豊かで快適な生活にはほど遠いことがわかり

世帯人数別の居住面積水準（単位:㎡）

世帯人数別の面積	最低居住面積水準※1	誘導居住面積水準※2	
		都市居住型※3	一般型※4
単身	25	40	55
2人	30【30】	55【55】	75【75】
3人	40【35】	75【65】	100【87.5】
4人	50【45】	95【85】	125【112.5】

【】内は、3〜5歳児が1名いる場合

※1 最低居住面積水準:世帯人数に応じて、健康で文化的な住生活を営む基礎として必要不可欠な住宅の面積に関する水準

※2 世帯人数に応じて、豊かな住生活の実現の前提として多様なライフスタイルを想定した場合に必要と考えられる住宅面積に関する水準

※3 都市居住型:都心とその周辺での共同住宅を想定　20 ㎡×世帯人数＋15 ㎡（２〜４人の場合）

※4 一般型:郊外や都市部以外での戸建て住宅居住を想定　25 ㎡×世帯人数＋25 ㎡（２〜４人の場合）

ますね。

それに加えて、子育て世代は子どもの物が増えやすい時期です。物が片づかないのは、ある意味当たり前なのかもしれません。

その他にも、**狭い住まいは、子どもの健全な成長にも影響を与えます**。

子どもは思春期に入ると、一人の時間を過ごしたり、メンタルヘルス的な逃げ場としたりするための自分専用のパーソナルなスペースが必要になります。

それなのに、家が狭いためにパーソナルなスペースなどへの配慮がないと、子どもの心の成長に影響が出てきて、悩みの種にもなるわけです。

引越しに掛かる出費例　※家賃20万円台の場合

敷金	20万円（1か月）
礼金	20万円（1か月）
前家賃	20万円（1か月）
仲介手数料	20万円（1か月）
その他（鍵交換、火災保険料など）	3万円程度
引越し料金	20万円程度

合計　103万円

住まいを変えることは負担が大きい！

狭いなら、引っ越せばいいじゃない！　で片づけられる方は、本書を手に取られてはいないと思いますが、一応触れておきますと、都心は家賃が高いので、2LDKから3LDKに引っ越そうとすると2～3万円以上は家賃が上がってしまいます。

また、家賃だけではなく、引越しをするだけでも、賃貸の場合は、敷金や礼金、仲介手数料や鍵の交換費用・火災保険料などの他、引越し費用などが掛かってきます。たとえば首都圏で家賃20万円台のマンションに引越しする場合は、100万円程度の費用が掛かります。

持ち家の場合も、住まいの買い替え費用以

部屋割変更の例

外にも登録免許税や仲介手数料・登記費用・不動産取得税や引越し費用など、賃貸よりさらに大きな負担が掛かってきます。

狭い家でも快適に暮らすためのテクニック

では、どうしたら現状の狭い住まいでも快適に暮らせるようになるのでしょうか？

その答えは、結婚や出産・子どもの成長など**ライフステージの変化に合わせ、上手に部屋割の変更や機能的な部屋への模様替えをする**ことです。

部屋割とは、今「家族の寝室」にしている部屋を子どもが中学生になったら「子どもの共同部屋」にする、など部屋の用途を１つに

機能的な模様替えの例

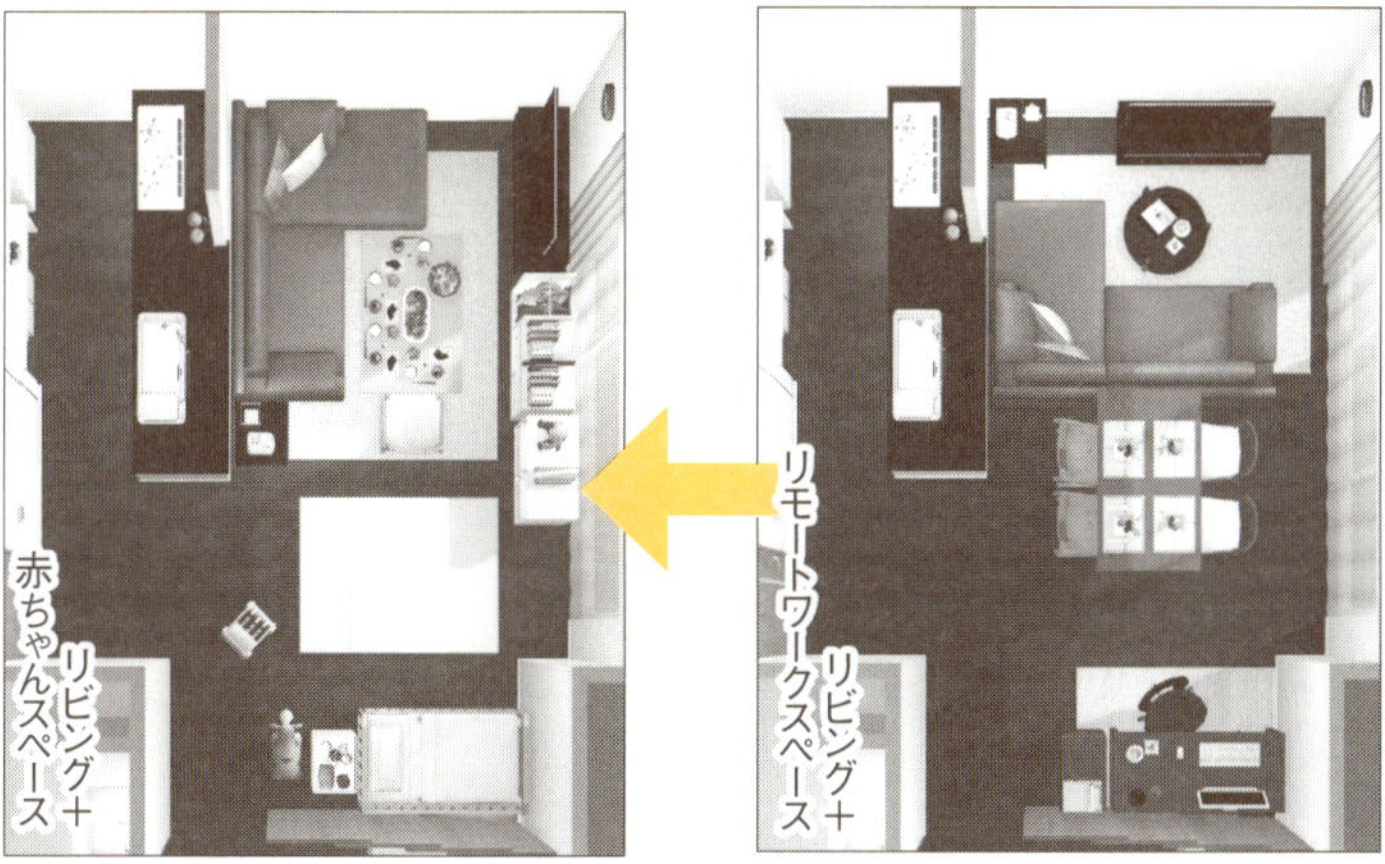

決めずに、そのときの家族のニーズに合った役割で使用していくことです。

機能的な部屋への模様替えとは、部屋自体の役割はずっと同じであるものの、そのときのニーズに合わせた使い方や機能を、家具やその配置を見直してアップデートすることです。

子どもはすぐに成長し巣立っていきます。ですから、無理をして子どもに合わせて広い家を購入せずに、部屋割と模様替えを適正に行う方がトータルの住宅コストも安く済みます。

では実際にライフステージの変化に合わせた模様替えや機能的な部屋の作り方について見ていきたいと思います。

ルール1

狭くても快適に暮らすための機能的で片づく部屋の作り方

●快適な部屋は、機能がスムーズにつながっている

住まいを快適にする方法として、「部屋割」と「模様替え」があるとお伝えしました。そこでまずは、機能的な部屋への模様替えについてお話ししていきましょう。

部屋には複数の機能があります。

たとえば一般的な子ども部屋は「寝る」「勉強する」「遊ぶ」「くつろぐ」。リビングダイニングは「食べる」「くつろぐ」「会話する」などです。他にも、浴室には「入浴する」以外に「歯を磨く」、トイレには「排泄する」以外に「読書をする」など、本来の機能に別の機能を追加している場合もあります。

図1－1

部屋を快適にするためには、この**複数の機能をスムーズにつなげる仕組み作りが大切**です。

それでは、その仕組みについて見ていきたいと思います。

部屋の機能を洗い出し『空間分け』『動線』『収納』を考慮する

部屋作りには仕組みが大切だと述べました。その仕組みとは**『機能ごとの空間分け』『動線』『収納』**の3つです。

上の図はこの3つが意識されていない、あるお宅の例です。本項ではこの間取りを例にお話しします。

そもそも**部屋が散らかってしまう大きな要**

図1−2

因は、空間が分かれていないことです。

狭い家では、くつろぐためのリビングと食事をするためのダイニング、子どもが勉強をする学習スペースと洗濯物を畳んだりする家事スペースなどの空間が分かれておらず、上図のようにごっちゃになってしまっています。これにより、物もそれぞれの空間に入り交じってしまい、果てしなく散らかってしまいます。

これらを改善するためには、**部屋の機能ごとに空間を分けて、動きやすい動線を考えながら家具を配置し、空間ごとに専用の収納場所を作ることが大切**です。

それでは、具体的な4つのステップで仕組みを作っていきましょう。

ステップ1・機能の洗い出し

まず初めに、部屋をどのように使いたいかを考え、機能を洗い出します。

たとえばリビングダイニングであれば、食事をする、TVを見たり家族と会話をしたりしてくつろぐ、洗濯物を干す、勉強をする、仕事や家事作業をする……などです。

下記の例を参考に、いまの生活スタイルに合わせて考え、機能を洗い出してみてください。

リビングダイニングの機能の例		
・食べる	・勉強をする	・寝る
・くつろぐ	・学校の準備をする	・絵を描く
・会話をする	・読書をする	・化粧をする
・TVを見る	・ゲームをする	・洗濯物を干す
・作業をする	・運動をする	・アイロンをかける
・仕事をする	・踊る	・洗濯物を畳む
・家計簿をつける	・遊ぶ	・来客をもてなす

● ステップ2・空間分け

機能を洗い出せたら次にするのは部屋を機能ごとに「空間分け」をすることです。

たとえばご飯を食べたりTVを見たりする空間は『リビングダイニングゾーン』、洗濯物を干したり収納したりする空間は『洗濯衣類ゾーン』などです。

紙に間取りを書いてザックリでよいので、下図のように部屋を分けましょう。

部屋にはあらかじめ設置されているクロゼットやTVアンテナがあると思います。クロゼットのそばには『洗濯衣類ゾーン』、TVアンテナのそばには「リビングダイニングゾーン」など、**動かせないところから考えていくと空間分けがスムーズ**です。

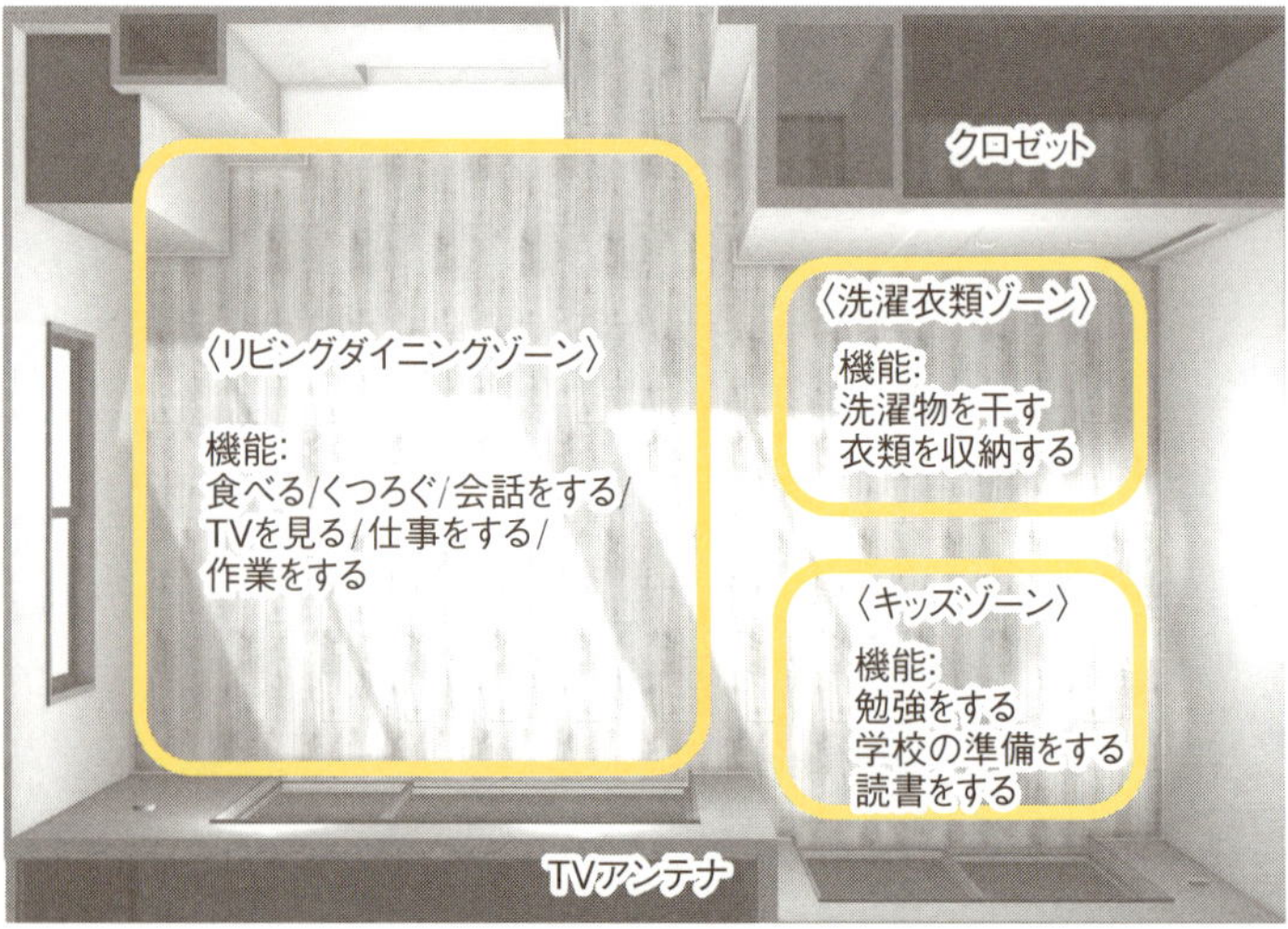

ステップ3・家具の配置

次に、人が通る動線を考えながら、家具を配置します。基本的には、**扉から扉、扉からベランダ、家具と家具の間、機能ごとに分けた空間と空間の間などに、動線を確保しておく**とよいと思います。家具が動線をふさいでいないか確認しながら、レイアウトします。

動線の幅は**最低60センチ**は必要です。動線や空間分けについては前著『狭い部屋でも快適に暮らすための家具配置のルール』で詳しくご説明しましたので、こちらも併せてご覧いただけると理解が深まるかと思います。

ただ、ここでは人が通る動線の幅は少なくとも60センチあける、と考えていただくだけでも大丈夫です。

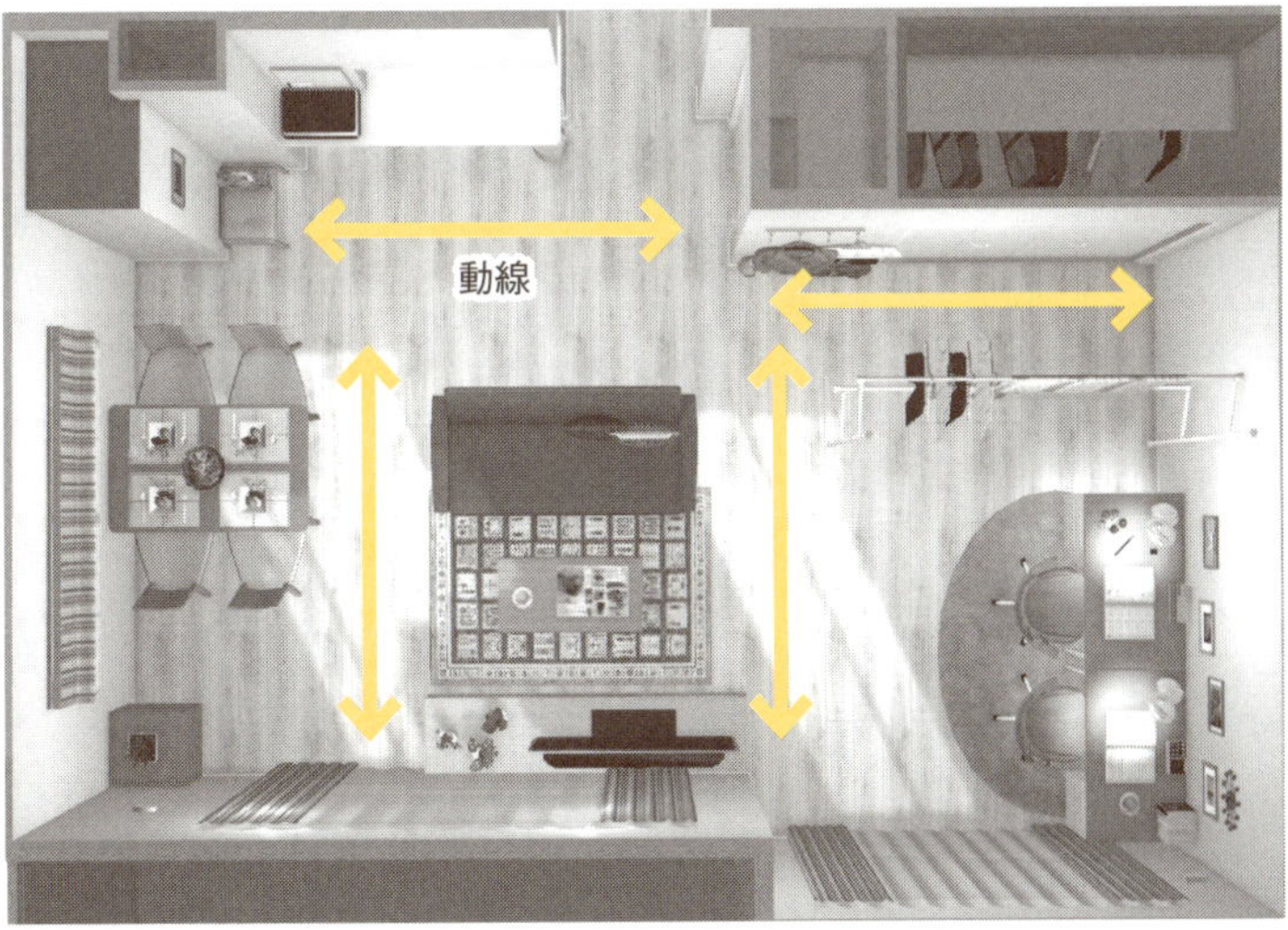

ステップ4・収納の配置

最後に、機能ごとに分けたそれぞれの空間に、専用の収納を作ります。

たとえば、リビングダイニングゾーンには、キッチンカウンターの下に書類やプリント・アクセサリーや小物雑貨をしまう収納を作ったり、洗濯衣類ゾーンにはクロゼットの他にチェストを置いたりして、それぞれの空間にある物を収納しましょう。

デッドスペースを活用したり、間仕切りも兼ねた収納家具を使ったりすれば、より機能的な収納場所を作ることができます。

図1－3

機能的で片づく部屋の作り方はこの４ステップで考えていきましょう。

図１－３が、この項で見てきた部屋の仕組み作り後のイメージです。

24ページの図１－２と比べてみてください。大分すっきりした部屋になりましたね。

ルール2

子どもが必要とするパーソナルスペースの広さはどれくらい？

思春期の子どもにとってパーソナルスペースは必要不可欠

機能的な部屋の作り方について見てきましたので、次は「部屋割」についてお話ししたいところですが、その前にパーソナルスペースについて押さえておきましょう。

パーソナルスペースとは、一般的には他人に近づかれたくない距離、という意味で使われますが、ここでは一人になるためのスペースという意味で使用します。

子どもが中学生になる頃には、プライバシーの確保が大切になります。とくに思春期の子どもは、親と適度な距離を保つための空間が自宅にないと、干渉されているように感じストレスを溜めやすくなります。そのため心の逃げ場としての、自分だけの安全なパーソナルスペースが必要になります。

このパーソナルスペースですが、子どもの数だけ部屋があれば、1人に一部屋、子ども部屋をパーソナルスペースとして与えることができますね。しかし、現状の住宅事情では難しいことも多いかと思います。その場合は、1つの部屋を仕切るなどしてパーソナルスペースを作る必要があります。

●シングルベッド1台分の広さがあればよい

図2−1 最低限のパーソナルスペース

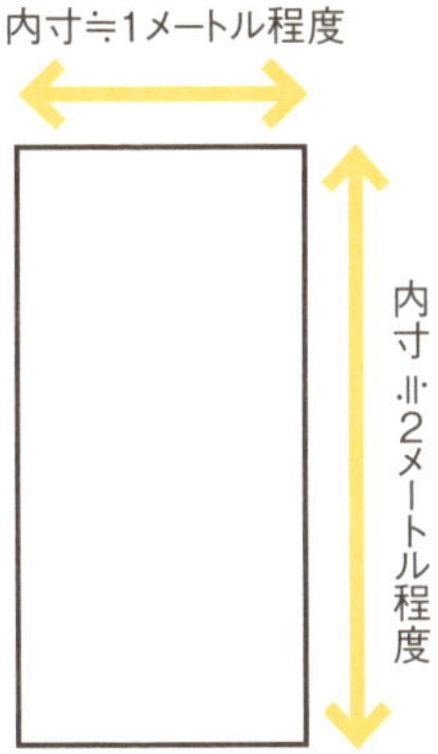

では、子ども1人のパーソナルスペースは最低どのくらいあればよいのでしょうか？

子どもの性格にもよりますが、**一人で眠れる空間＝最低でも部屋の内寸で〝シングルベッド1つ（≒幅1メートル×奥行2メートル）が置ける広さ〟が必要**です。約2㎡ですので、1畳を1・62㎡だとすると、1畳より少し大きい程度の広さです。

このシングルベッドが置けるスペースがあれ

図2−2　1人のパーソナルスペース

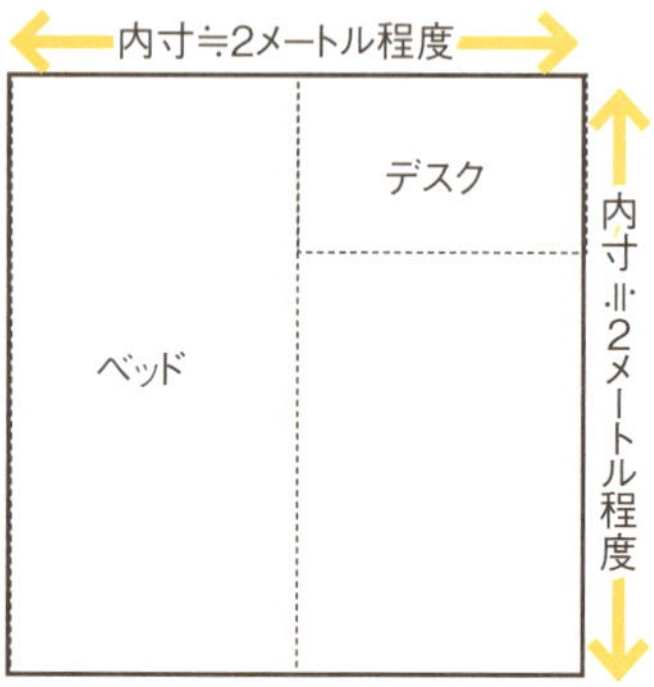

ば、布団敷きにすれば折り畳みのデスクも置くこともできます。またロフトベッドなど高さのある家具を使えば、下部にデスクなどを置くこともできます。

さらに部屋に余裕があれば、幅1メートル程度のデスクを置ける広さを追加し、幅約2メートル×奥行約2メートル、つまり約4㎡、2〜2畳半の広さをパーソナルスペースとして確保できるとよりよいでしょう。この広さを確保していればデスクの代わりに大きめの収納を置くこともできます。

●子どもが複数人いる場合は

間取りにもよりますが、子どもが2人以上いる場合は、先ほどの寸法を基準にして、子どもの数でかけ算をすれば必要なスペースを計算することができます。

ただし、間仕切りや間仕切り収納を入れたい場合はその寸法（約15〜40センチ）を足してください。また間取りと家具の置き方によっては動線が出てきますので、動線が必要な配置になる場合は幅60〜70センチ程度の動線スペースも計算しましょう。

するとたとえば**子どもの数が２人の場合は２倍、つまり２畳半に間仕切りを加えて３畳あれば最低基準は満たせます**。

もし部屋が狭くてシングルベッドと机分のスペースを人数分取ることができなくても、ベッドを二段ベッドなどにすることでパーソナルスペースへの対応は可能です。二段ベッドは、カーテンを付けたり蚊帳を付けたりすることで、プライベート性が増します。

これならなんとかなるご家庭は多いのではないでしょうか。

図2−3 2〜4人のパーソナルスペース

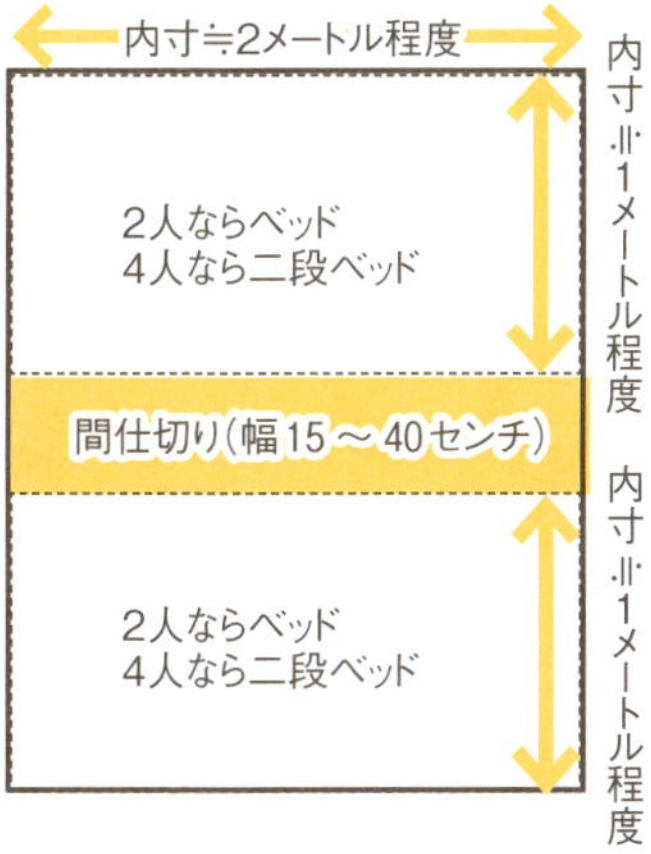

子ども２人用として５畳半程度の部屋（内寸が３メートル四方）が準備できる場合は、間取りにもよりますが、二段ベッドに

図2−4 2人のパーソナルスペース

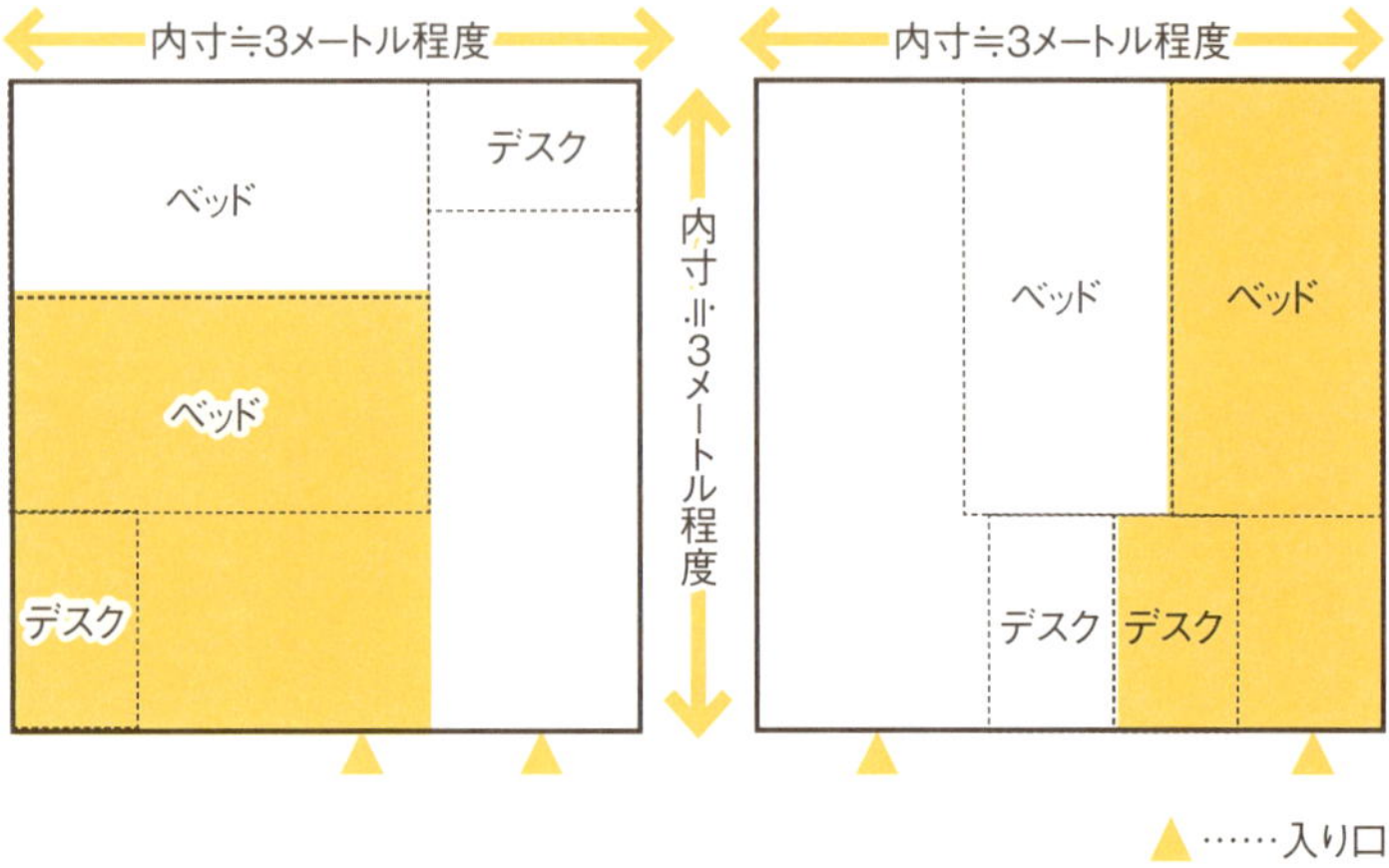

しなくても机と寝床を備えた2人分のパーソナルスペースを作ることが可能です。（図2－4）

間仕切りをしたい場合は、前述のように間仕切りの厚さを足してください。

このように計算すると、もし4人子どもがいたとしても、12畳の子ども部屋があれば少し余裕のあるパーソナルスペースを用意してあげることができるとわかります。（図2－5）

● 狭い部屋でパーソナルスペースを確保する際の注意点

パーソナルスペースを作る場合、**窓の位置や照明・コンセントの位置にも注意**してみましょう。

窓はできるだけ家具でふさがないようにするのがベストです。

また照明はダクトレールを使えば複数個に分割できます。

コンセントは延長コードを使用するのが一般的ですが、延長コードは邪魔になりやすく、転倒やショートなどの危険もあります。そのため、持ち家なら電気店やスキルマーケットなどの電気工事士にコンセント増設工事を依頼するなども検討しましょう。

図2−5 4人のパーソナルスペース

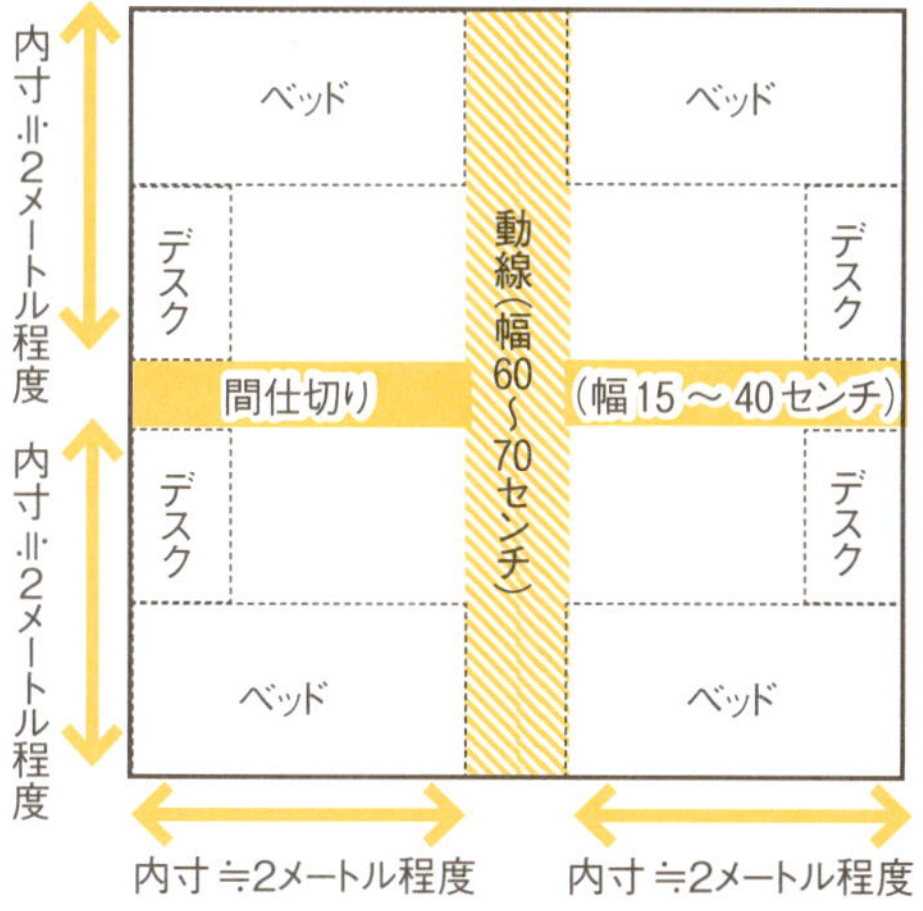

ここでは、パーソナルスペースの必要性と狭い部屋でもパーソナルスペースは確保できる、ということを知っていただきたくて簡単にご紹介しました。子ども部屋やパーソナルスペースを確保する方法は第3章でも詳しくお話ししますので参考にしてくださいね。

ルール3

模様替えのタイミングと間取り別模様替え実例【1LDK 3人暮らし】【2LDK 5人暮らし】【3LDK 6人暮らし】

● 模様替えのタイミングは3回

これまでお話ししてきたことを元に、部屋割と機能的な部屋への模様替えの例を簡単にご紹介しましょう。

ところで、模様替えや部屋割の変更はいつ行えばよいのでしょうか。

一般的なタイミングは新婚時期から考えると、

1. 子どもの出産から幼児期
2. 学童期（リビング学習期）
3. 中学生以降（思春期）

の3回で、子どもの数や年齢差によりさらに増えます。

子どもの成長に合わせて模様替えをしたいと思いつつも、億劫で、結局、だらだら過ごしてしまうという方は多いです。親も忙しいので、仕方がないことですね。

しかし、子どもが小学生ならまだよいのですが、思春期に入った中学生になっても親子一緒に川の字で寝ているご家庭も大変多く、子どもの心に何らかの問題が発生する場合があります。

そういったことを防ぐためにも、あらかじめ、「第一子が小学校に入学したら子ども部屋を作る」「中学生になったらパーソナルスペースを作る」など、**ライフステージの変化に合わせて間取りをどのように使うかを想定し、模様替えをライフプランに組み入れ、実行することが大切**です。

ライフプランに組み入れる際には、家具の買い足し・処分費用も予算にいれて確保しておきましょう。いつどのような模様替えを行い、どのような家具が必要になるかが先にわかっていれば、使い回しのきく家具を購入することができます。そうすれば家具の購入費や処分費を抑えることができます。

使い回しができることに加えて、永く使える丈夫な、健康被害の少ない家具を選びましょう。そうしておけば、子どもが進学や就職で一時的に家を出るときも実家の家具を持って行くことができる場合が多く、最終的にはお得になります。

さて、模様替えの必要性や時期についてイメージできたでしょうか？

さらにイメージを深めるために、実際の模様替えと部屋割の様子を間取り別に見てみましょう。

1LDK親子3人の住まい

まずは1LDKの間取りに、親子3人で暮らす場合の一例です。

この間取りで、子どもが生まれる前から、思春期になりパーソナルスペースを必要とするところまでの部屋割と家具配置をご紹介します。

図3－1 子どもが生まれる前

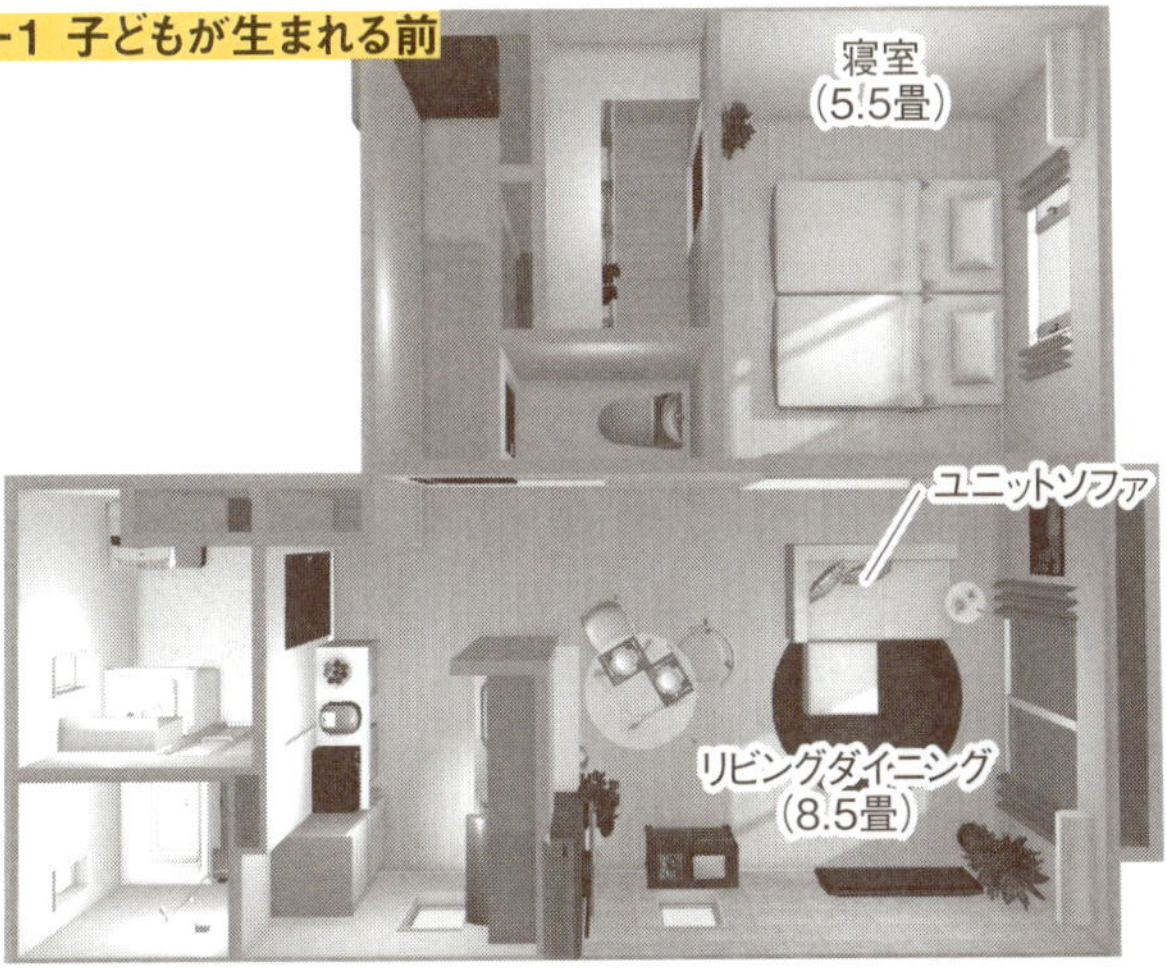

【子どもが生まれる前】

子どもが生まれるまでは、上の5・5畳の個室を寝室、下のキッチンと隣接する8・5畳の部屋をリビングダイニングとして使用します。

これは新婚家庭や同棲中の方によくある部屋割の選択ですね。

ところで、新婚時代はダブルやクイーンサイズのベッドを購入される方も多いのですが、シングルベッドを2つ並べる方がオススメです。と言うのも、体に合うマットレスは個人差があるので個々人で選べた方がよいですし、将来別の部屋で使う可能性もあるからです。

さて、この家のままで、子どもが1人生まれたらどうしたらよいのでしょうか？

図3−2 乳幼児期

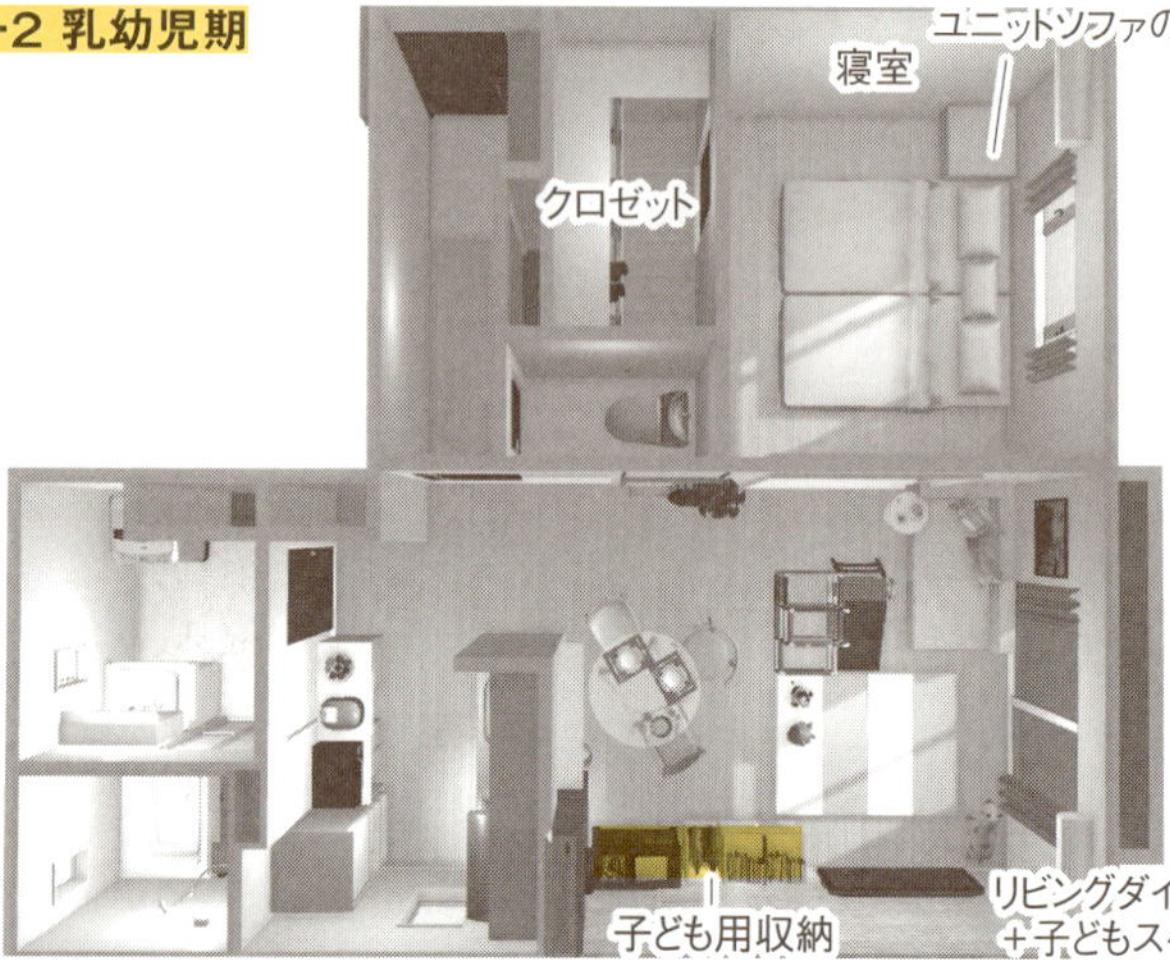

【乳幼児期】

子どもが生まれてから幼児期までは、上図のように模様替えを行うことで子どものスペースを確保することができます。

まず、遊具を置くスペースを作るためにリビングのユニットソファを壁に寄せ、一部は寝室で物置として使用します。

子ども用の収納と椅子はリビングに増設しました。

寝室は、小型のベビーベッドをレンタルしてベッドと壁の間に置いてもよいですが、赤ちゃんが安全に添い寝できる２歳頃になったら一緒にベッドで眠る方が部屋は広く使えます。

図3−3 学童期

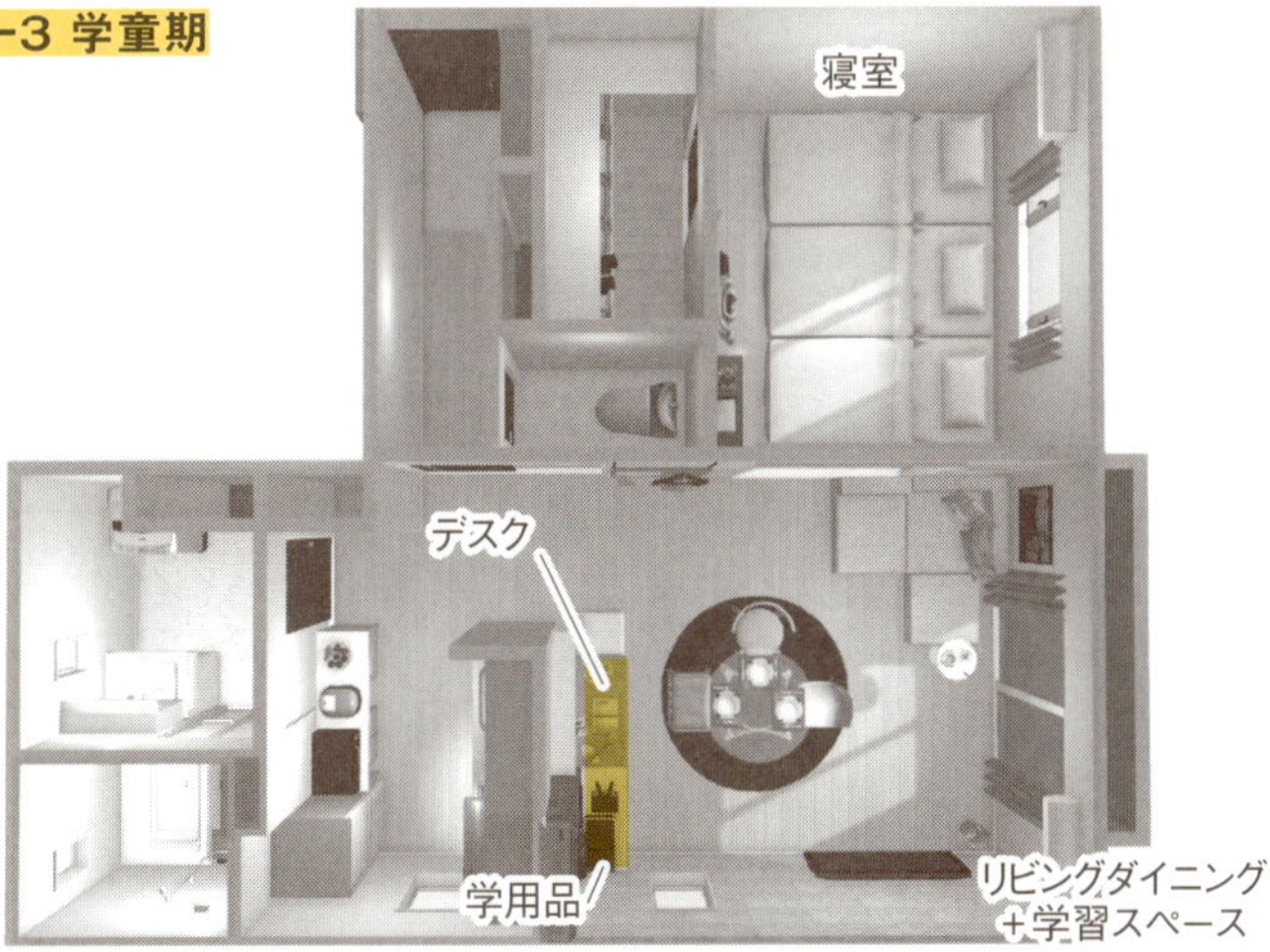

【学童期】

学童期にも、上の5・5畳の部屋は引き続き寝室として使用し、下の8・5畳の部屋はリビングダイニングとしてだけではなく、学習スペースとしても使用します。

リビングのキッチンカウンター前には子ども用のデスクと学習用品を置くことにしました。子どもの椅子はダイニング用と勉強用で兼用します。

大きな遊具などは片づけ、寝室に置いてあったユニットソファの一部をリビングに戻すことで全員でソファに座れるようにしました。

また、寝室は子どもの体が大きくなってきたのでシングルベッドを増やし、おもちゃなどもそちらに移動します。

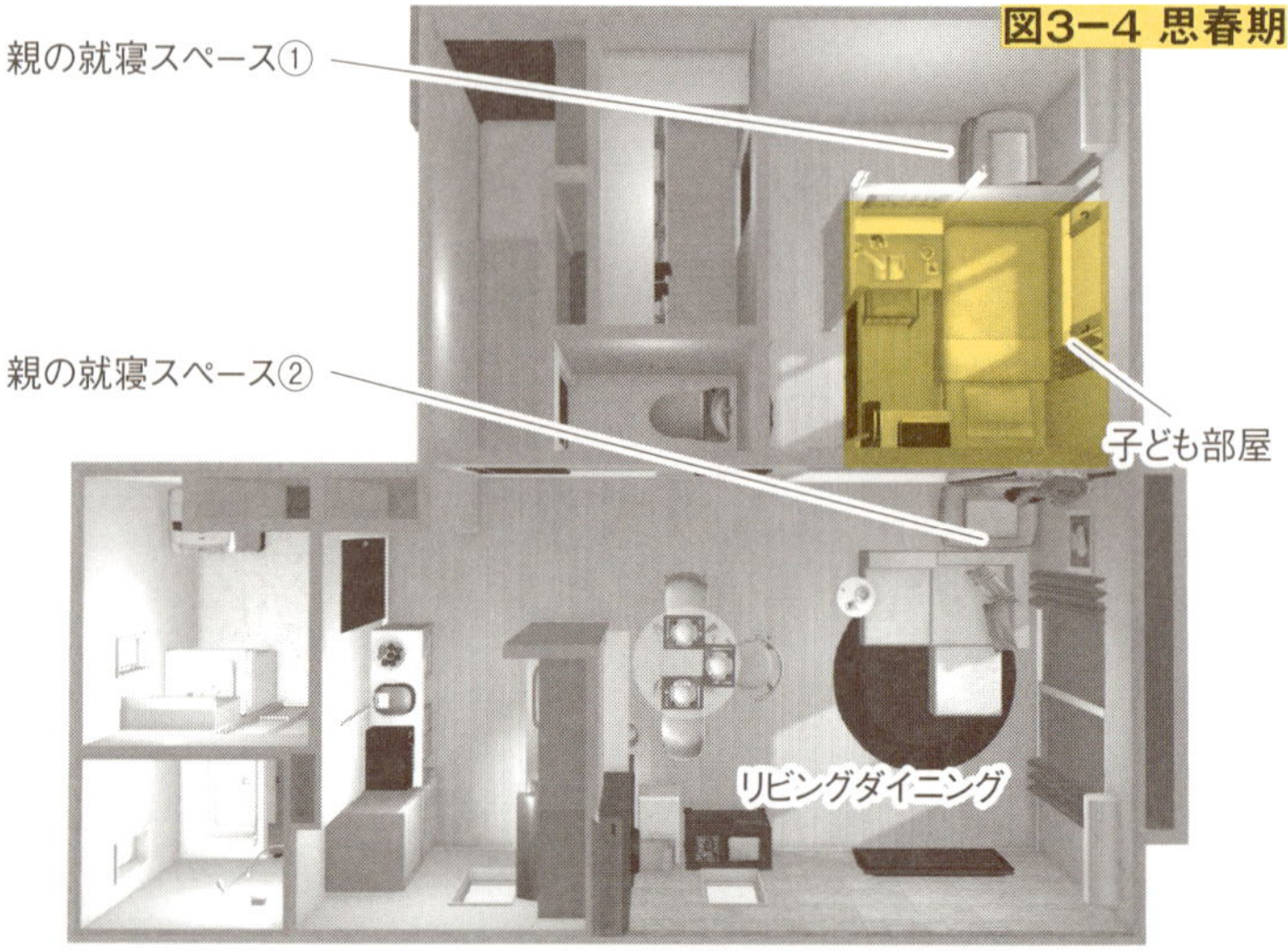
図3−4 思春期
親の就寝スペース①
親の就寝スペース②
子ども部屋
リビングダイニング

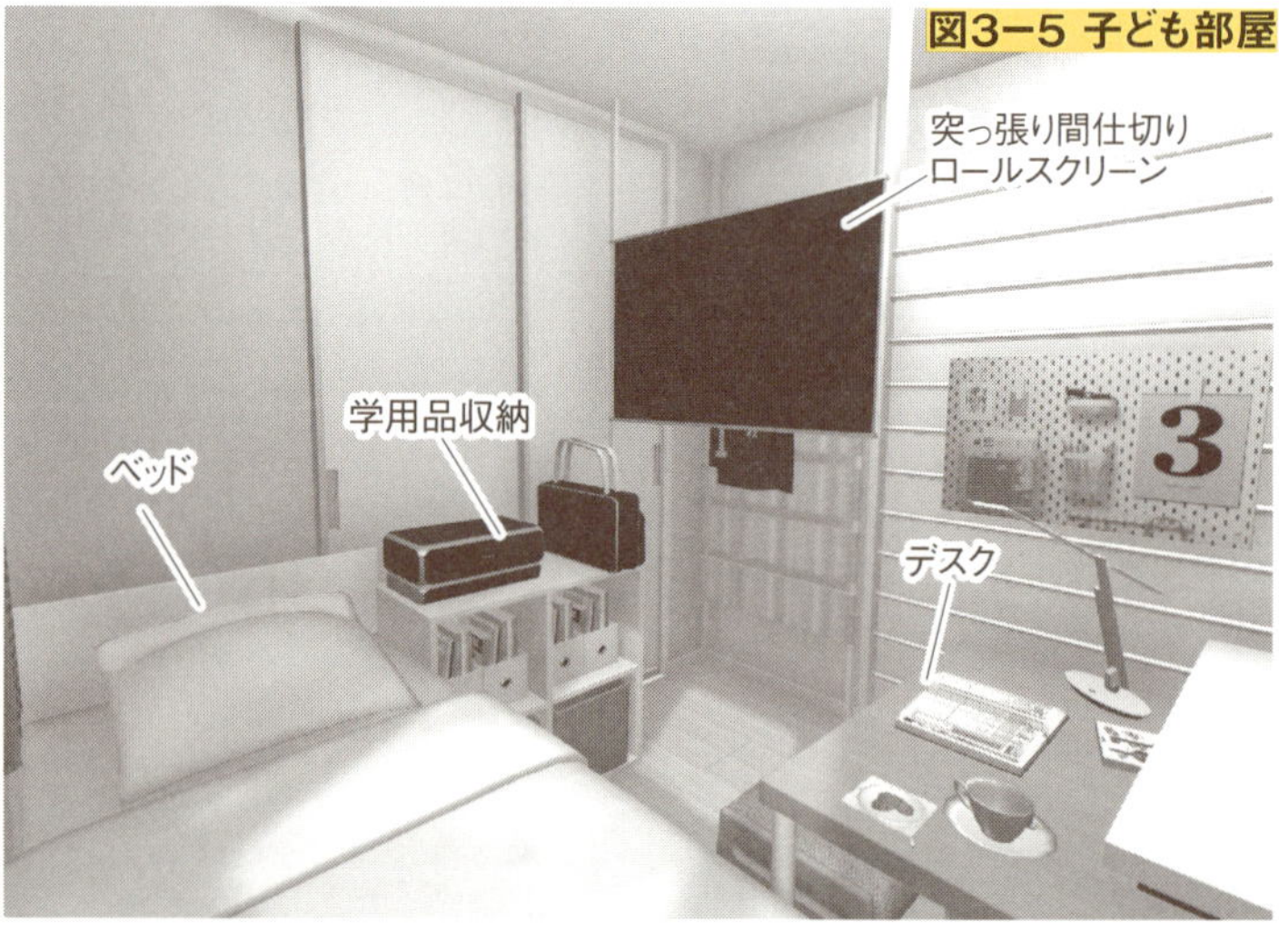
図3−5 子ども部屋
突っ張り間仕切り
ロールスクリーン
学用品収納
ベッド
デスク

【思春期】

思春期の子どものパーソナルスペースを確保するためには、部屋割を変更する必要があります。

今回は、上の部屋は子ども部屋と同性の親の寝室、下の部屋はリビングダイニング兼異性の親の寝室としました。下の部屋では寝るときはソファに布団を敷いて寝る形です。

子ども部屋は、子どもの学用品やデスク、ベッドをまとめて配置し、周囲に突っ張りパーテーションで壁を作ってパーソナルスペースを確保します。

同時にクロゼットと親の就寝スペースへの動線を確保しました。

さて、新婚から思春期までの模様替えの様子を見てきましたが、いかがでしたでしょうか？

家具は買い足すことはありますが、大体は同じものを移動したり形を変えて使い回しています。たとえばソファはユニットソファを使うことでソファの大きさを時期に応じて切り離したりくっつけたりして変え、ソファとしてはもちろん、親の一時的なベッドとしても使用し、模様替えに対応しています。

このように、工夫次第では１ＬＤＫでも家族３人で快適に暮らすことができます。

2LDK親子5人の住まい

次に2LDKの間取りに、親子5人で暮らす場合の一例です。

【乳幼児期】

子どもと親が共に寝ている乳幼児期は、あまり窮屈に感じることなく過ごせるでしょう。リビングは12畳以上あるため、一部を子どものスペースとして使うこともできます。

【学童期】

リビング学習をしている間は、学用品などはリビングに置くようにすれば、一部屋は子どもたちの寝室として使うことができます。ただし、5・7畳では布団を3枚敷くことはできないので、1人は布団、2人は二段ベッドにするなどの工夫が必要になります。

【思春期】

2LDKでは1人に一部屋を与えることはできませんね。そこで今回は、LDの奥側6畳を、2人分の子ども部屋として整理することにしました。

図3−6 乳幼児期

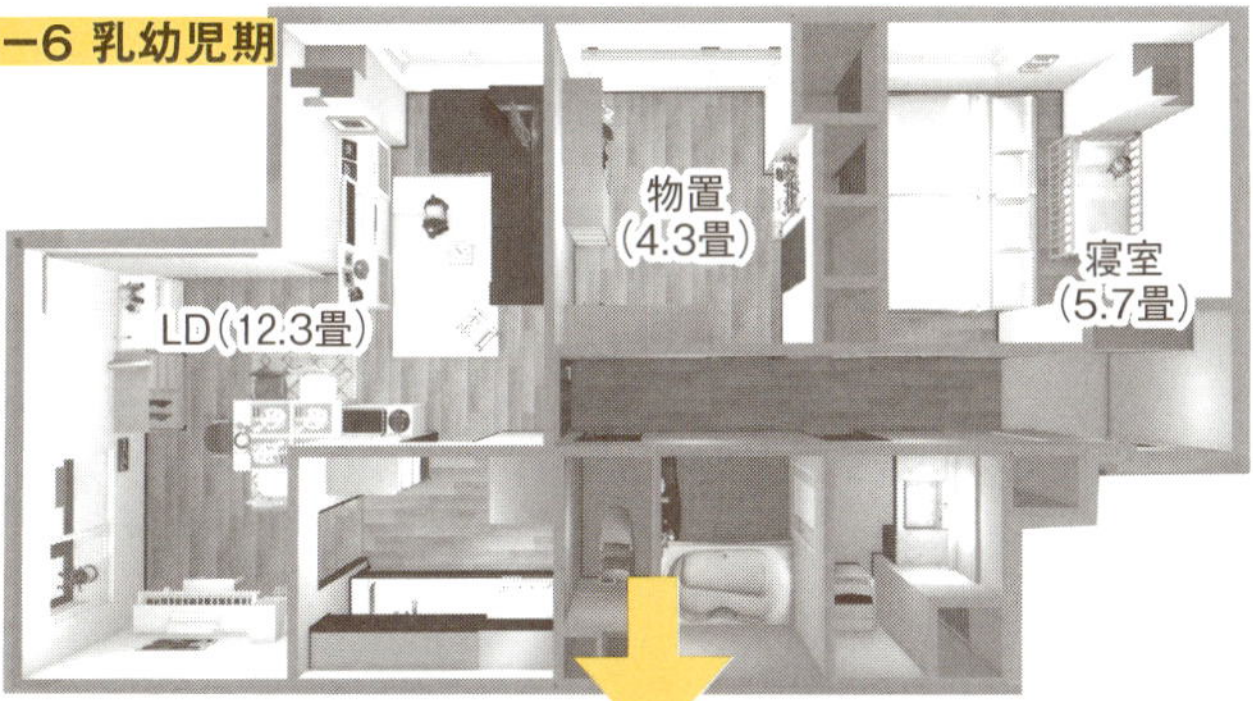

図3−7 学童期

図3−8 思春期

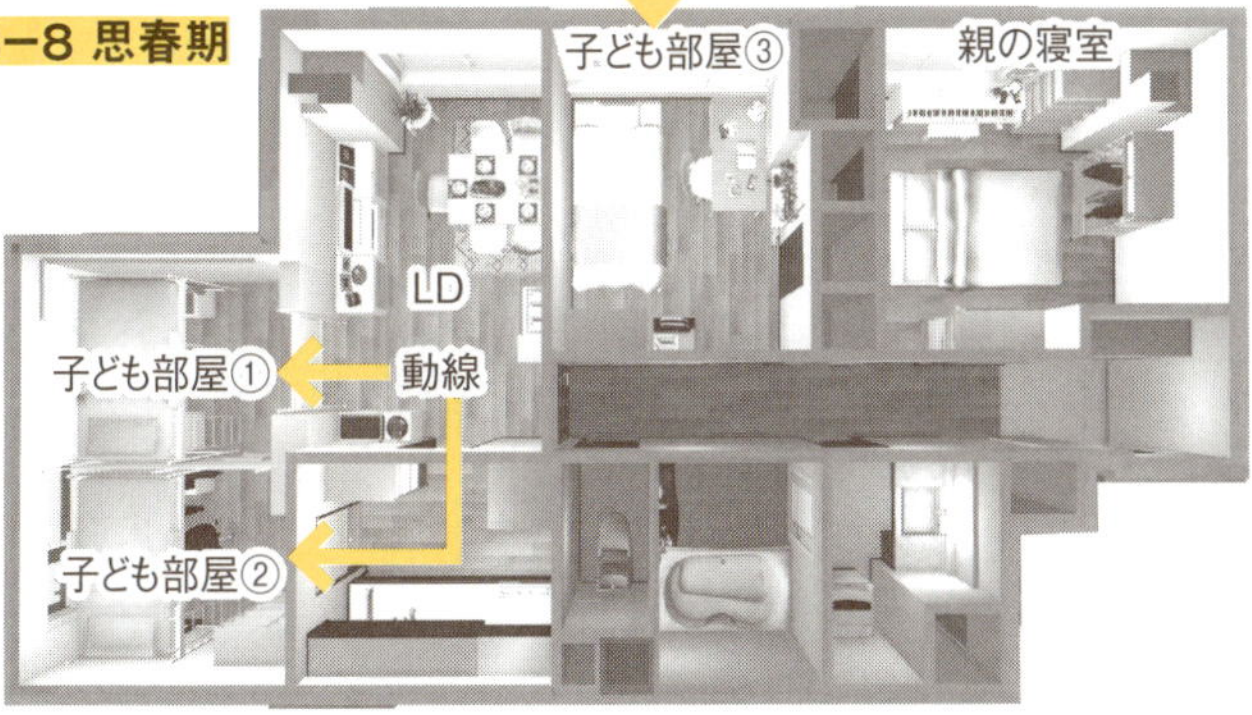

図3−9 子ども部屋①②

図3−10 子ども部屋②の様子

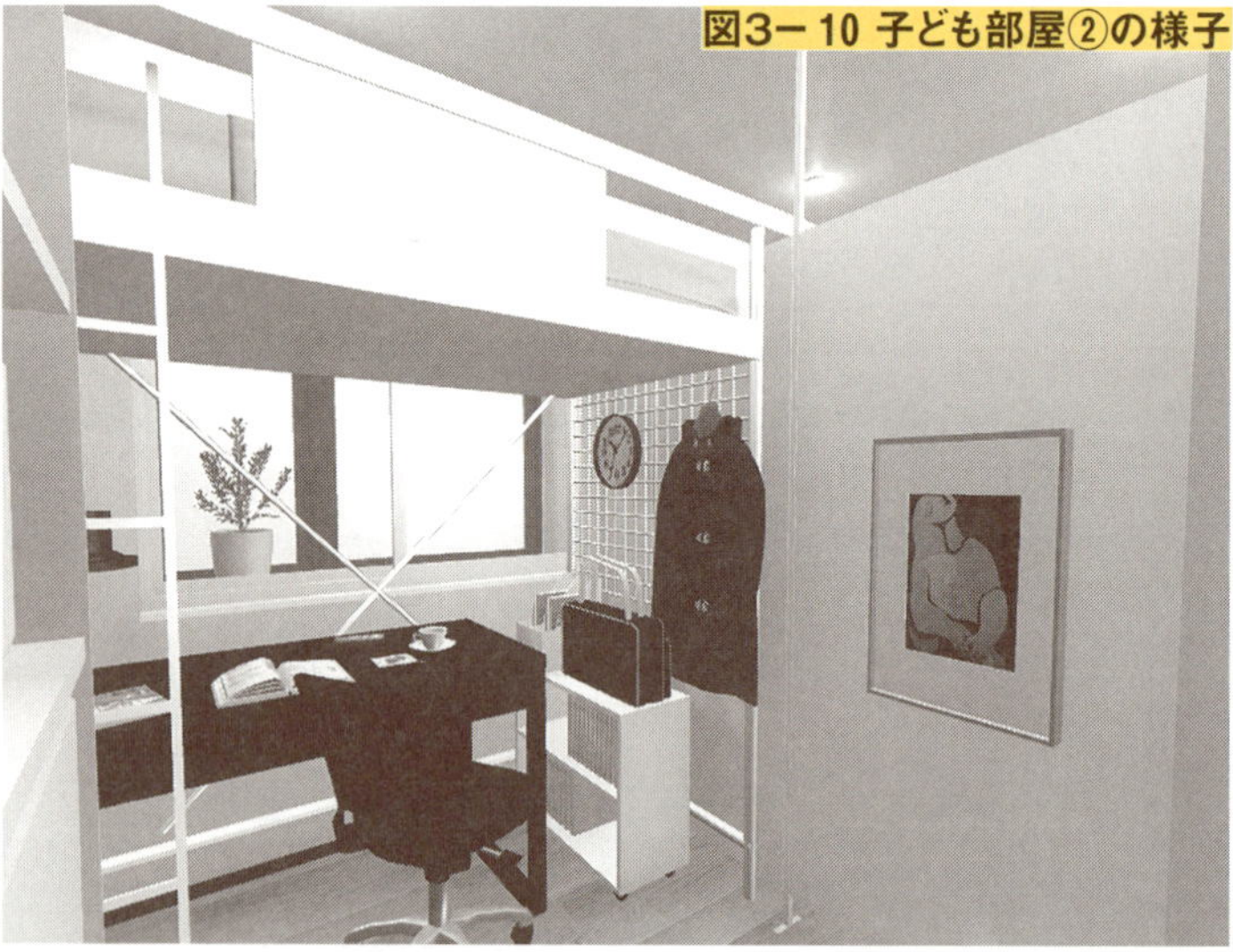

ロフトベッドを使えば、机とベッドを備えた個室を用意してあげることができます。ロフトベッドの間に突っ張りパーテーションを置くことで個室性を高めることもできます。

あとは親の寝室だった4・3畳の部屋も3人目の子ども部屋とし、親は子ども部屋だった5・7畳の部屋に移動しました。

家具は、デスクやベッドは買い足していますが、ソファ以外は同じものを移動したり形を変えて使い回したりすることで対応できました。

3LDK親子6人の住まい

最後は3LDKの間取りに、親子6人で暮らす場合の一例です。

夫婦+子どもが4人となると、年齢差があるため、一概に乳幼児期や学童期・思春期別でまとめることが難しくなります。

そのため、いつパーソナルスペースを作るかは悩ましいことであると思います。

基本的には**第一子が思春期に入ったときに、パーソナルスペースを作る**方法がオススメです。

【乳幼児期～学童期】

まずは乳幼児期から学童期にかけてです。この頃は、家族で1つの寝室を使用してもいいでしょう。しかし、その場合は眠る際は少々窮屈かもしれません。リビングの横の6・1畳は勉強部屋とし、もう一部屋を仕事部屋として確保することも可能です。

【学童期】

子どもたちの年齢が近いようでしたら、みんなが小学校に上がった時点で子ども用の寝室を用意してもいいでしょう。その場合、親は仕事部屋としていた5・3畳に寝室を移し、仕事スペースはリビングに移動します。

子どもの年齢が離れている場合は、上の子たちだけ5・3畳の部屋を寝室として、下の子たちと親は引き続き7・3畳の寝室を使用してもいいでしょう。

【思春期】

今回はパーソナルスペースとして、完全に個室の子ども部屋を一部屋と、共有部屋を二部屋を作ることにしました。思春期は完全な一人部屋を求める子もいるからです。

共有部屋のうち一部屋は子ども同士の、もう一部屋は親子の共有部屋です。

図3－11 乳幼児期〜学童期

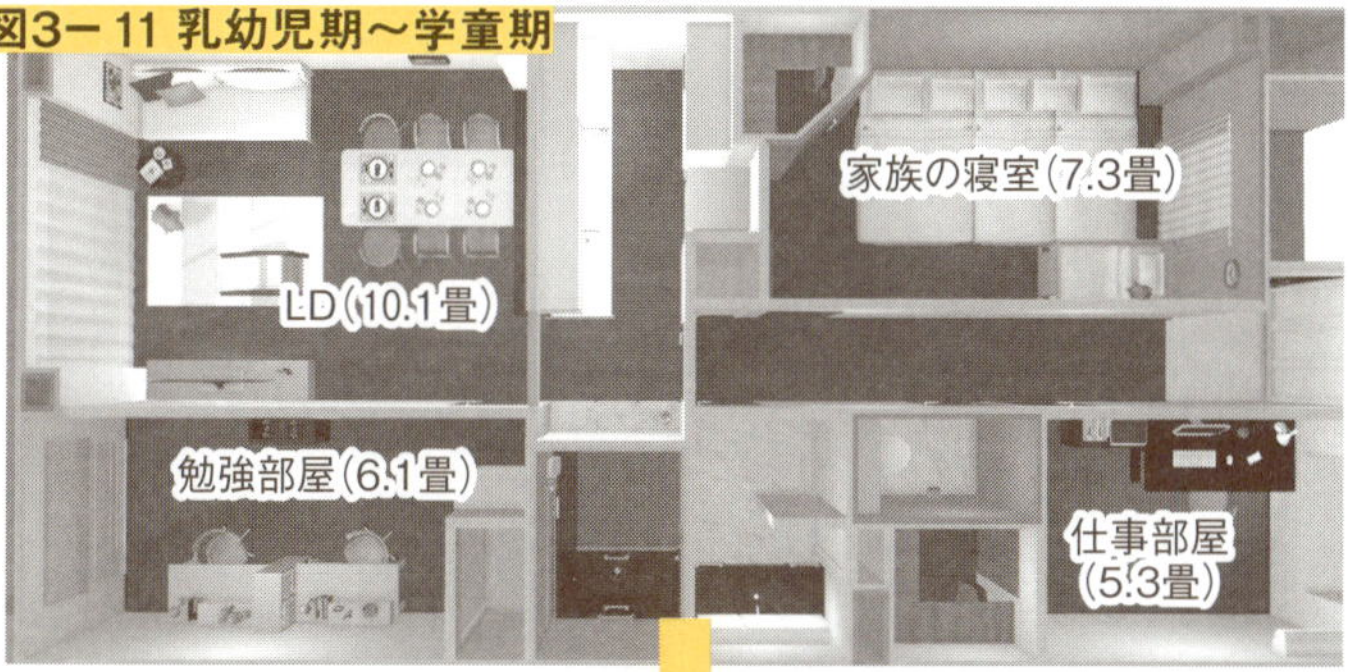

図3－12 学童期

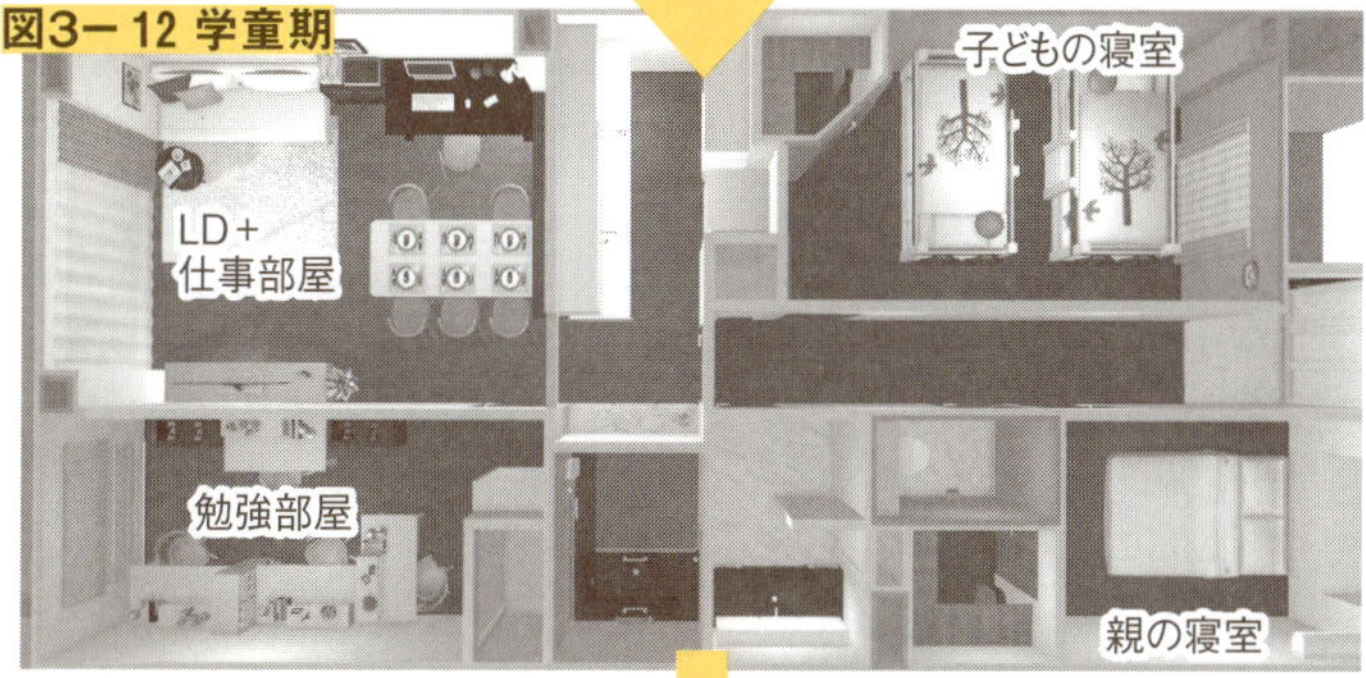

図3－13 思春期

図3−14 子ども部屋③

子ども同士の共同部屋は7・3畳の元寝室に、二段ベッドとデスクをおいて作りました。デスクの間に突っ張り型のカーテンを付けることで、より個室性を高めています。（図3－14）

親子の共同部屋は6・1畳の元勉強部屋に突っ張りパーテーションで仕切りをつけ、手前を親一人分の就寝スペース、奥を子ども部屋としました。（図3－15）

そして、もう一人の親はリビングのソファベッドに寝ることにしました。

家族の人数に対して面積が狭い家で暮らす場合は、**いずれ誰かしらがリビングで寝ることになることも考慮して、形を変えられるユニットソファやソファベッドなど、ベッドとして使用できるソファを購入して**

図3―15 子ども部屋①

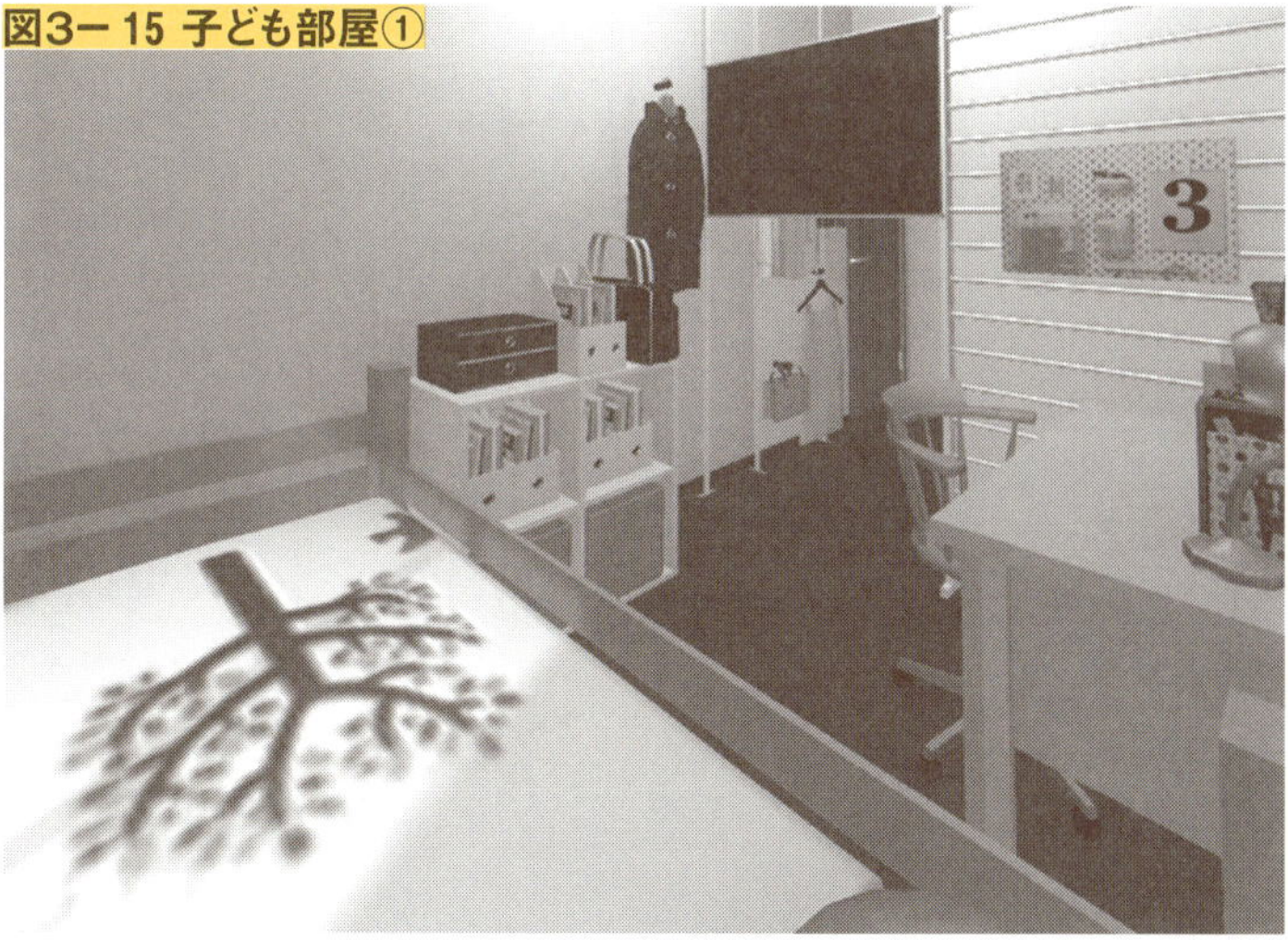

おくと安心です。

家族が増えるのに伴い物は増えます。そのため、間取りに余裕のある新婚時代から、なるべく物を増やさないよう意識して生活することが大切です。

このように、3回の模様替えを意識して、どの部屋でも使い回しがきく永く使える家具を購入すると、経済的にも精神的にも負担を少なくすることができます。また模様替えも億劫にならないで済みます。

ルール4

子どもが片づけやすい収納をリビングに作る方法

専用の片づけやすい収納があれば部屋は片づく

子どもが小学生までの間は、リビングでお着替えや幼稚園・保育園の準備、学校の宿題や勉強をするご家庭が多いと思います。

子どもは親と一緒に過ごすことで、生活習慣や学習習慣を身に付け、スマホやゲームをやりすぎるということもなくなります。また親と一緒に遊んだり、または見守られたりしながら勉強することで、安心と愛情を感じられます。

しかし、リビングは家族が集まりＴＶを見たり、食事をしたりする場所でもあるので、物があふれやすく、生活用品や学用品なども散らかりやすくなってしまいがちです。

そのため、ルール１でお話ししたような空間分けと専用収納が必要になってきます。とくに**子どもの収納は、片づけなど生活習慣を身に付ける上でも大切**になります。

そこで子どもの生活用品や学用品をしまう専用収納について、その仕組みや置き方についてより掘り下げて見ていきたいと思います。

子どもが片づけやすい収納の仕組みは次の3点です。

1. 扉のないオープン収納
2. 子どもが使いやすい高さの収納家具
3. なるべく1カ所にまとめる

●出し入れが簡単なオープン収納

オープン収納にするのは、扉がないため、物の出し入れがしやすくおもちゃなどの片づけをしやすいためです。

また幼児用のハンガーがついた収納などは、背が低いため幼児にとってはちょうどよい

図４－１ オープン収納は縦にも横にも置ける

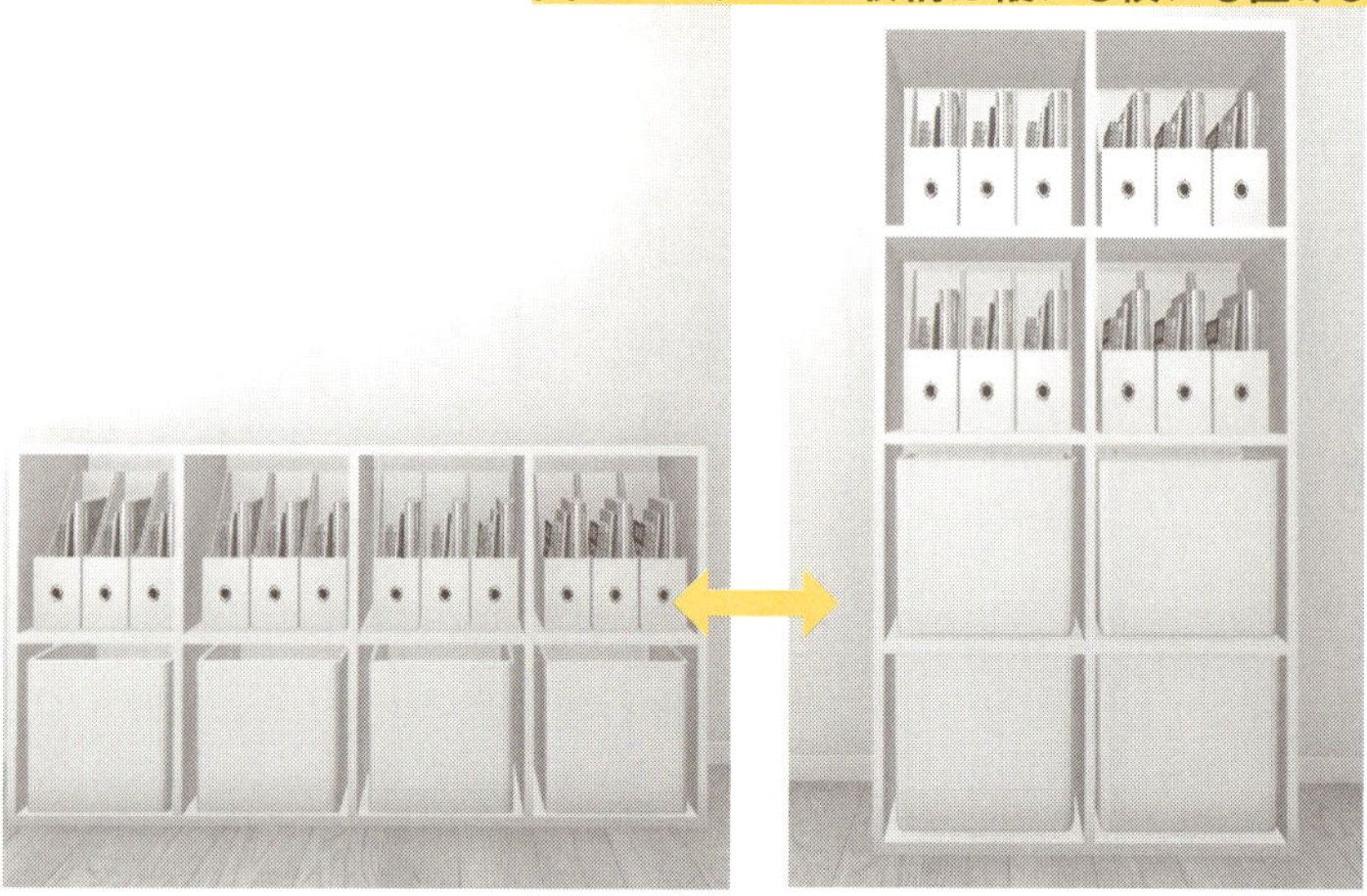

高さです。そのため片づけ習慣を身に付けるための一時的なものと割り切って購入するのも１つの方法です。

●子どもが使いやすい収納のサイズは？

オープン収納の**奥行は、40センチ程度**あると大抵のおもちゃがざっくり収納できます。また、体操着入れや上履き入れ・絵具セットや書道セット・算数セットなどの学用品は奥行が35～40センチ前後のものが多いため、こちらもちょうど入ります。

高さは70～150センチ程度が子どもでも使いやすい高さのためオススメです。

オープン収納は上図のように前後左右の決まりがない、横置きにも縦置きにもできるも

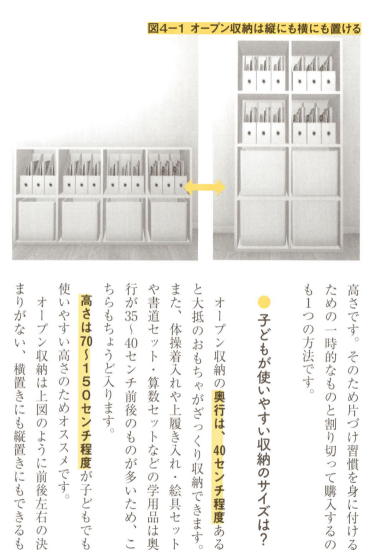

図4ー2 学用品の収納例

のですと、子どもの身長や部屋の間取りに合わせて自由に配置できるので便利です。

収納は1カ所にまとめると片づけがはかどる

収納はあちこちに散らばっていると、片づけが億劫になりがちです。そのため、**できるだけ1カ所にまとめましょう**。

また整理収納ケースなどを使い、子ども一人一人に専用スペースを作ると片づけがしやすくなります。

その他、やることリストを学用品収納のそばに置くと、確認しながら学校の準備ができるので、忘れ物が少なくなります。

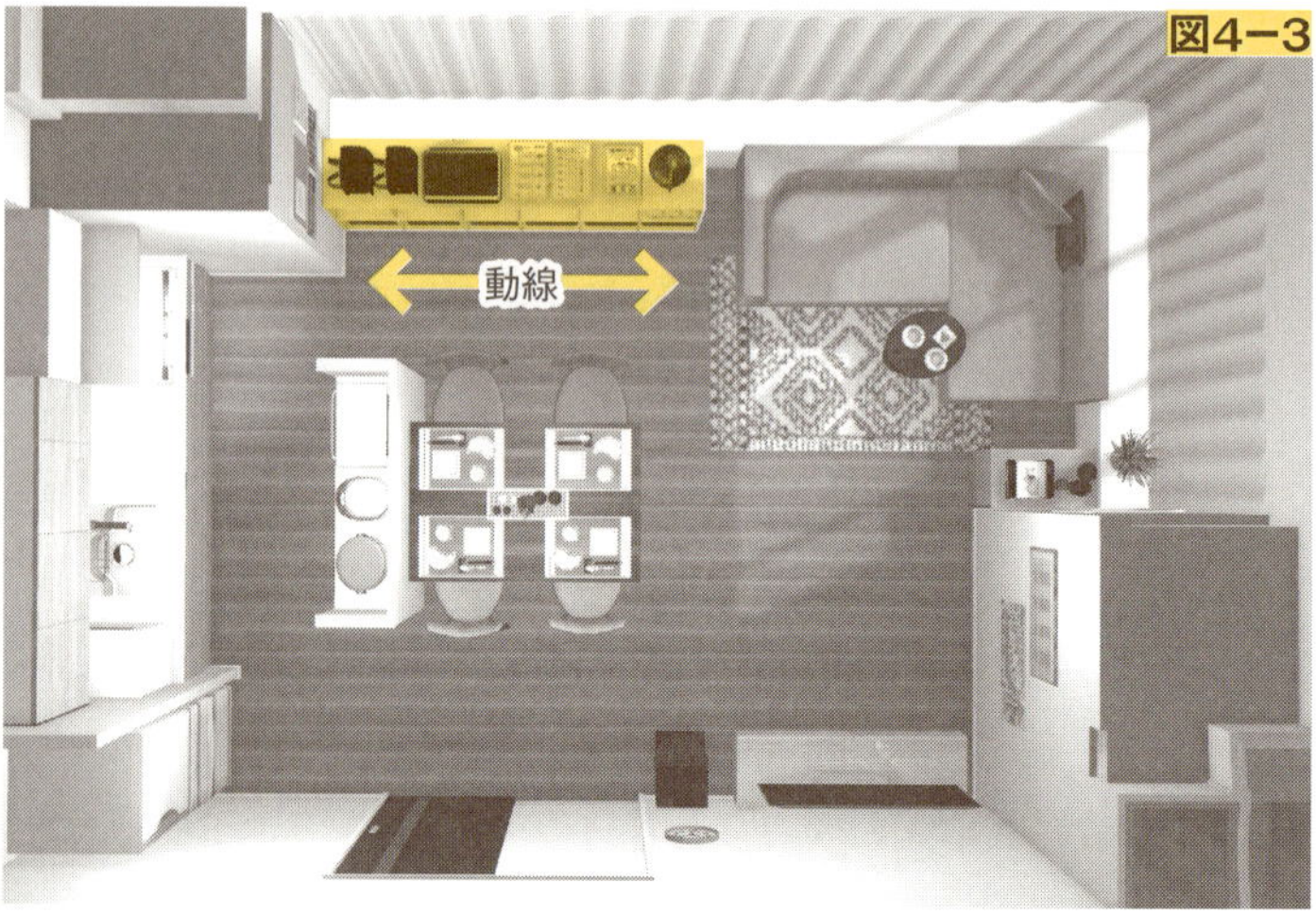

学用品収納の置き方

このオープン収納の学用品収納ですが、置き場としては、図4－3のように壁や腰窓に沿わせて一列に配置するとよいでしょう。収納に沿って動線も左右一直線になるため、大変使いやすい収納になります。

また図4－4のように壁に直角において部屋同士の間仕切りと兼用する置き方もあります。こちらを正面から見ると図4－5のようになります。

オープン収納にすれば、どちらの部屋からも物の出し入れが自由で大変便利です。

つながった空間で緩やかに空間分けをしたい場所などに置くのもオススメです。

図4－4

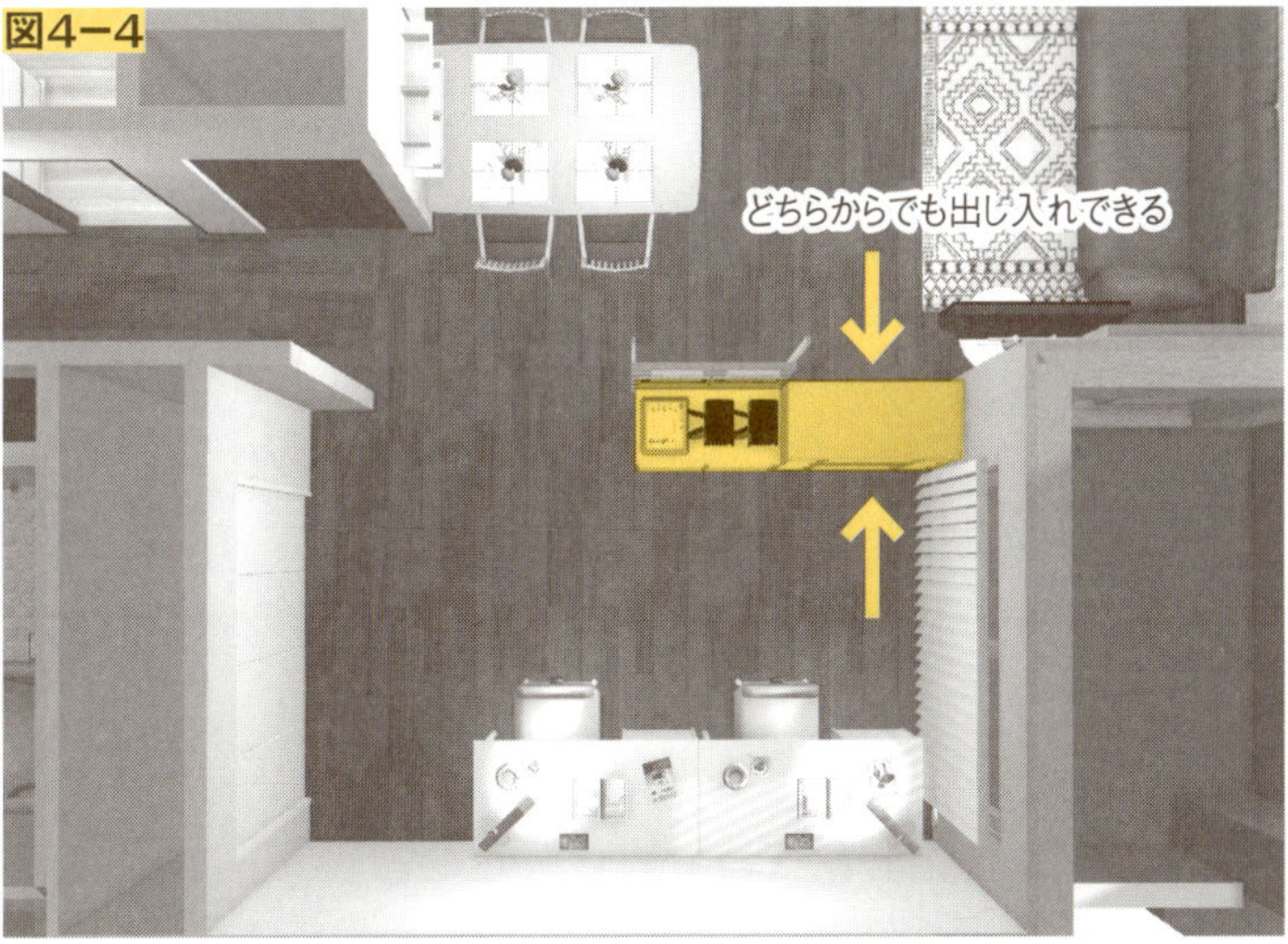

図4－5

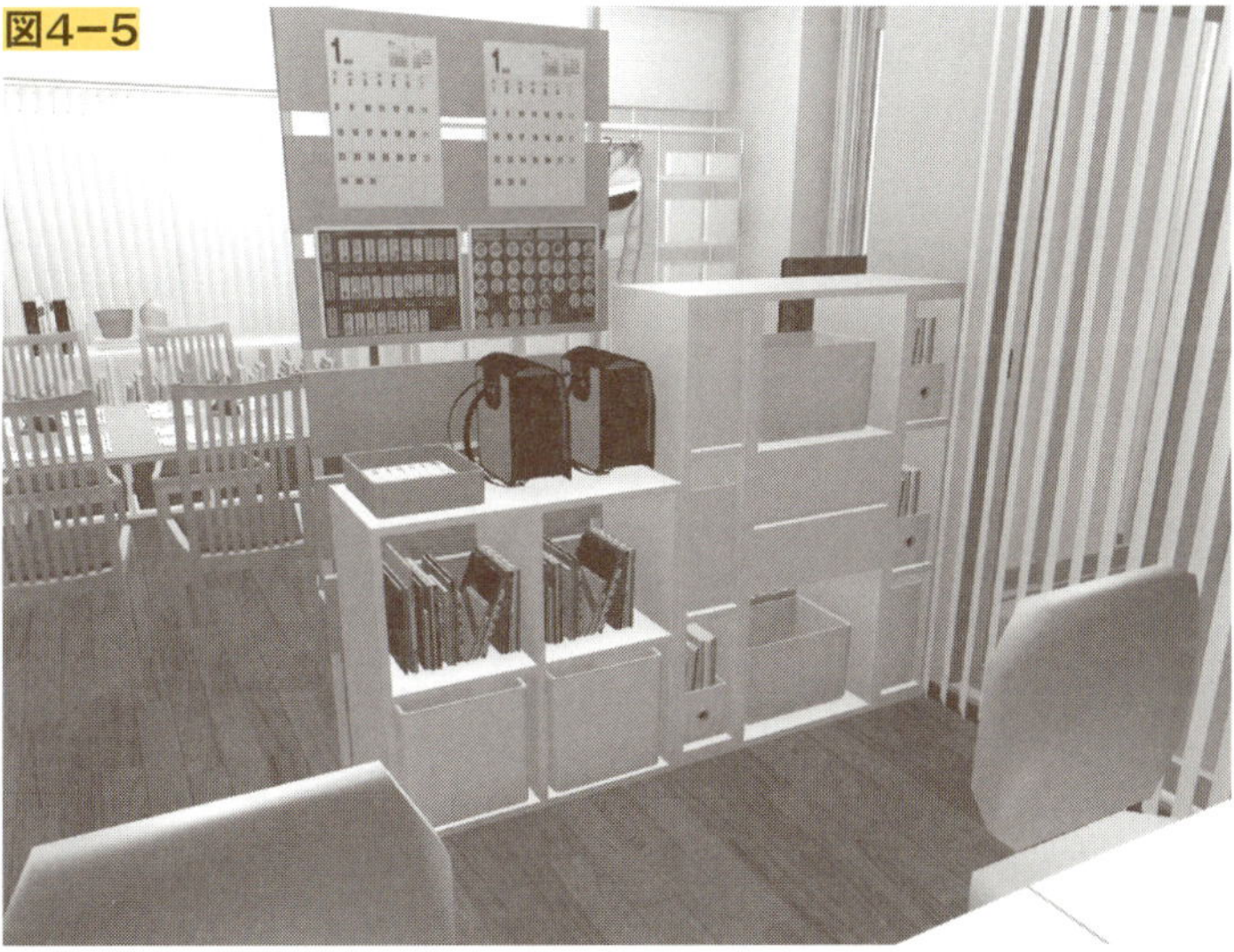

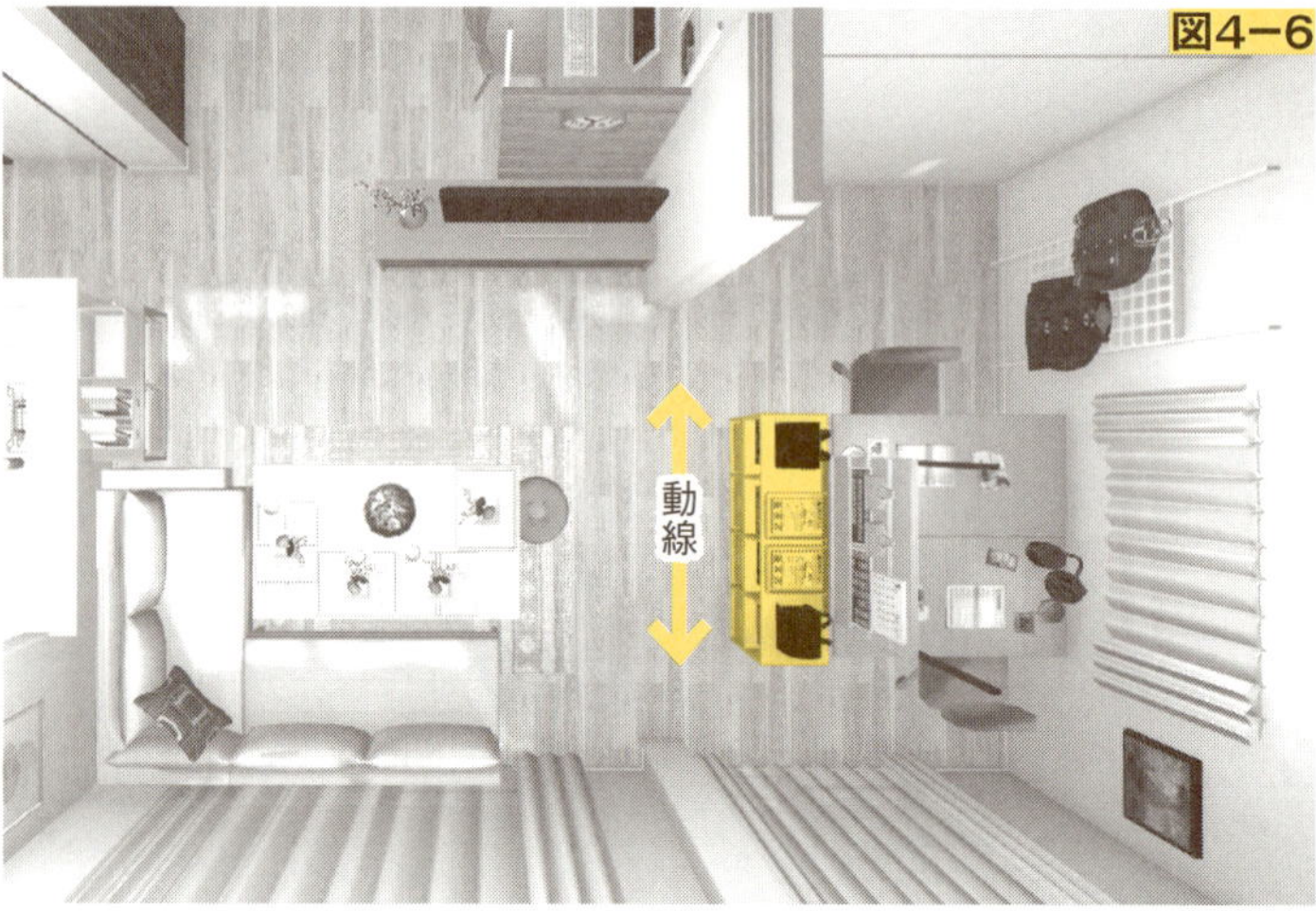

上の図ではリビングの隣に勉強部屋がありますが、学用品収納があるため、緩やかに空間が区切られています。
また部屋と部屋の中心部であるため、誰もがアクセスしやすい場所でもありますね。

その他にも左ページの図のように学用品収納をキッチンカウンター下などのデッドスペースに置く方法もあります。
カウンター下は幅があるのにデッドスペースになりやすいため、この空間は学用品収納を置くのに最適です。プリンターはキャスター付きのプリンターワゴンを使うと、カウンター下のような背の低い場所でも、引き出して使うことができます。（図４－８）

図4−7

図4−8

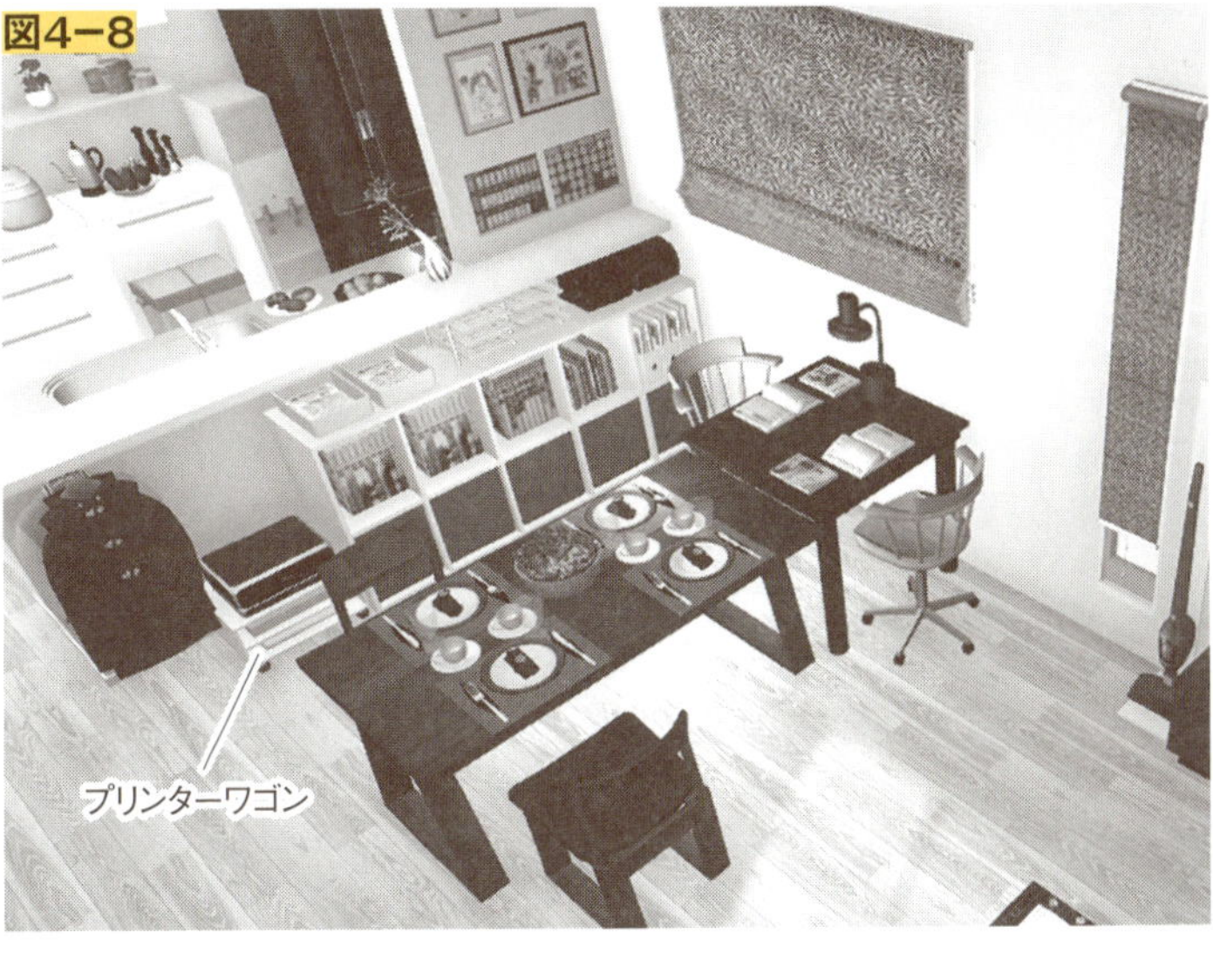

隣接する部屋の一部を収納にする方法も

リビングに隣接して部屋がある場合は、その隣接している部屋の出入り口に収納を置いてリビング収納とし、その一部に学用品収納を作ることも可能です。

たとえば左図のようにリビングに隣接して和室があり、リビング側と廊下側に出入り口があるような間取りの場合は、和室のリビング側の出入り口に収納家具を置いて出入りを完全にふさぎ、簡易なリビング収納を作ることができます。このリビング収納の一部に学用品収納を作れば、使い勝手のよい収納が簡単に増やせます。（図４－９、図４－10）

このようにリビングに学用品収納は比較的簡単に作れます。**子どもにとって、どこに何があるかがわかりやすいため、自分で考えて用意や片づけなどの行動ができるようになります。**

子どもが親のそばで学習習慣や片づけなどの生活習慣を身に付けられるように、整えてあげましょう。

図4－9

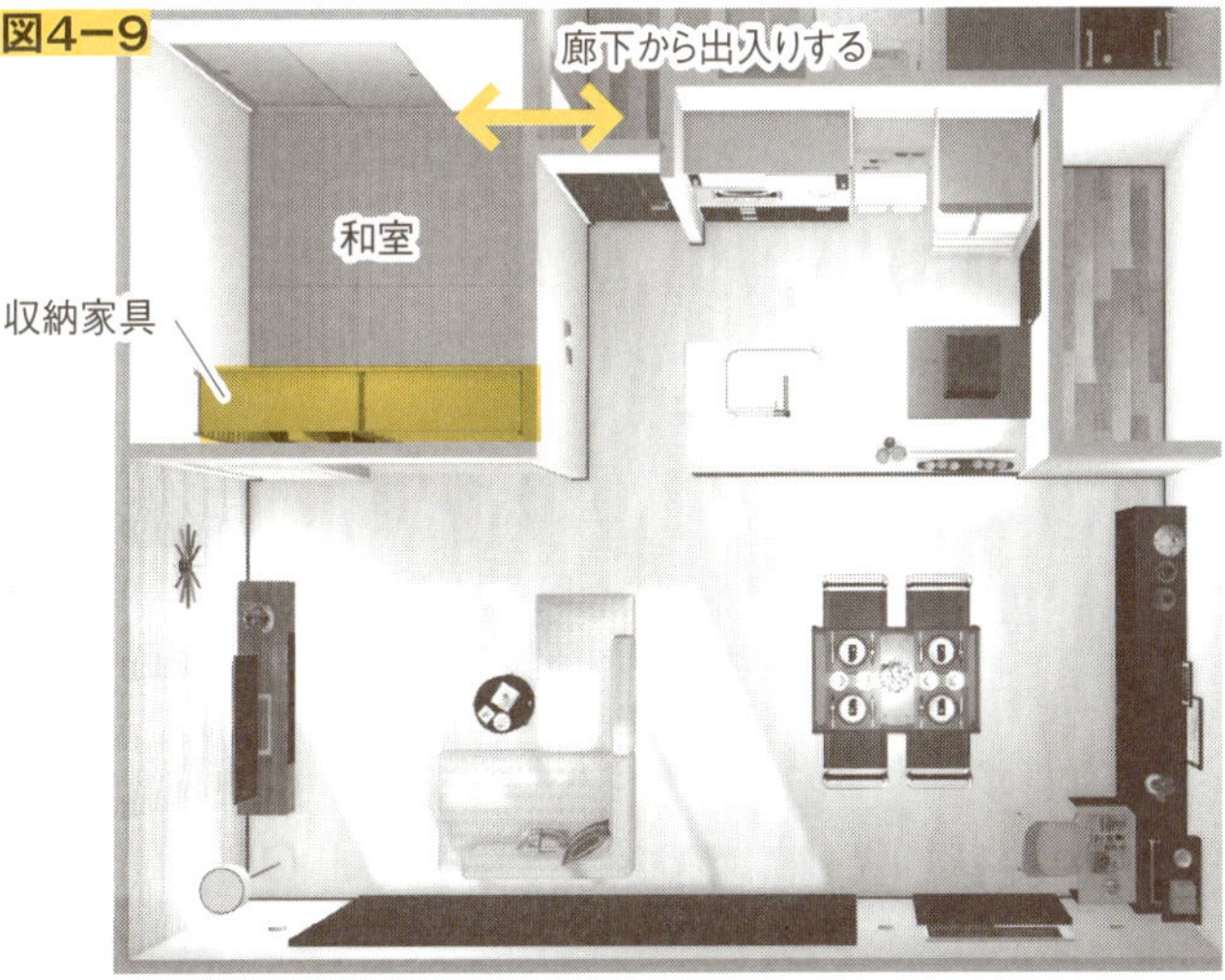

図4－10

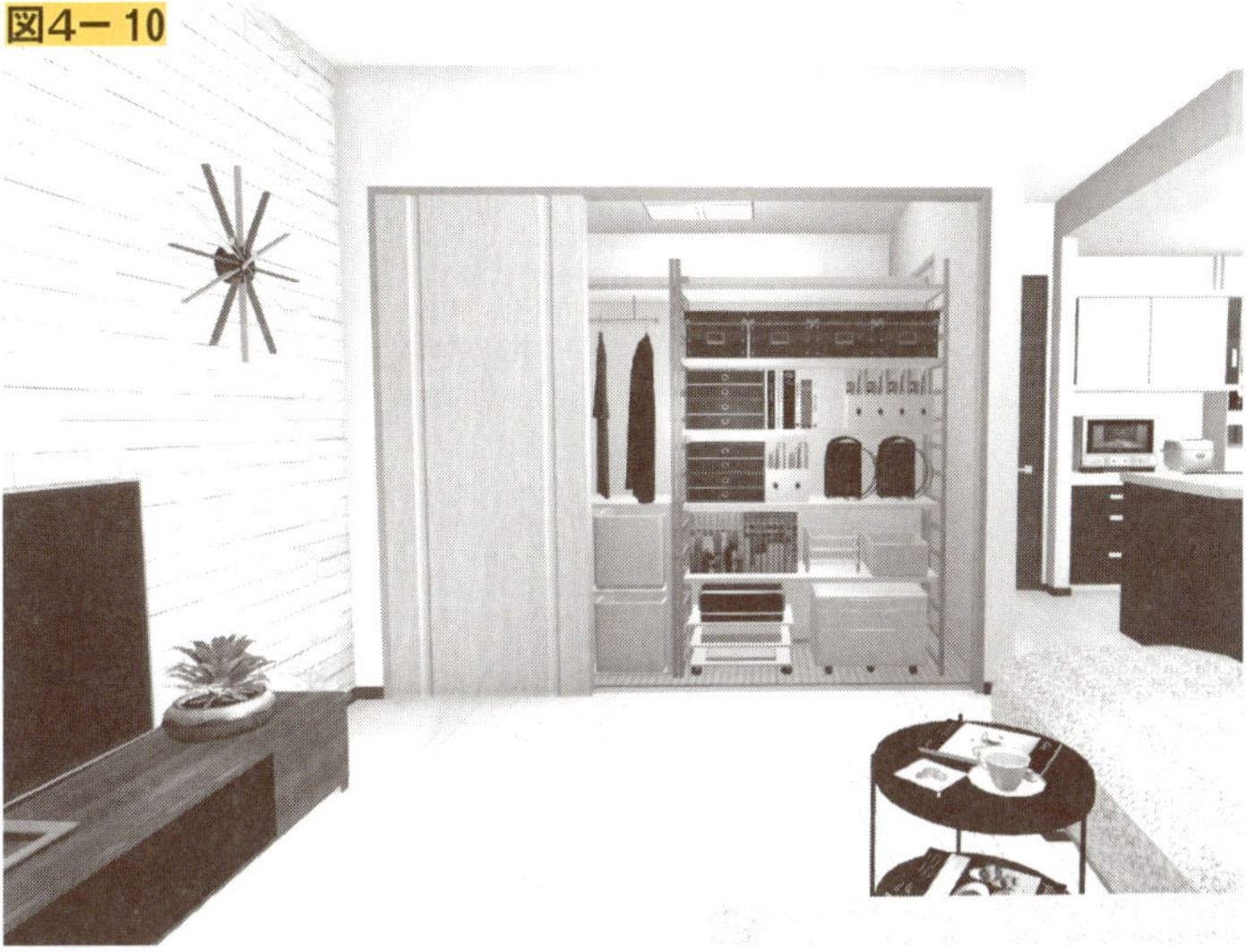

ルール5

押し入れ・クロゼットを利用して子どもの片づけやすい収納を作る方法

押し入れは奥行を考慮して活用方法を決める

大抵の部屋には押し入れまたはクロゼットがついていますね。この既存の収納も子どもが使いやすいようにする方法を考えてみましょう。

まずは押し入れに最適な収納方法について。押し入れの奥行は一般的に70～80センチ程度あります。押し入れには中段という棚がついており、空間が上段と下段に分かれています。上段の高さは90～100センチ。下段の高さは70～80センチ程度です。

収納家具は奥行が30～40センチのものが多いため、**奥行が深い押し入れでは、手前が40～50センチほど余ってしまいスペースがもったいない**ことになります。

そこで、奥行40センチ程度のキャスター付きの収納家具を前後に置いて、取り出しやす

図5−1 押し入れの収納方法

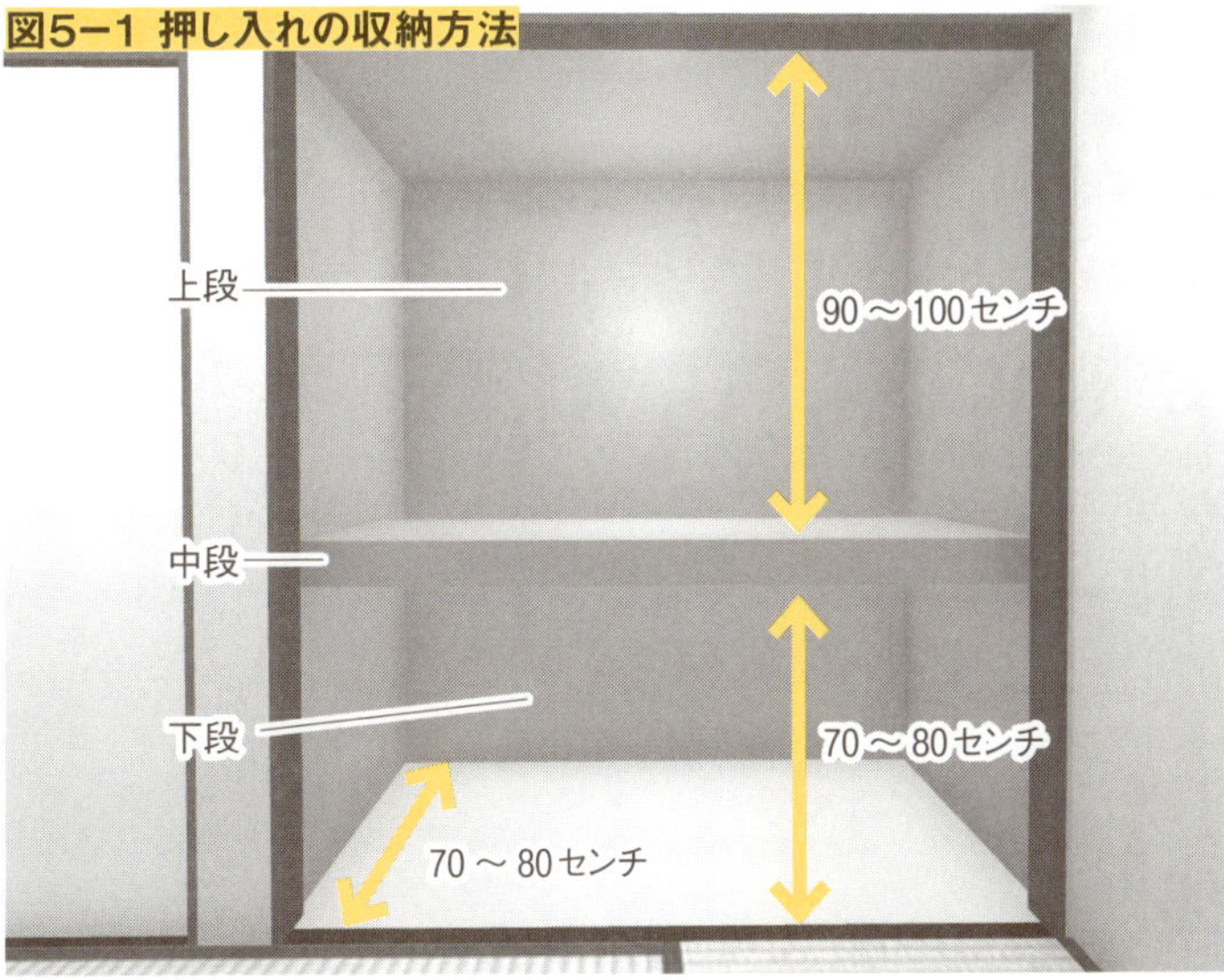

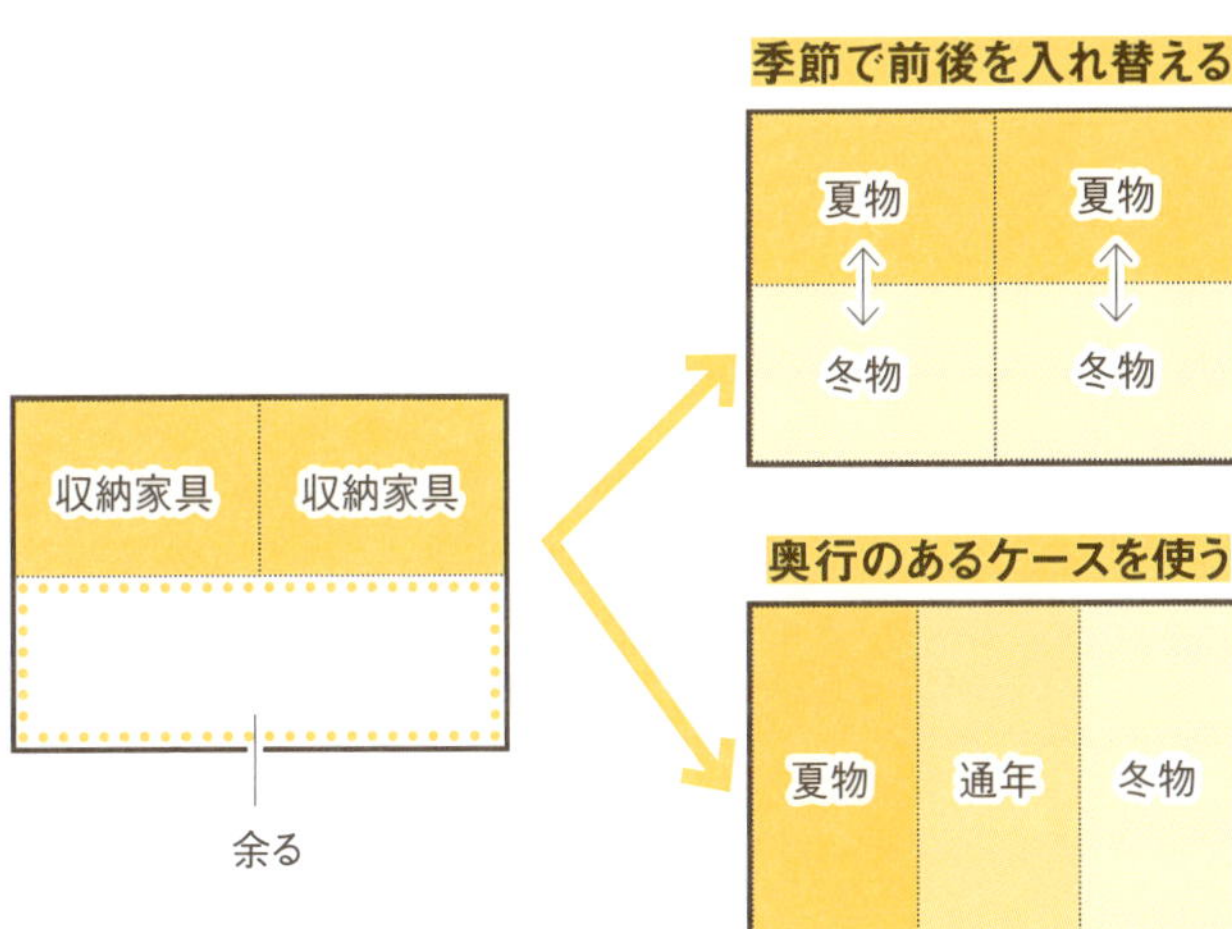

フィッツケース 奥行74㎝タイプ（天馬／4,780～7,080円・税込み）幅39㎝の4種類（高さが18㎝、23㎝、30㎝、35㎝）と幅44㎝の3種類（高さが18㎝、23㎝、30㎝）の計7種類があります。別売りのキャスターをつけても便利です。

い前面の収納は今の季節で使う衣類を収納し、取り出しにくい後面の収納は、季節外れの衣類などを収納します。そうすれば、季節によって前後を入れ替えれば簡単に衣替えができますよね。

押し入れ用の収納ケースを使った収納術もありますね。

上の商品は奥行が74センチと、押し入れに奥行を合わせてあるので、ほとんどの押し入れでピッタリサイズになります。この商品を上下左右に置いて使えば、無駄な空間ができにくくなります。

奥行があるので、市販の仕切りや整理ケースなどを使って手前をよく使うものにするなど、カテゴリー別に分けるとさらに便利ですね。

押し入れスライドハンガー RH-65 ホワイト（アイリスオーヤマ／1,628円・税込み〔編集部調べ〕／約 幅4.6×奥行65～110×高さ15㎝　耐荷重15kg※幅65㎝で使用した場合・取り付け幅や壁面の状態によって耐荷重は変わります。）

子どもが使いやすい押し入れ収納

子どもの使いやすい押し入れを目指すのでしたら、先ほどの収納ケースを兄弟姉妹それぞれの専用にしたり、ズボンやTシャツなど子どもがわかりやすいようにカテゴリー別に分けたりしてもよいですね。

洋服をかけるハンガーは奥行を活かし、上のような前にスライドできるスライドハンガーを取り付けると、無駄なく洋服やカバンが収納できます。

スライドハンガーは天板に取り付けるタイプと、壁に突っ張らせるタイプがありますので、押し入れの形状や住まいの状態（賃貸・持ち家）に合わせて選びましょう。

図5－2

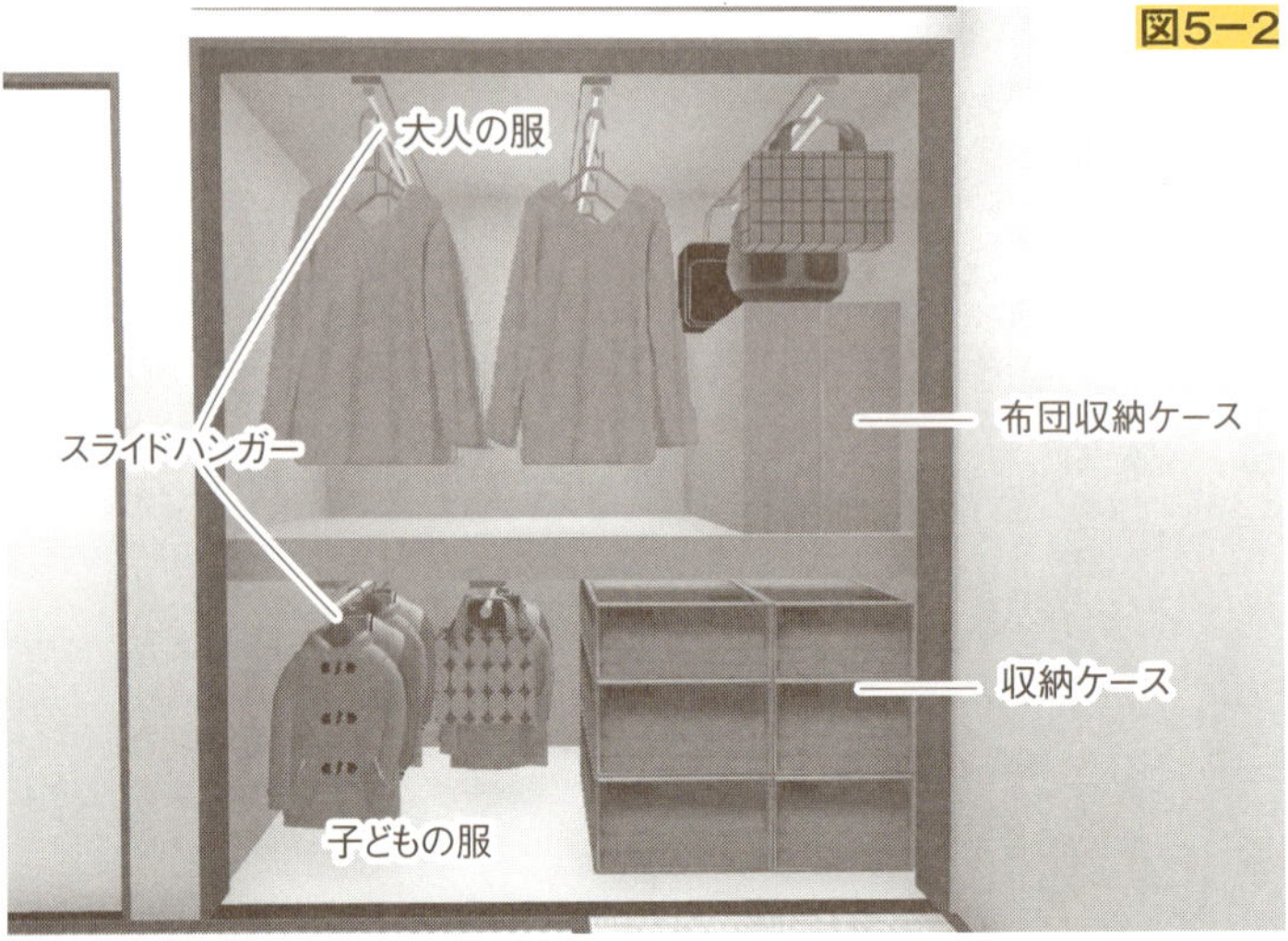

上段は大人や、子どもの中でも身長のある子の洋服に、**下段は背の低い子の洋服などをかけると、子どもでも管理しやすい**ですね。

また、かさばる布団やシーツ類などの寝具は布団ケースなどを使ってコンパクトに収納しましょう。

その他、収納物は、少し余白を持たせておくと、通気が良くカビなどの発生を防ぎやすくなります。

クロゼットには使い勝手のよい既成の家具を置く

次はクロゼットを見てみましょう。

クロゼットの奥行は、一般的に50～60セ

図5−3

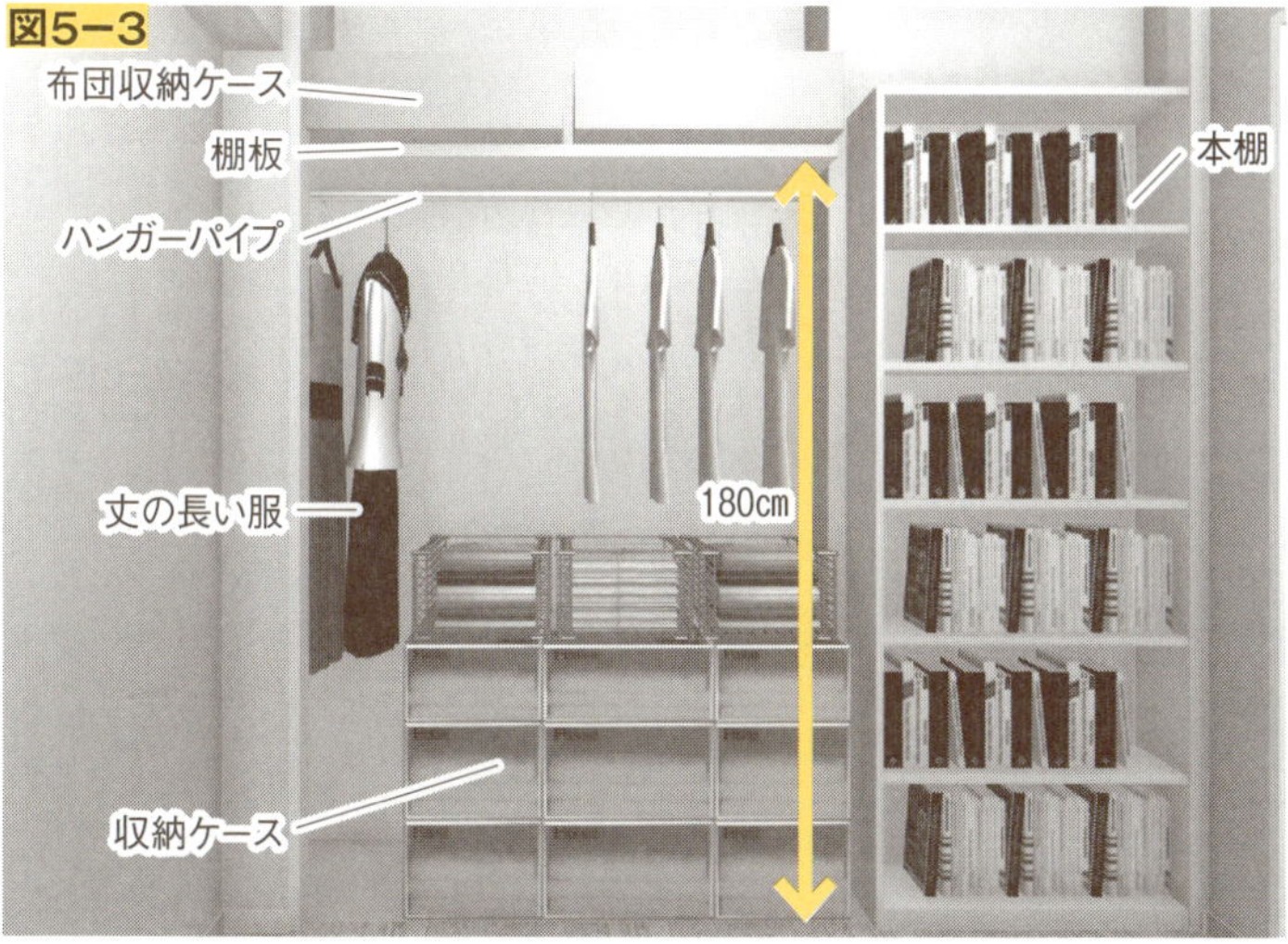

ンチ程度あります。床から180センチ前後のところに棚板がついており、その下に洋服をかけるハンガーパイプがついていることが多いです。

奥行が比較的浅いクロゼットには、クロゼット用の収納ケースがオススメです。奥行48〜58センチ程度の収納ケースが複数販売されていますので、収納空間に合わせて、サイズや数を組み合わせましょう。

収納ケースや家具などを置く場合は、**一部余白を空けておくと、コートやワンピースなど丈の長い洋服がしわにならなくて便利**です。

その他にも柱などにより部分的に奥行の狭い箇所があれば、薄型の本棚なども入るか検討してみましょう。

ハンガーパイプの上には棚がついていると思いますが、この上には普段あまり使わない季節ものの布団などを収納しておきましょう。布団は軽いので、上部に収納して落ちてきた場合も安心です。

子どもが使いやすいクロゼット収納

これらの収納も子どもが使いやすいように、**市販の仕切りや整理ケースなどを使って仕切ったり、兄弟姉妹専用やカテゴリー別に分けたりする**とよいですね。

また可能であれば押し入れやクロゼットの扉を一時的に外してしまうと、とくに子どもにとっては収納作業がしやすくなります。

小さい子どもがいる場合は、自分で洋服の片づけがしやすいように低いハンガーを作ることも可能です。

図5−4 低位置ハンガー

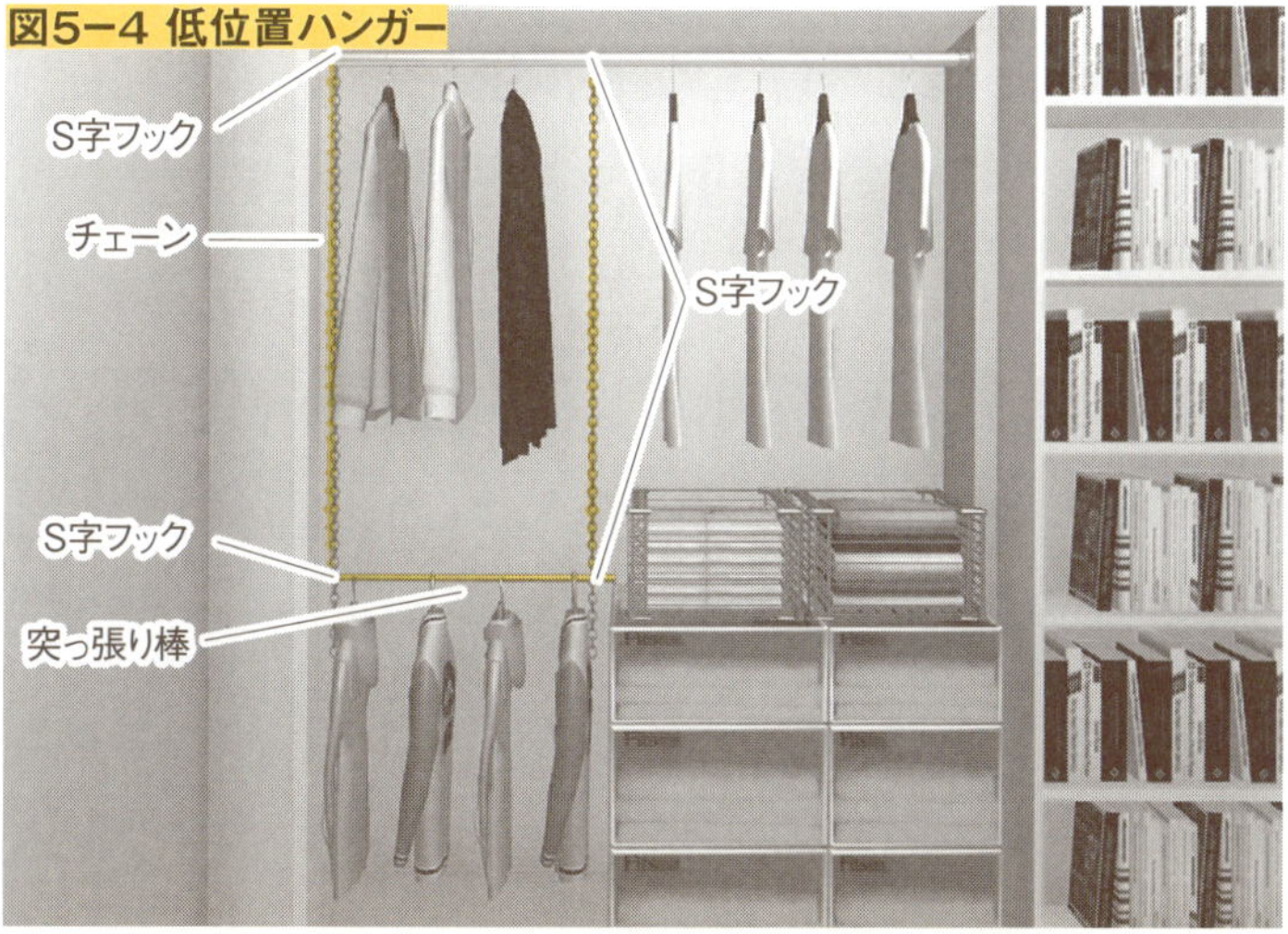

〈低位置ハンガーの作り方〉

●材料

・プラスチックチェーン（工事現場などで見かけるもの）
・S字フック
・突っ張り棒

※すべて百円均一ショップやホームセンターで手軽に購入できます。

●作り方

今あるハンガーにS字フックでプラスチックチェーンを取り付け、チェーンの下段のハンガーを作りたい位置にS字フックを取り付ける。そのS字フックに突っ張り棒をかけるだけ。

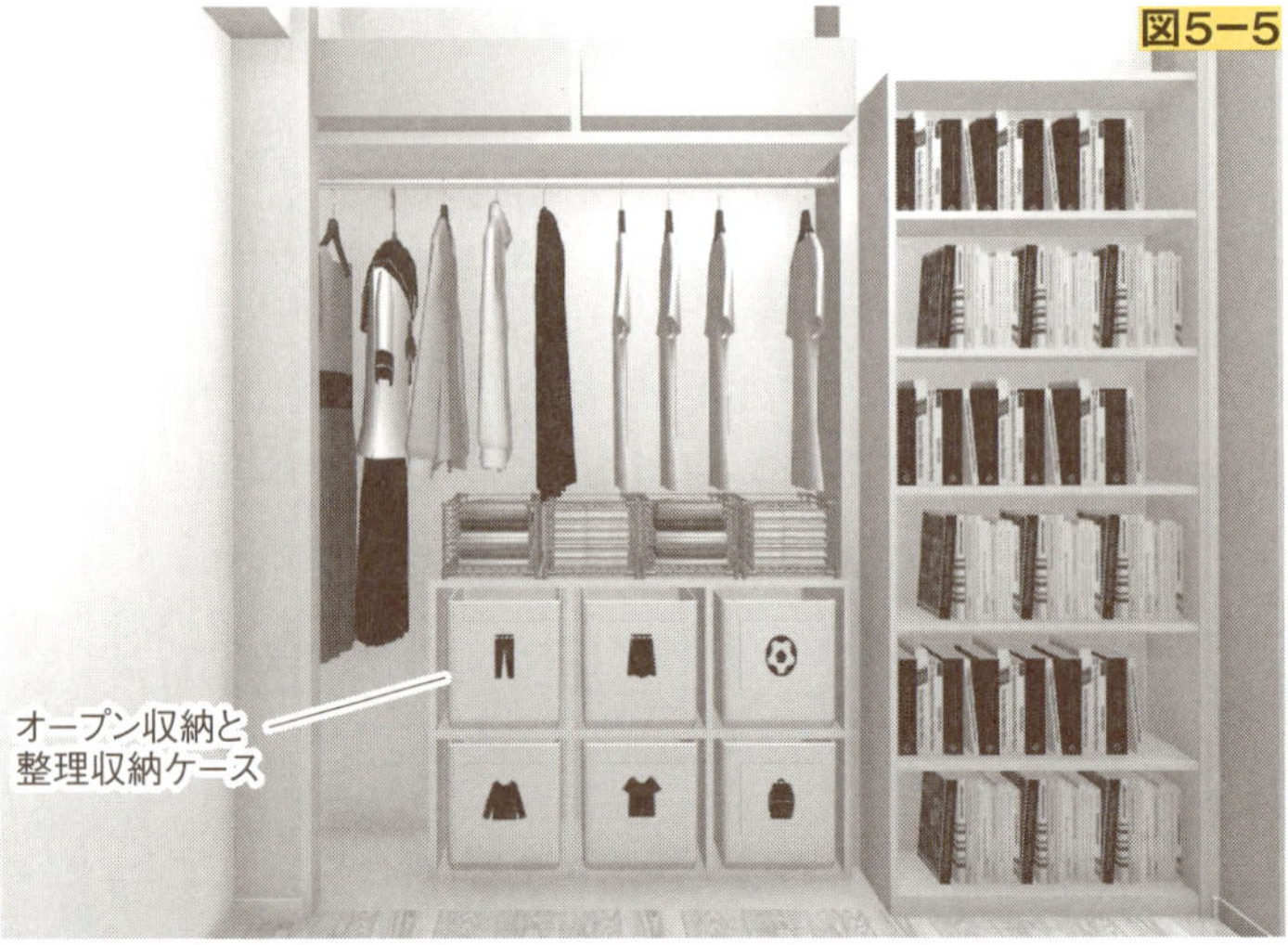

図5−5

市販の家具や可動棚も便利

また、奥行が浅いクロゼットには、既製品のオープン収納を置いてもよいですね。整理収納ケースなどを使えば、洋服から小物まで手軽に収納できます。ケースには絵などで**収納物のラベルを貼っておくと子どもでも整理収納がしやすい**ですね。

その他にも、高さの変えられる可動棚などをクロゼット内の壁に設置する収納方法もオススメです。棚柱と呼ばれる金物を壁に設置するだけで、棚板はもちろん、ハンガーパイプも設置できます。高さも自由に変えられるので、子どもの成長に合わせた使いやすい収納が実現できます。

図5−6

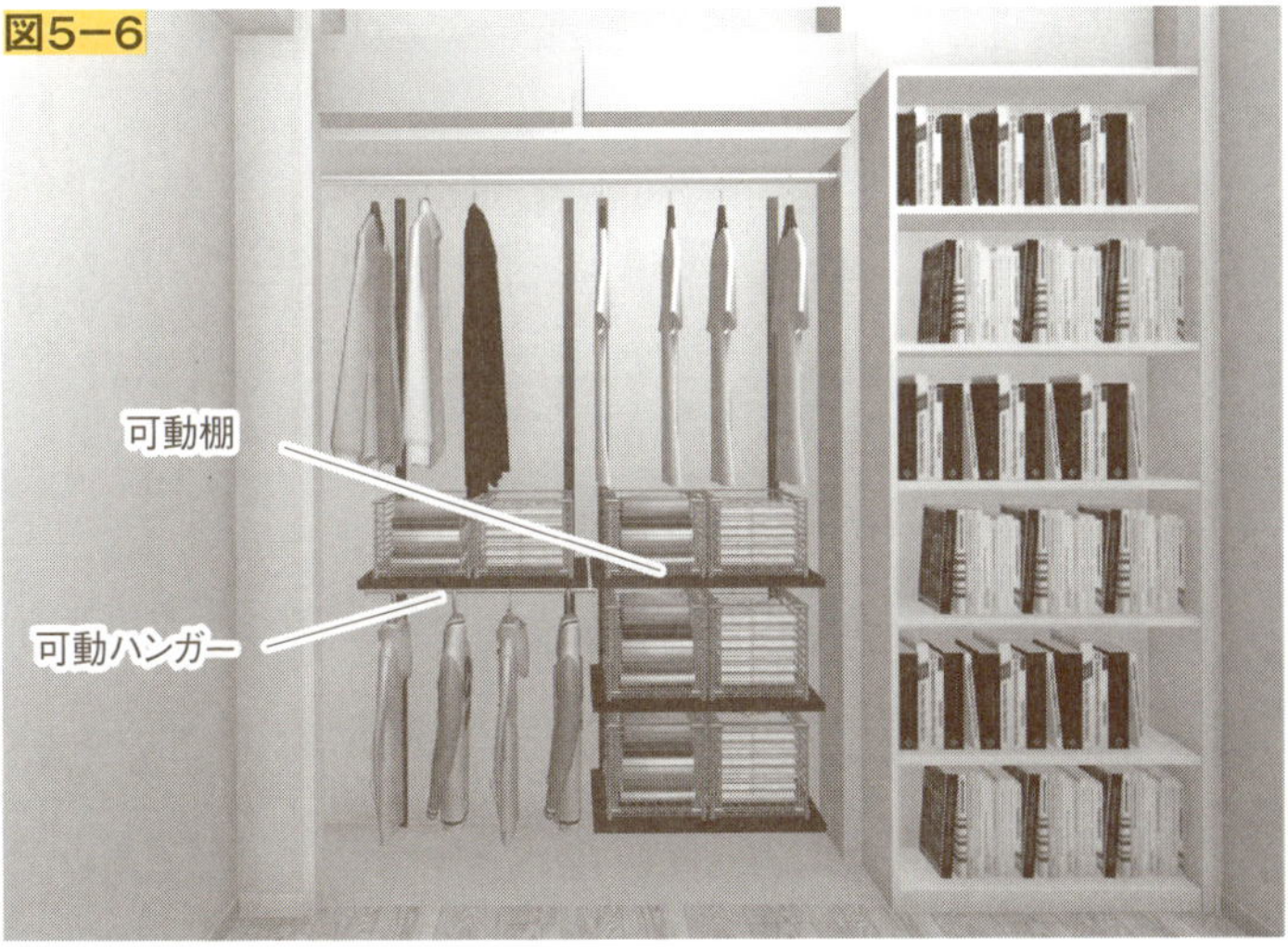

アートランバーRタイプ：R形状タイプ（4面エッジテープ貼り）＋アームハング棚柱SS＋ハンガーパイプ（すべて南海プライウッド／合計131,670円・税込み）の取り付けイメージ。

ルール6

照明と換気を意識すればもっと快適になる

●部屋の照明は勉強や作業の効率に影響する

本章の最後に、どんな間取りにでも共通する、快適に過ごすためのポイントをご紹介しましょう。それは「部屋の環境」です。**照明と換気（温度と湿度）、この2つを意識することで部屋はぐっと快適になります**。

部屋の照明は大きく分けて2種類あります。シーリングライトやダウンライトなど部屋全体を明るくする直接照明と、スポットライトやスタンドライトのように部分的に明るくする間接照明です。

これらの照明はどのように使い分けたらよいのでしょうか？

まず直接照明が向いているのは、勉強したり作業したりするときです。部屋全体を明るくすることで手元も見やすくなります。間接照明が向いているのはリラックスするとき。照明の明るさを抑えると快適に過ごせます。

また照明は色によっても効果が変わります。照明の色はオレンジ系の「電球色」「温白色」と、青白系の「昼光色」「昼白色」の4種類が一般的です。

リラックスしたいときにオススメなのはオレンジ系の「電球色」「温白色」です。青白系の「昼光色」「昼白色」では頭が覚醒してしまいます。逆に、勉強に集中するなど、脳を働かせたい場合は、オレンジ系ではリラックスして眠くなってしまうので、青白系の「昼光色」「昼白色」が向いています。

そのため**リビングダイニングのようにリラックスもするし、作業や仕事・勉強もするような多機能な部屋には、リモコンで4色の色の切り替えができる照明を選ぶとよい**でしょう。

照明は比較的変更しやすく雰囲気も変えやすいにもかかわらず、手を出しにくいイメージがあるようなので、本書をきっかけに意識してみてもらえたらと思います。

換気で健康被害を防ぐ

次に換気について見ていきましょう。

室内の空気は、二酸化炭素や芳香剤・消臭剤などの化学物質で、思いのほか汚れています。

室内の二酸化炭素濃度が上がると、仕事や勉強・家事などの作業効率が下がることがわかっています。そのため、作業効率が下がる前に、窓を開けたり換気扇を回すなどをして、室内の換気をしましょう。

また換気をすることで、窓などに発生する結露も軽減できます。結露は、アレルギーや健康被害を引き起こすカビやダニの発生原因でもあります。結露を軽減して、良好な健康状態を保てるようにしましょう。

平成15年7月1日以降に設計した住宅には24時間換気システムが設置されています。24時間換気システムとは、その名の通り、24時間いつも換気してくれる住宅設備です。この換気扇がついている場合は、きちんと稼働するように給気口などを開けて24時間換気システムのスイッチを切らないようにしましょう。

温度と湿度にも気を配る

その他、部屋の温度や湿度も快適な部屋作りには必要な要素です。

人が快適に過ごせる温度湿度は、夏の場合は温度25～28℃、湿度は45～60%、冬の場合は、温度18～22℃、湿度55～65%といわれています。

そのため、エアコンや除加湿空気清浄機※などを上手に使い、適温適湿が保たれるようにしましょう。

また暖房など暖かい空気は部屋の上部にたまりやすく、また冷房など冷たい空気は部屋の下部にたまりやすいので、サーキュレーターなどで空気を循環させることも快適な部屋作りには大切です。

※：除湿と加湿、空気清浄の機能を備えた空気清浄機です。四季のある日本では快適に過ごすために役立ち、部屋干し問題の解決にも役立ちます。

Colmun1 照明と家具配置の意外な関係

わたしの所には、部屋が狭く感じられて動きにくいとご相談に来る方がたくさんいらっしゃいます。その方たちのお宅の家具配置に多く共通していることがあります。それは、家具を部屋の真ん中に配置していることです。

部屋の真ん中に家具があると、4方向に動線ができるため、広い部屋では問題ないのですが、狭い部屋だと1本1本の動線が狭くなり動きにくい部屋になります。

ですので、狭い部屋の場合は、家具を壁に寄せるなどして動線の数を減らすことが大切です。

たとえば、部屋の真ん中に置いていたソファやダイニングテーブルを壁に寄せるだけでも、部屋は広く感じられるようになります。

ところで、なぜ、部屋の中央に家具を置く方が多いのでしょうか？

最も多い理由は、部屋の中央天井に照明がついているからです。

部屋の中央に照明があると、夜は明るさを求めるため、どうしても照明の近くに家具を置きたくなります。

そうして動線が増えて、狭い部屋がより狭く、動きづらくなるのです。

とくに、食事をおいしく見せてくれるペンダントライトやスポットライトなどは、照明の届く範囲が限られているので、照明の位置を考えて家具をレイアウトする必要が出てきます。

一方で、天井に取り付けるタイプのシーリングライトの場合は、光が拡散し部屋全体が明るくなります。すると照明の位置をあまり気にしなくても大丈夫になるので、自由に家具をレイアウトできます。

もし、家具を壁付けするなど家具レイアウトを自由に変えたい場合は、スポットライトやペンダントライトは諦めて、おしゃれなシーリングライトに変えてみるのも一案です。

第2章

子どもと快適に過ごせるリビングの作り方

ルール7

ベビーベッドや大型遊具、置き場をどう作る？

●赤ちゃんや幼児に必要な家具を置くとリビングが狭くなり、片づかない

ここからは子どもの年齢ごとに、ご相談の多い家具配置について、実例を通してみていきたいと思います。まず本章ではリビングについて、そして次章で子ども部屋についてのお悩みをベースに、快適な部屋作りについてお話ししていきます。

最初のご相談者は、夫婦と赤ちゃんの3人で3LDKにお住まいです。いずれ、もう1人子どもを授かりたいとの希望があり、リビングダイニング及びその隣の洋室の現在の家具配置と、将来2人目の子どもができたときの家具配置をご相談にいらっしゃいました。

【相談例1】

ベビーベッドや赤ちゃん用品で部屋が片づきません

●家族構成
夫婦＋赤ちゃん

●お悩みの間取り
10畳のリビングダイニングと隣接する5畳の洋室

●相談内容とご希望
・赤ちゃん用具がリビングを圧迫していて散らかりやすく、狭くて居心地が悪い。
・テレワーク中に赤ちゃんが気になり、仕事に集中できない。
・いずれ2人目がほしいので、その際の家具配置まで考えてほしい。

【おもな家具のサイズ一覧】ベビーベッド:幅125cm×奥行77cm／ベビーマット:幅160cm×奥行120cm／デスク:幅130cm×奥行62cm／おもちゃ収納:幅77cm×奥行 39cm／絵本洋服収納:幅100cm×奥行39cm／ワゴン収納:幅35cm×奥行45cm／ダイニングテーブル:幅135cm×奥行80cm／カウチソファ:幅220cm×奥行155cm

図7－1

ベビーベッドと大型遊具を部屋に置く場合は、2～3畳程度は必要になります。このスペースを、狭いリビングに、しかも既にソファやダイニングテーブルがある中で作るのは至難の業になります。

ご相談者はリビングにはベビーベッドを置けなかったため、上図のように隣接する5畳のテレワーク部屋に配置していました。しかし、背後にベビーベッドがあると仕事はなかなか手につかないですね。

その他にも、絵本やおもちゃ・衣類など赤ちゃんにまつわるものの収納が、ベビーベッドのそばとリビングに分散して配置してあったので、作業や片づけがしにくく、物が散らかりやすい部屋になっていました。

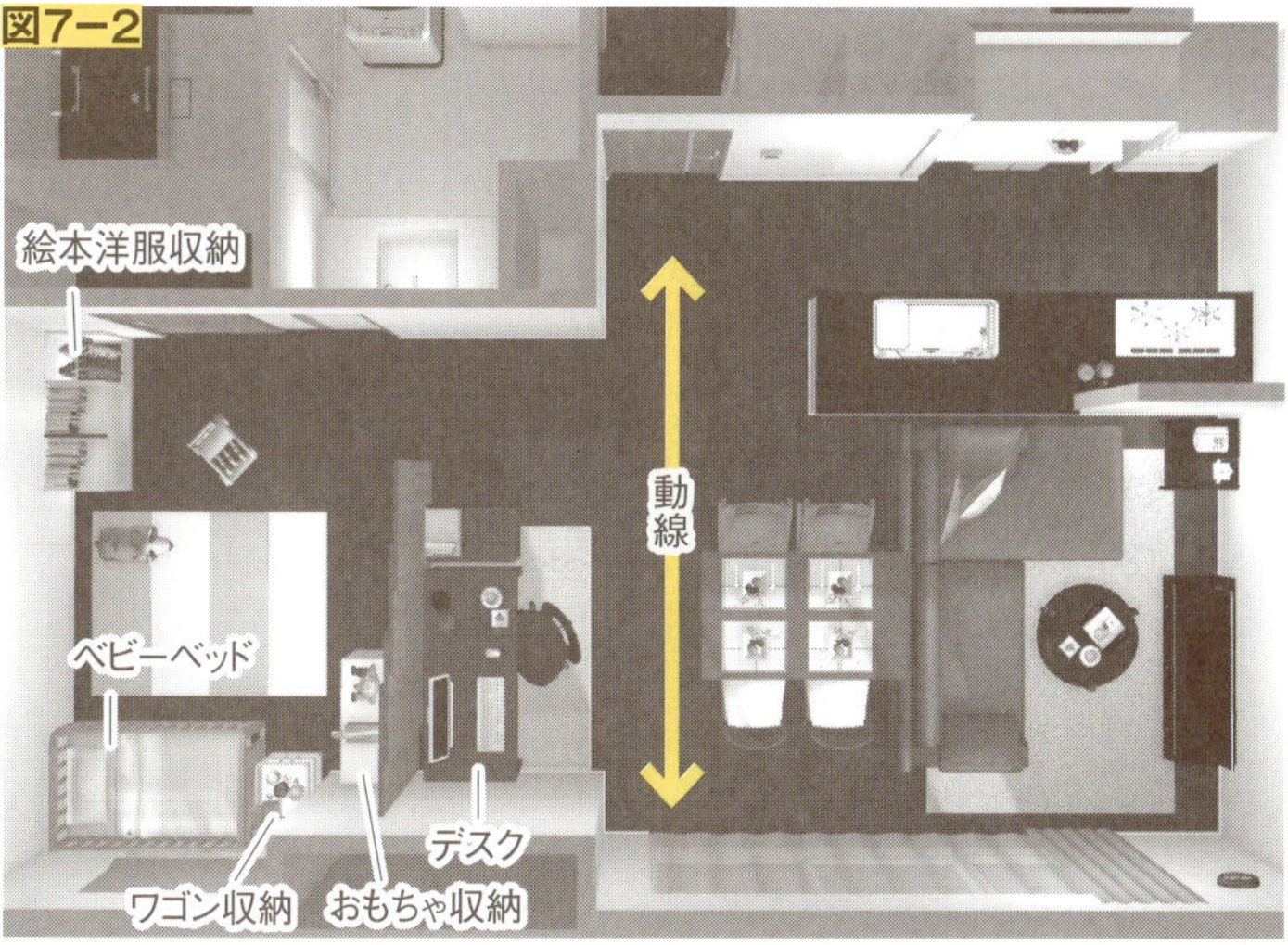

そこで仕事をする人にも赤ちゃんにも快適で片づけやすい家具配置に変えてみました。（図7−2）

テレワークとして使っていた部屋は、赤ちゃん専用の部屋に整えます。散らばっていた収納家具類もこの部屋にまとめれば、片づけやすい部屋になります。

また、仕事で使うデスクは赤ちゃん部屋とリビングとの間仕切り扉に沿わして配置することにしました。このような配置にすれば、扉を少し開けておけば簡単に赤ちゃんの確認ができて安心ですね。

最後に、ソファとダイニングテーブルは方向や位置を変えて配置しました。バルコニーへの動線も確保しているのでスムーズに出入りできます。

赤ちゃんから幼児期はベビーベッドや大型遊具などが増える時期です。この時期を快適に過ごすためには、**専用に一部屋与えるか、またはリビングにスペースを作ることがポイント**になります。

●リビング（10畳）に赤ちゃんコーナーと食事スペースを確保する方法

次に、将来2人目の子どもができた際の家具配置も見てみましょう。

子どもの年齢差にもよりますが、現在赤ちゃんスペースとして使っている5畳の洋室は、子ども部屋として整えます。その場合、そこに置いていたすべての家具をリビングに置かなければなりません。しかし、10畳程度のリビングではすべての家具を置くことは難しいです。

そこで、**大きめの家具を減らします**。たとえば、ソファセットとダイニングセット両方を置くことは諦め、どちらかを残します。このように、機能が重複する家具を処分し最小限に抑えることを、わたしは**「引き算インテリア」**と呼んでいます。

先に、ソファを残した引き算インテリアをした場合（左図）を見てみましょう。

図7−3 ソファを残した家具配置

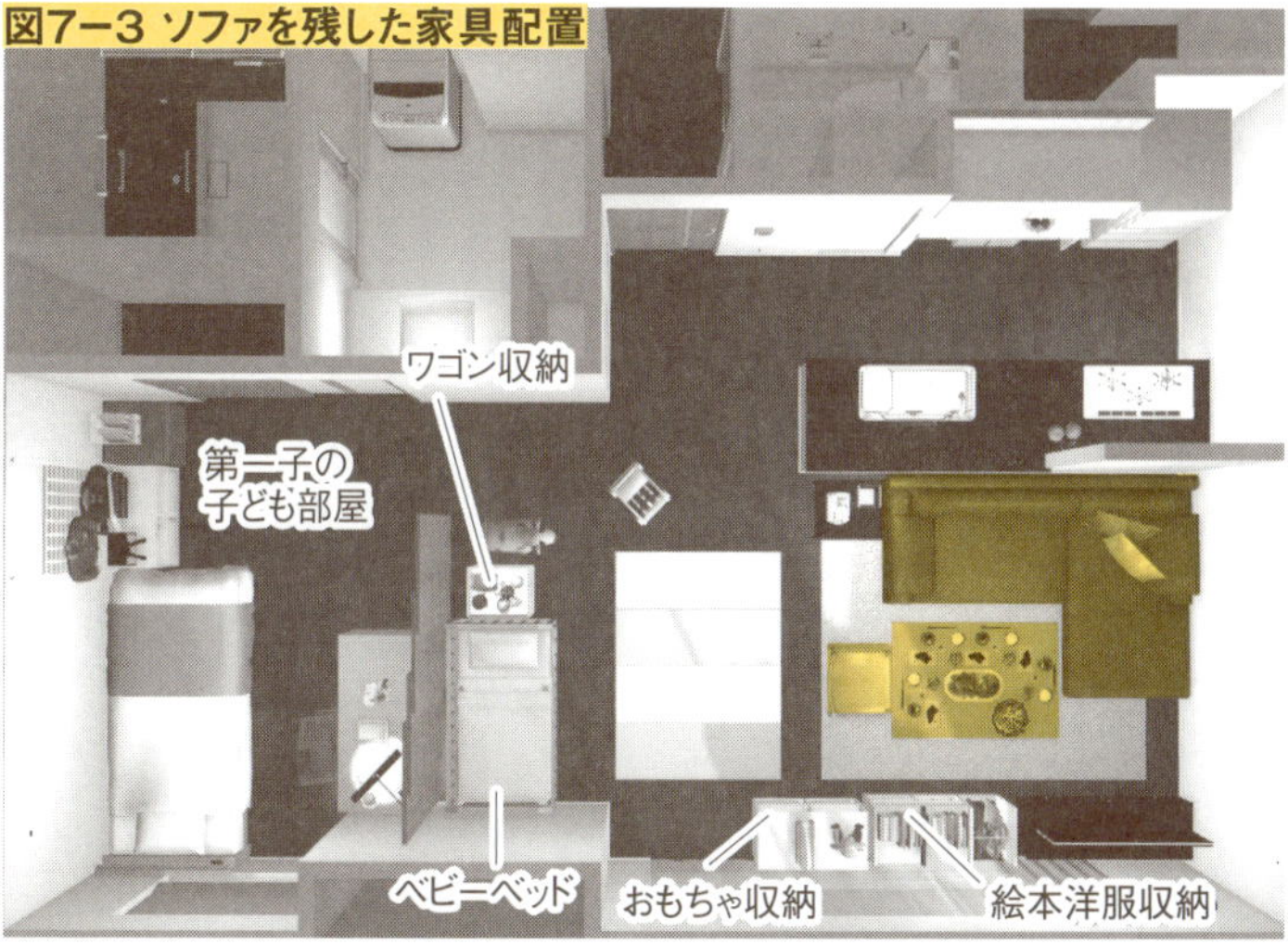

図7−4

ソファを残す場合の注意点としては、２つほどあります。

まず、ダイニングセットを手放すので食事もソファですることになります。そのため、おしりが沈みこまない、ある程度硬い座面のソファの方が向いています。

また、一般的なダイニングテーブルだとソファに対して天板が高すぎるため、食事がしにくくなります。そのため、低めのダイニングテーブルを購入する必要があります。ソファの床から座面までの高さに25～30センチを足した高さがテーブルの天板の高さの目安になります。たとえばソファの座面が36センチの場合、テーブルの天板の高さは61～66センチほどを目安にしましょう。

その際、**あまり低いテーブルだと、キッズチェアと高さが合わず、子どもの食事の姿勢が悪くなる**ので注意が必要です。その場合はキッズチェアをテーブル付きのものにするか、座面の高さが低めのダイニングテーブルにも合わせられるものを選ぶ必要があります。


最後にソファセットを手放しダイニングセットを残した場合を考えてみましょう。

ダイニングテーブルの場合は、ソファと違ってそもそも食事をするテーブルですので、とくに注意点はありません。ただ、長い時間座ることになるので、可能であれば、ゆったりくつろげるお気に入りのダイニングチェアに買い替えるのもよいでしょう。（左図）

図7−5 ダイニングテーブルを残した家具配置

図7−6

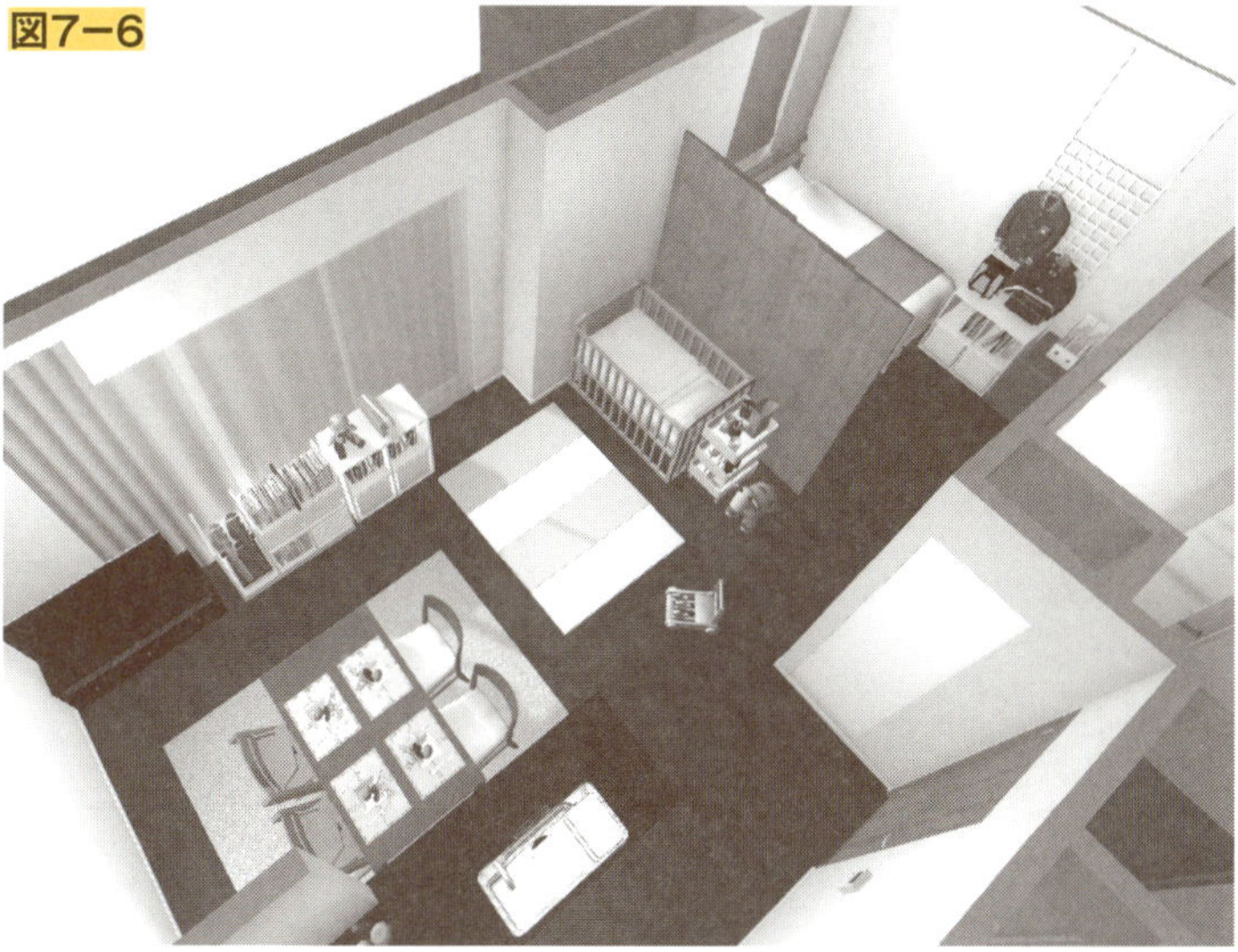

ルール8

部屋をごちゃつかせるおもちゃ・絵本はどうする？

おもちゃや絵本が散らからなくなる収納法

幼児期に散らかりやすいおもちゃや絵本は、狭いリビングでは収納場所に困るものの1つですね。そこで、これらの解決方法も見ていきたいと思います。

ご相談者は、ご夫婦と3歳の幼児の3人暮らし。

リビングが狭く、増え続けて散らかるおもちゃや絵本を上手に片づけたいとのご希望がありました。また生活習慣が身に付くように、子どもが自分で片づけをできるような収納にしたいともご希望でした。

【相談例2】

子どもが自分で絵本やおもちゃを片づけられるようにしたいです

●家族構成

夫婦＋子ども1人（3歳）

●お悩みの間取り

8・6畳のリビングダイニング

●相談内容とご希望

・増え続けるおもちゃや絵本を上手に片づけたい。

・子どもが自分で片づけられるような収納にしたい。

【おもな家具のサイズ一覧】リビングテーブル:幅120cm×奥行60cm／ソファ:幅155cm×奥行85cm／ラグ:幅200cm×奥行140cm／TV台収納:幅150cm×奥行40cm／リビング収納:幅150cm×奥行42cm／ダイニングテーブル:幅130cm×奥行85cm／ハンガーラック:幅58cm×奥行30cm

図8−1

子どもが片づけやすいオープン収納

リビングのTV台収納は、扉のついたものでした。

子どもが片づけやすくするためには、扉がないオープン収納にすることが大切です。なぜなら、扉があると、「扉を開ける→しまう→扉を閉める」の3ステップになるため片づけ作業が億劫になりがちだからです。

そのため、このTV台をオープン収納に変更します。

またオープン収納にする場合、高さは50センチ程度にします。これより高いと、ソファからTVを見るときに目線が上になるので首が凝るためです。

反対にTV台が低いと幼児がTV台に乗

おもちゃ収納 引き出しラック（LOWYA／14,990円・税込み／幅99.2×奥行43.1×高さ47.5㎝）

ってしまうので、窓がそばにあれば踏み台になり落下の心配が出てきますので危険です。

そこで使用したのはＬＯＷＹＡのおもちゃ収納。こちらを２つ並べてＴＶ台にしました。

おもちゃ収納は収納ケースがついた家具ですが、奥行が約43センチあるので細々したおもちゃから絵本、ぬいぐるみなどが収納でき、また収納ケースも軽いので子どもでも簡単に収納作業ができます。

しかし収納家具には角があるので、クッション材（コーナーガード）を必ずつけて安全対策をしましょう。

ＴＶは壁か台に固定するか、または壁掛

け式にするなど、地震が起きたときや幼児が触ったときに転倒しない配慮も必要です。

次に、ソファの前に置いてあるテーブルが大きすぎたため、こちらも子どもがお絵かきや読書ができる、角のないテーブルに変更しました。テーブルに角があると幼児がケガをしやすいためです。

またテーブルを置く場合は、**軽いテーブルなどは、子どもが簡単に持ち運びできるため、バルコニーなどに移動して足場になるなど転落の恐れがでます。使う階や間取りによっては危険になるので設置には注意しましょう**。

その他、ハンガーラックは高さが160センチもあるため、背の低い子どもは使うことができません。そこで、子どもが自分で洋服やカバンを収納できるように、ハンガーラックを上下二段のものに変え、低い方のハンガーを子ども専用にしました。

またベランダへの出入りはTV側から行うこととし、カーテンを開けたときはハンガーラック側にカーテンを寄せるようランナーを調節しました。

いかがでしょうか？　片づけやすい部屋になったと思います。（左図）

図8–2

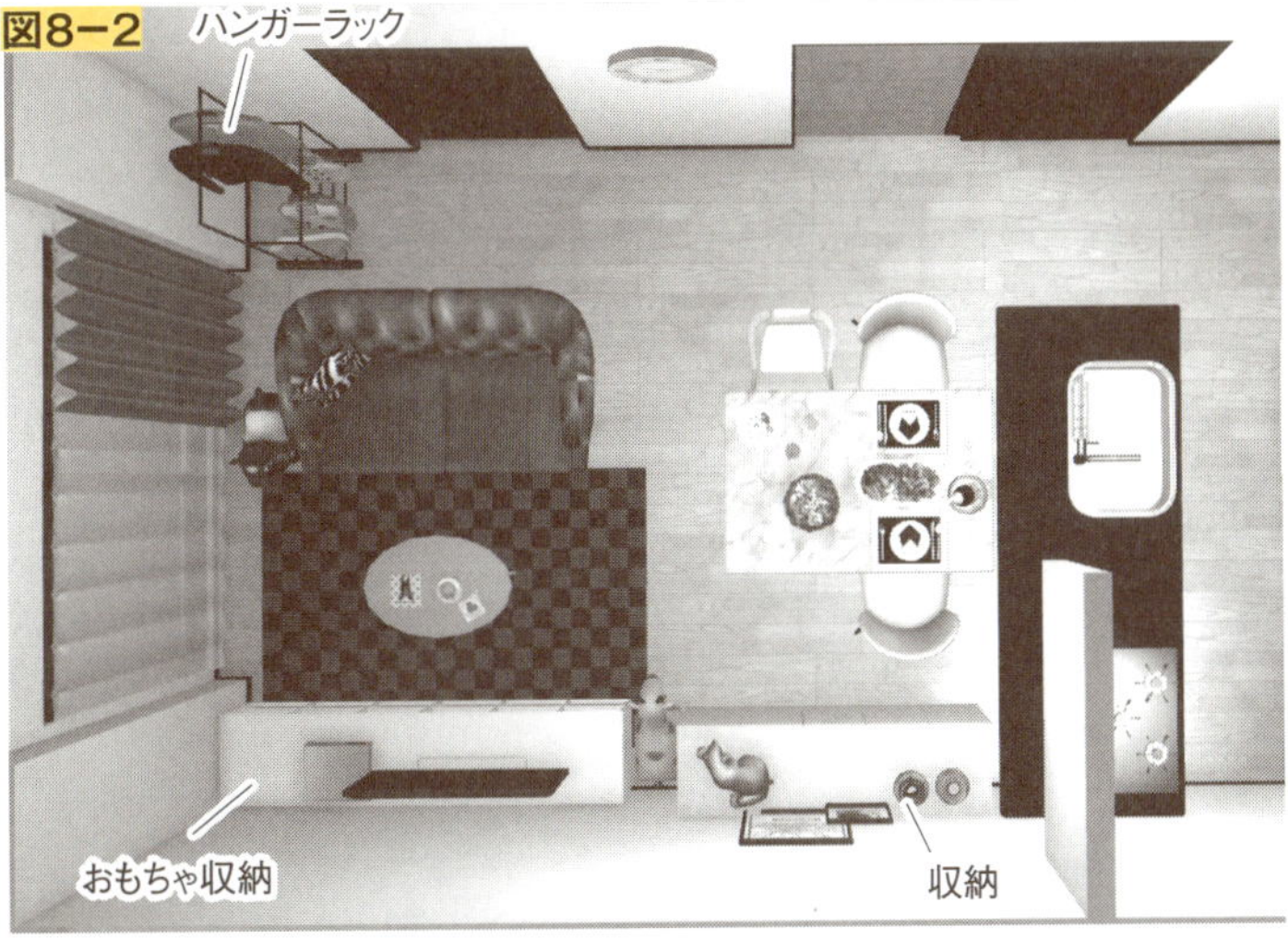

図8–3

図8−4

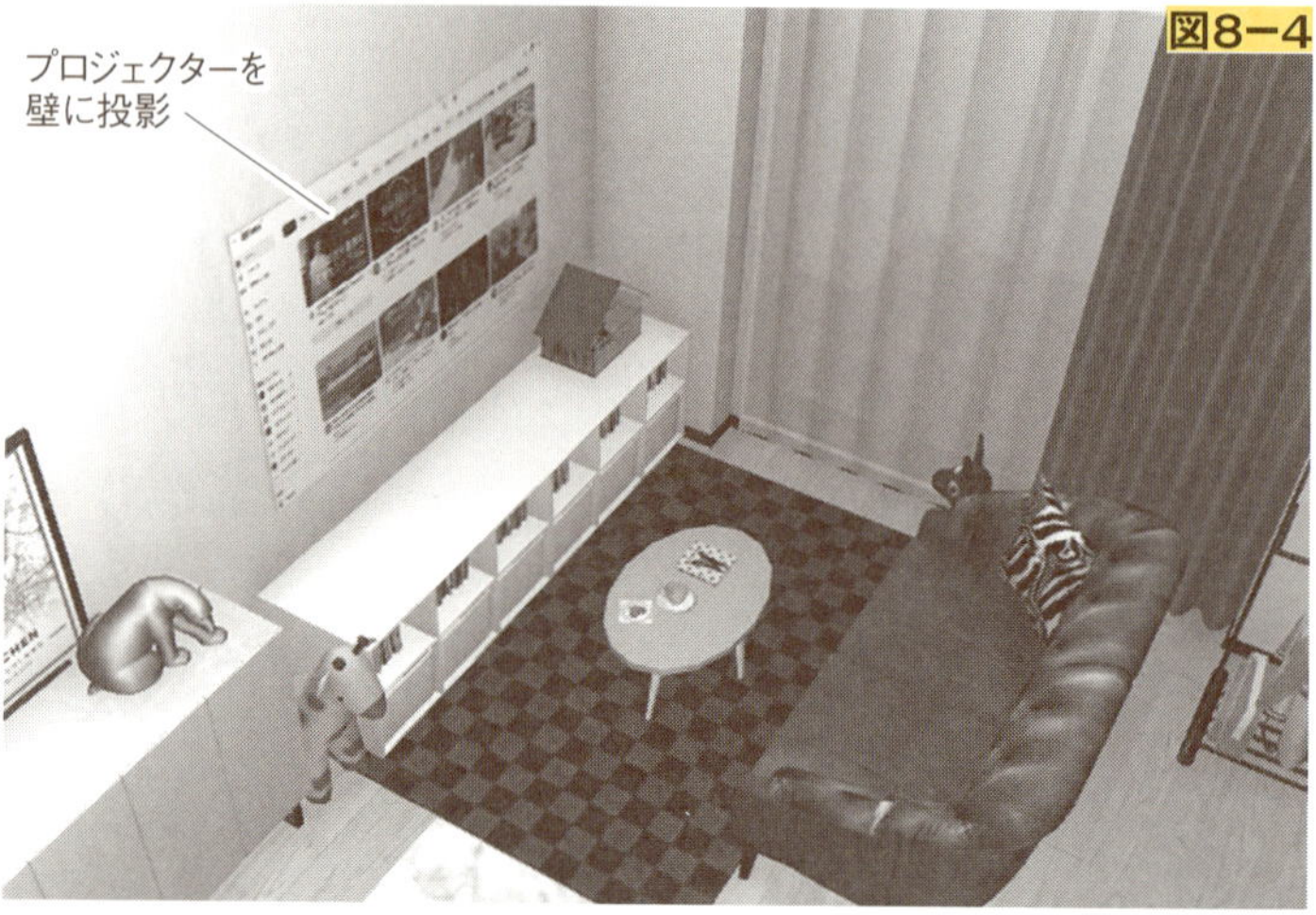

TVをプロジェクターで代替する

この他にもTVをプロジェクターなどに変えてみると、TV転倒のリスクも減るうえ、TV台の上も収納として使えます。たとえばシルバニアファミリーやリカちゃんのお家、プラレールのレール、楽器といった大型のおもちゃを置くこともできますね。（図8−4）

プロジェクターというと大掛かりなイメージがありますが、天井につける照明にプロジェクター機能がついたものもありますので、手軽にTVをプロジェクターに変更できます。

投影用にシールで手軽に貼り替えられるプロジェクター専用の壁紙も販売されています。ただ、壁紙の色が白で凹凹があまりなければ、貼り替えなくても比較的きれいに投影できます。

図8−5

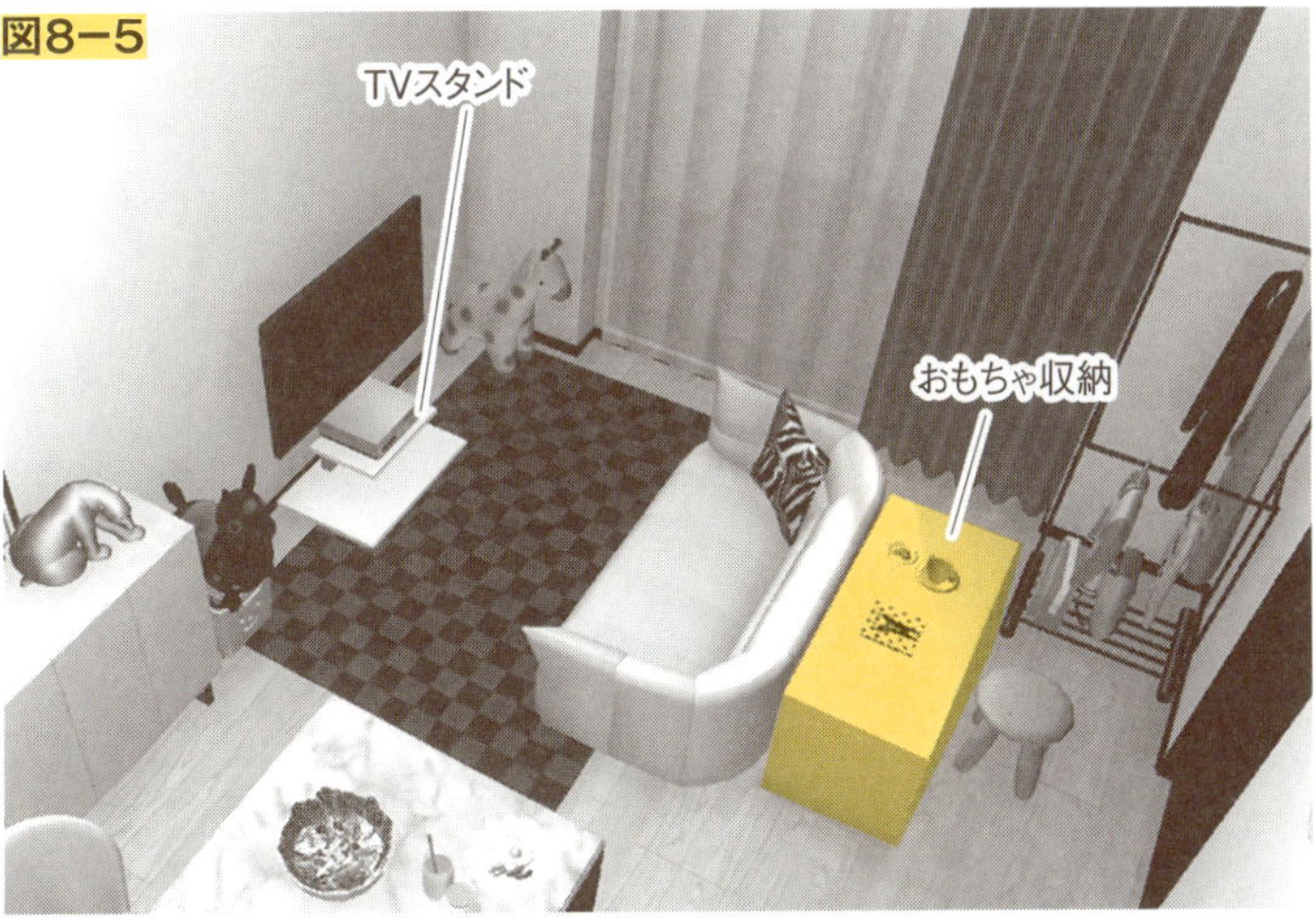

ローソファならTV台は置かない

ここで、ソファがローソファなどの低いものだった場合について考えてみたいと思います。

ローソファなど座面が低いものの場合は、先ほど使ったような高さが50センチもあるTV台を使うと首が凝ってしまいます。また低いものだと子どもが乗って危険です。

そのため、TV台は置かないで壁掛けTVにしましょう。賃貸などで壁に穴があけられない場合は前述のプロジェクターにするか、TVスタンドもオススメです。

TV台を置かない場合、おもちゃ収納はソファの後ろなどのスペースを利用します。上図では、先ほど紹介したLOWYAのおもちゃ収納を1つ置きました。子ども用椅子を置けば、簡易な子どものテーブルとして使うこともできます。

TVをあまり見せたくない場合は

ここでもう1つ違う家具配置も見てみましょう。

いままで見てきた配置は、TVの前に子どもの遊びスペースがありました。しかし、ご家庭によっては、TVはあまり見せたくないという教育方針がある場合もあるでしょう。その場合は、ソファの位置を変えて遊びスペースをTV前から離す方法もあります。

たとえば、TVとソファの向きを変えて壁寄せすると、独立した遊びスペースが作れます。この配置の場合、親がTVを見ていても、遊びスペースが離れているので、子どもはTVを見ることなく自由に遊べて安心ですね。（左図）

ダイニングテーブルを手放す、という方法もある

ここまでずっとダイニングテーブルを使ってきましたが、ちゃぶ台を使うという方法もあります。

図8−6

図8−7

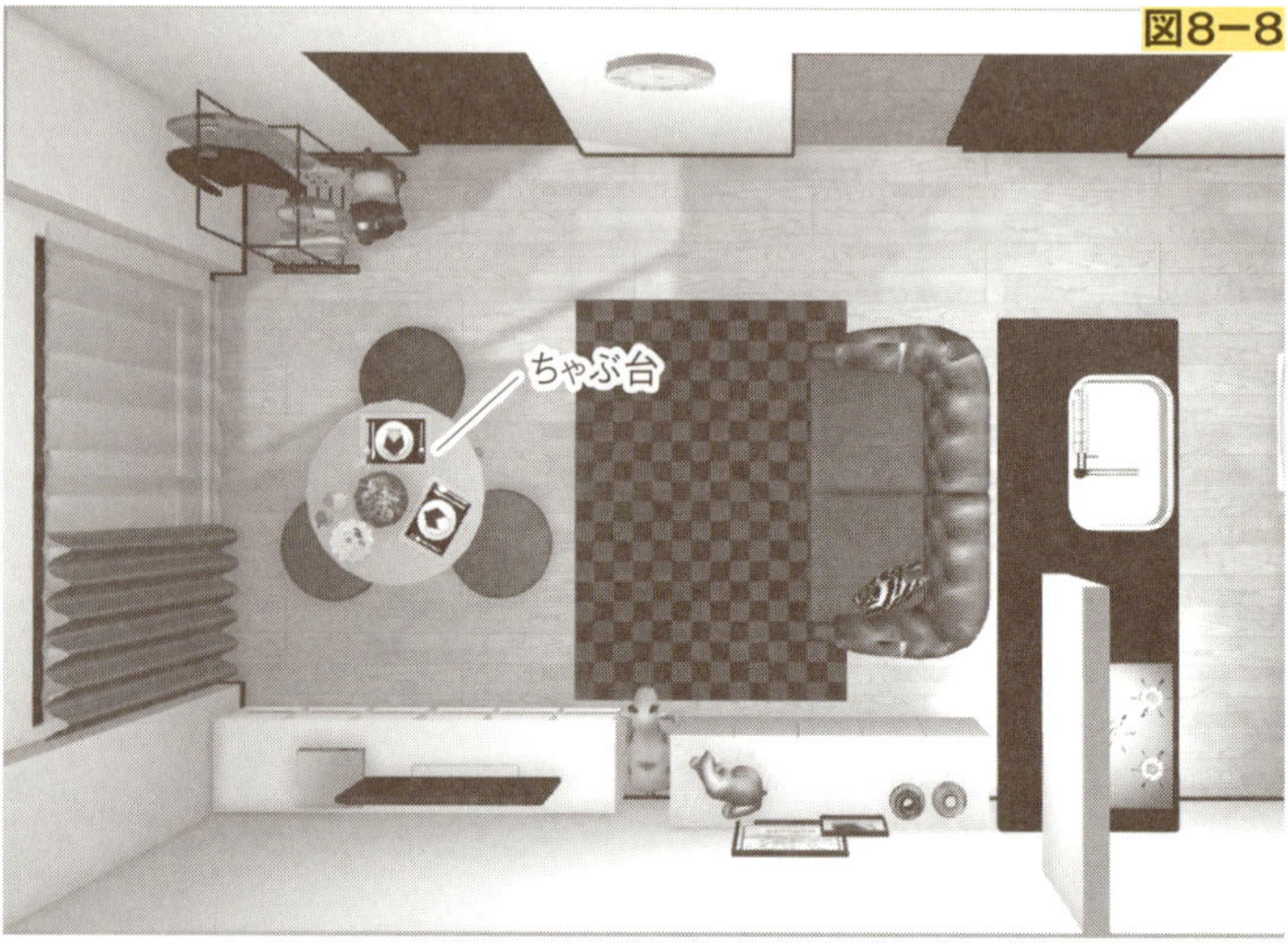

図8−8

図8−9

メリットとしては、**ちゃぶ台は背が低いので圧迫感もなく部屋が広く使えること、また食事にはもちろん、子どものお絵かきテーブルとしても使いやすい**ことです。

しかし、ちゃぶ台は高さが35センチ程度と低いことがデメリットにもなります。というのも、床から30センチは「ハウスダストゾーン」と言われていて、埃やハウスダストが舞いやすいので、食事などは衛生面から避けた方がよいからです。

その他、床に座ることは姿勢が悪くなりやすく、腰痛や関節痛をおこしやすいというデメリットもあります。

そのため、**ちゃぶ台を使用する場合は、こまめに掃除をしたり、姿勢に気を付けたりするなどの対策が必要**になってきます。

幼児期はおもちゃや絵本など細かなものが増えますので、リビングなどが散らかりやすい時期でもあります。

よく使うおもちゃ用に子どもが収納しやすいサイズの収納家具をリビングに整えて、それでも収納しきれないおもちゃは子ども部屋に移動するなどの工夫も必要です。

子どもが安全に遊べるリビングにアップデートしましょう。

ルール9

ランドセルなどの学用品も上手に片づけたい

～図鑑や地球儀、プリンター・プリント置き場はどうする？～

● 地球儀や学習ポスターなどで勉強してほしいが散らかりやすい

子どもが小学校にあがる学童期になると、おもちゃや絵本が散らかるという悩みは多少は解消されます。そして、図鑑やランドセル・学校からのお便りや連絡帳・学習プリントなどが散らかるという新たなお悩みが出てきます。

そこで、これらの解決方法を見ていきたいと思います。

ご相談者は、夫婦と8歳と10歳の子どもの4人暮らし。お住まいはタワーマンションの角部屋です。リビングにカラーボックスを置いて学用品や図鑑・絵本などを収納しているのですが、散らかりやすく、子どもが自分で片づけてくれないというお悩みでした。

【相談例3】

学用品が部屋中にあふれているのをどうにかしたいです

●家族構成

夫婦＋子ども2人（8歳・10歳）

●お悩みの間取り

10畳のリビングダイニング

●相談内容とご希望

・学用品や図鑑などを子どもが片づけないので、自分で片づけられるようにしたい。
・動線が悪いので、家具配置を見直したい。
・収納家具を統一し、まとめたい。

【おもな家具のサイズ一覧】リビングテーブル:幅49cm×奥行38cm／ラグ:幅180cm×奥行120cm／TV台収納:幅140cm×奥行42cm／カラーボックスA:幅42cm×奥行29.5cm／カラーボックスB:幅60cm×奥行29.5cm／ダイニングテーブル:幅135cm×奥行75cm／カウチソファ:幅217cm×奥行145cm／収納:幅70cm×奥行35cm

まずは片づけやすい環境を作る

リビングにはＴＶ台収納の他に図鑑やランドセルなどを収納するカラーボックスが５つもあり、物の収納場所がある程度決まっていました。そのため、片づいていて床には物が散らかっていない状態でした。

しかし、部屋中央にダイニングテーブルが置いてあり、部屋の動線が狭くなっているため、大変動きにくい部屋になっていました。（図９－１）

また、カラーボックスが２カ所に分かれて配置されているため、行ったり来たりで片づけ作業がスムーズではありません。

その他、学習プリントや学校のお便り・連絡帳などの置き場所が決まっていないため、すべてがダイニングテーブルに集まりやすく、その結果ダイニングテーブルの上がいつも片づいていない状態になっていました。

そこで、最初に動線を広くして動きやすい部屋になるようにダイニングテーブルをキッチンとの境になる腰壁に寄せました。（図９－３）

次にサイズのバラバラなカラーボックスを奥行40センチ程度のオープン収納に変更して

図9−1

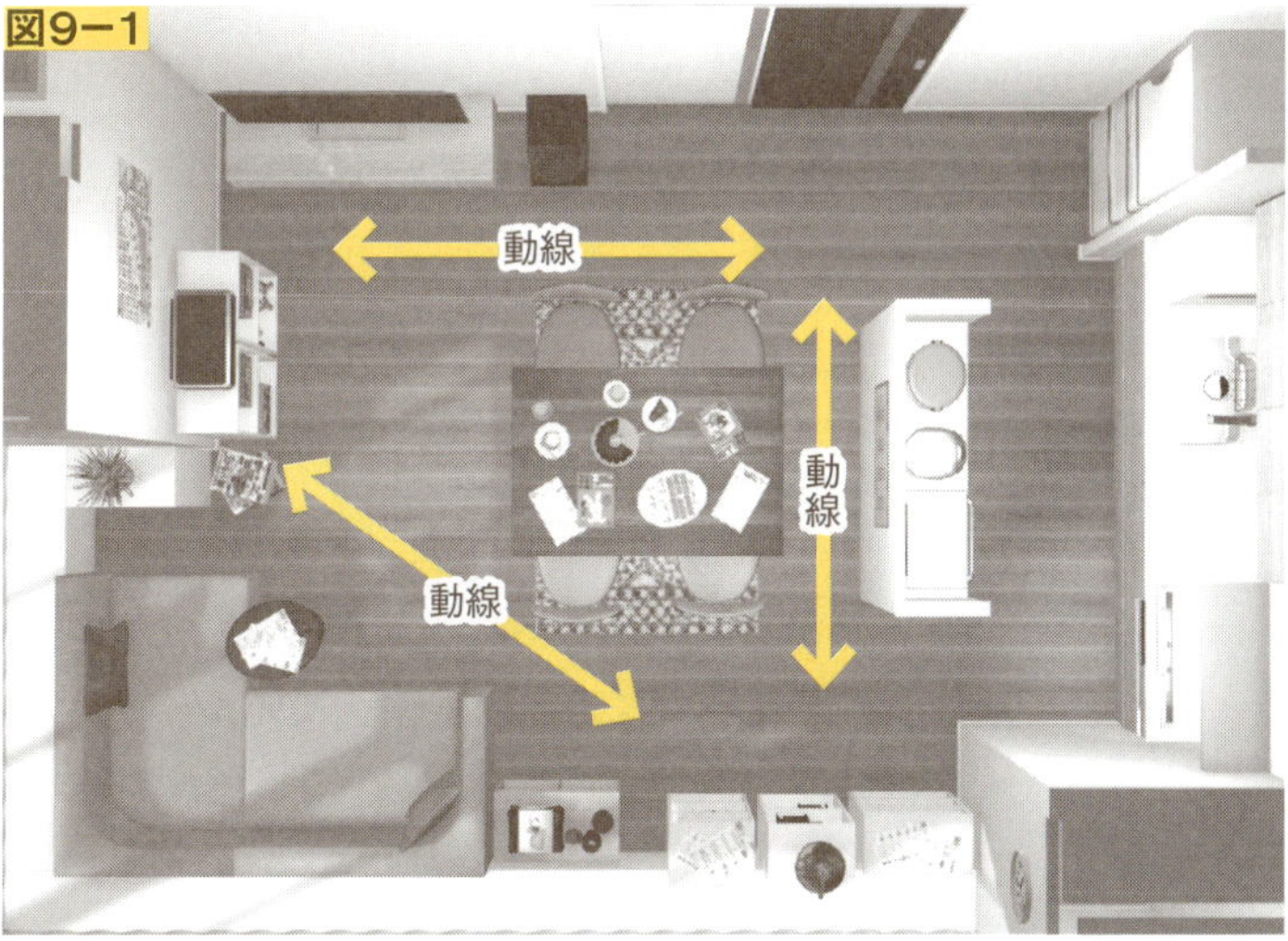

図9−2

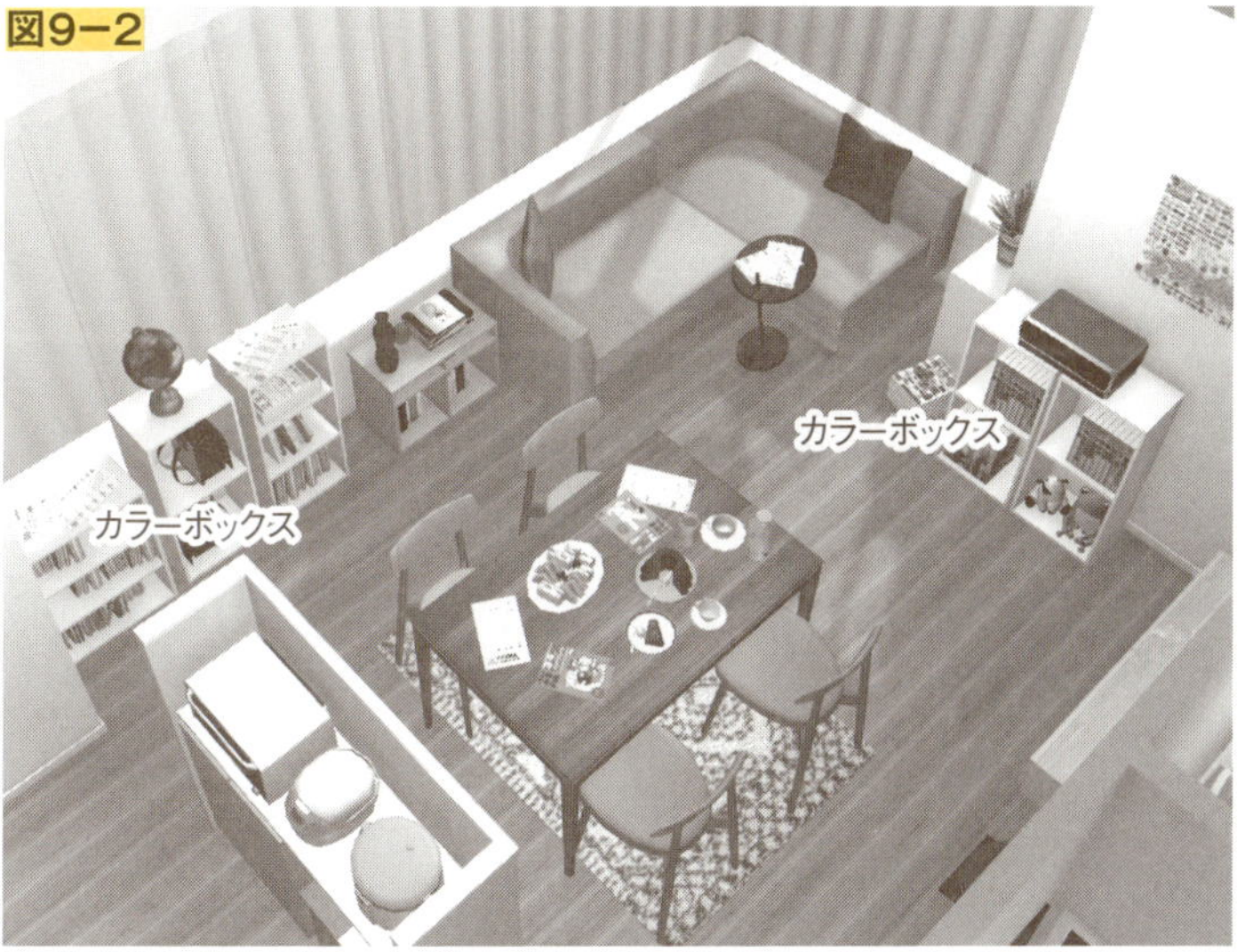

図９−３

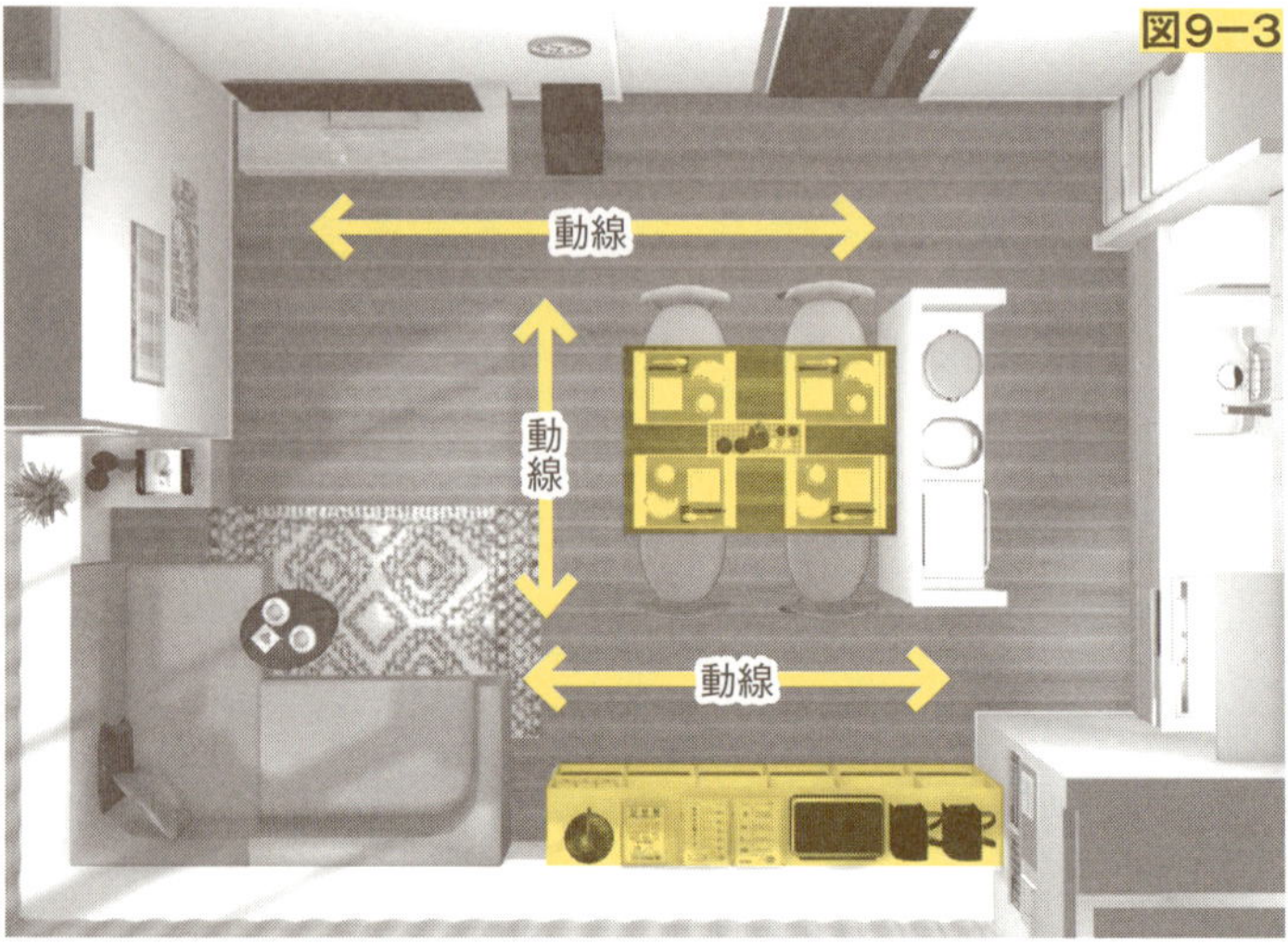

収納を１カ所にまとめます。

カラーボックスは奥行が29センチ程度ですので、Ａ４ファイルや書類などちょっとした収納には便利です。しかし、少し大きめの体操着入れや上履き入れ・絵具セットや書道セット・算数セットなどの学用品は奥行が35〜40センチ前後のものが多いため横向きに置かないと収納できず、収納量が少なくなります。

奥行が40センチ程度あれば、前述の学用品もたっぷり収納できます。また市販の整理収納ケースが縦にも横にも入りますので、学用品はもちろん雑貨などもざっくり収納できます。

そこで使用したのはイケアのカラックス。幅１４６・５センチのタイプと幅76・５セ

上:ドローナ ボックス(イケア／399円・税込み／幅33×奥行38×高さ33cm)

左:カラックス シェルフユニット(イケア／9,990円・税込み／幅76.5×高さ146.5×奥行39cm)※76.5×76.5×39cmのものもあります。

ンチのタイプを横並びに置いて合計幅２２３センチの収納にしました。

　場所をとる図鑑はもちろん、おもちゃから前述の学用品まで簡単に収納できます。またカラックスとセットで使える収納ケースのドローナを使えば、細々したものもざっくり収納できますね。

　そして、収納の上にＡ４トレーを置いて学習プリントを収納し、また配布物トレーも置いて学校のお便りや連絡帳や集金袋などを入れる場所にしました。

　横にはプリンターを置いて、学習プリントをコピーできるようにしました。

　また配布物トレーの横には行き場を失いやすい地球儀を置いて、学習などで疑問が起きたときにいつでも確認できるようにし

図9-4
地球儀
配布物トレー
プリンター

図9-5
家族の掲示板
やることリスト

ました。（図９－４）
収納のそばの壁には、子ども一人一人の「やることリスト」を貼ったり、マグネット式のホワイトボードをかけて、年間行事などを磁石で貼ったり、家族のメモを残せる「家族の掲示板」を作りました。（図９－５）ランドセルを置いてメモを確認するなど、登校・帰宅時の確認作業もスムーズになります。
このように、地球儀や図鑑・ドリルなどの学用品・学習プリント・プリンターなどを**１カ所にまとめると動線がシンプルになり学校の準備がしやすく、片づけもしやすくなります。**
他にも２カ所に散らばっていた日本地図などの学習ポスターも１カ所にまとめて子どもの見やすい高さに貼りました。見やすくなることで学習が身近になります。

いかがでしょうか？　動きやすくすっきり収納できる部屋になったかと思います。

この他にもＴＶとダイニングテーブルの配置を変えて、学習ポスターをダイニングテーブルの横に貼る家具配置も可能です。この配置ですと、家族で食事をしながらクイズ感覚で学習ポスターの内容についての会話をすることもできますね。（図９―６、図９―７）

学童期は生活習慣や学習習慣が身に付く大切な時期でもあります。**学用品や学習プリントなどはなるべく1カ所にまとめて、子ども自身で管理できる仕組みを作ってあげましょう。**

どこに何があるかがわかりやすいと、身支度もスムーズになり忘れ物も減ります。何よりも自分でできることは、子どもの自信につながります。

図9−6

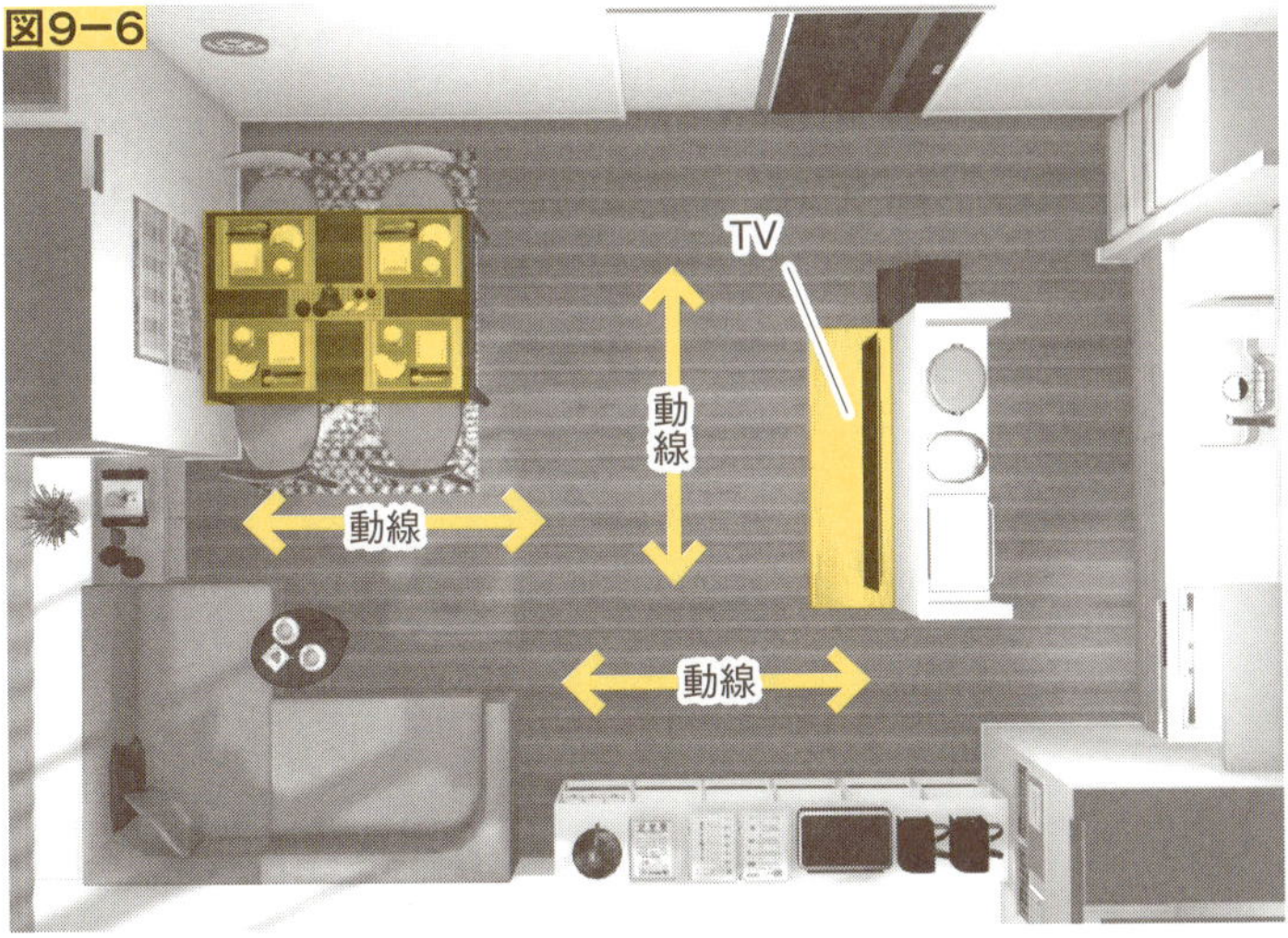

図9−7

ルール10

リビングでもなるべく集中できる仕組みはどう作る？

～縦長リビング編～

リビング学習は集中できる家具配置が大事

近年ではリビング学習という言葉が定着しているように、多くの小学生はリビングで勉強しています。しかし、リビングはそもそも家族が集まってTVを見たり会話を楽しんだりする場所です。よく考えないで家具配置をすると、騒がしくて勉強に集中できません。

またダイニングテーブルで勉強していると、食事の際に勉強道具の行き場所がなくなり床に置かれたりと、部屋が散らかる原因になってしまいます。

そこで、リビングというにぎやかな空間の中で、部屋が散らからず、できるだけ勉強に集中してもらうにはどのような点に注意したらよいのか、家具配置や部屋作りのポイントを見ていきたいと思います。

【相談例4】

リビングに勉強に集中できるスペースを作りたい

●家族構成

夫婦＋子ども2人（9歳・14歳）

●お悩みの間取り

11畳のリビングダイニング

●相談内容とご希望

・子どもが中学受験をするので、勉強に集中できるリビングにしたい。

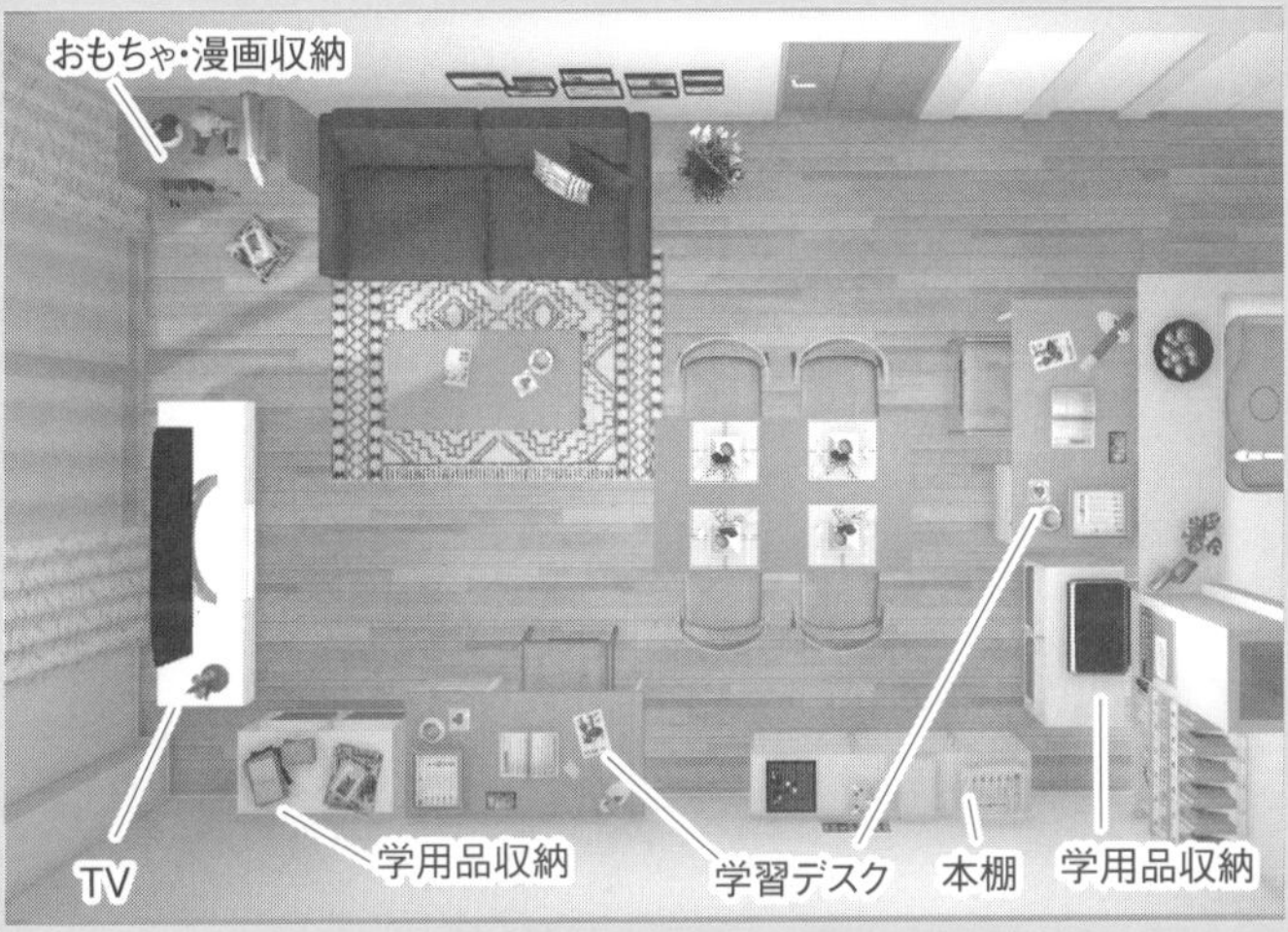

【おもな家具のサイズ一覧】学習デスク:幅120cm×奥行60cm／学習チェア:幅48.5cm×奥行40cm／学用品収納:幅77cm×奥行39cm／ダイニングテーブル:幅130cm×奥行75cm／ダイニングチェア:幅48cm×奥行51cm／TV台:幅150cm×奥行45cm／ソファ:幅170cm×奥行80cm／おもちゃ・漫画収納:幅85cm×奥行36cm／本棚:幅140cm×奥行29cm／（突っ張り収納:幅60cm×奥行6.5cm）

●TVや漫画などの誘惑を断ち切るための配置が重要

リビング学習スペースを作る場合は、第1章の機能的な部屋作りでお話しいたしました空間分けや照明・換気などの他にも、いくつか大切なことがあります。

その1つ目は、**勉強中はTVが見えないように家具配置を考える**ことです。

同じ部屋ですのでTVの音を消すことはできませんが、少なくとも画面が視界に入ってこないようにデスクを配置します。そうすれば、TVの音を少し小さくすれば勉強の邪魔にはなりません。

もし食事中にダイニングからTVを見たいのであれば、TV台をキャスター付きのものにして角度調整可能にするなどの工夫をすれば、ほとんどの場合可能になります。

2つ目は**漫画やおもちゃなど勉強に不要なものは、リビングに置かない**ことです。

リビングは学習デスクを置くことでさらに狭くなりますので、リビング学習をする際に不要なものは子ども部屋などに移動します。そうすれば、部屋が少し広く使えますし、またリビング学習中に誘惑の多いおもちゃや漫画などが視界に入ることもなくなります。

縦長リビング

横長リビング

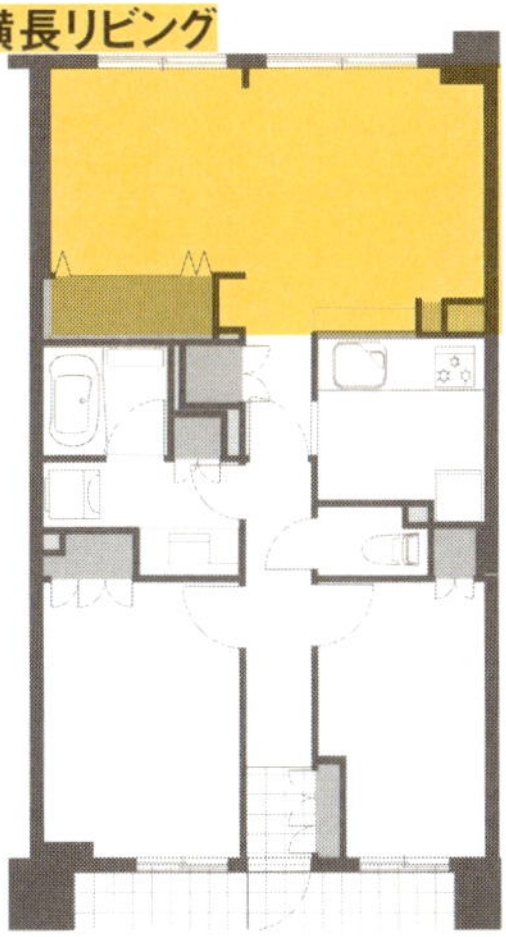

3つ目は、**椅子を多く置かない**ということです。

一般的には、デスクにはデスク用のチェア、ダイニングテーブルにはダイニングチェアを置きます。しかし、狭い部屋の場合は、この2つのチェア両方を置かないで、どちらかの椅子1つにして兼用しましょう。椅子が1つ無いだけで、部屋は広く使えます。

ところで、日本の多くのマンションでは、キッチン・ダイニング・リビングが一直線につながった「縦長リビング」または、リビングとダイニングが横並びにつながる「横長リビング」のどちらかの間取りが採用されています。

今回のご相談者のご自宅は、縦長リビングの間取りでした。そこでまずは縦長リビングでのリビング学習スペースの家具配置パターンを４つご紹介します。

パターン１・落ち着きのない子にオススメ！　学習デスクを壁沿いに配置

まずは学習デスクをＴＶが視界に入らないよう壁に沿わせて配置しました。（図10－１）幅１２０センチ×奥行60センチとデスク面が広いので、配布物トレーもそれぞれデスク上に置いています。

ダイニングテーブルは学習デスクと平行に配置して、**学習チェアを食事のときにはダイニングテーブルに移動してダイニングチェアとしても使います**。

学習チェアは、下にランドセルが収納できるタイプのものを選ぶと収納家具が増えないのでお勧めです。

デスクは、子どもたちがそれぞれ文具や学習プリントを収納できる専用の引き出し付きのものを選びます。正面の壁には、有孔ボードを設置して文具や小物類を収納しました。

横並びデスクの隣には学用品収納を置いて、その上にはプリンターとＡ４トレーを置いて学習プリントなどを収納します。

図10－1

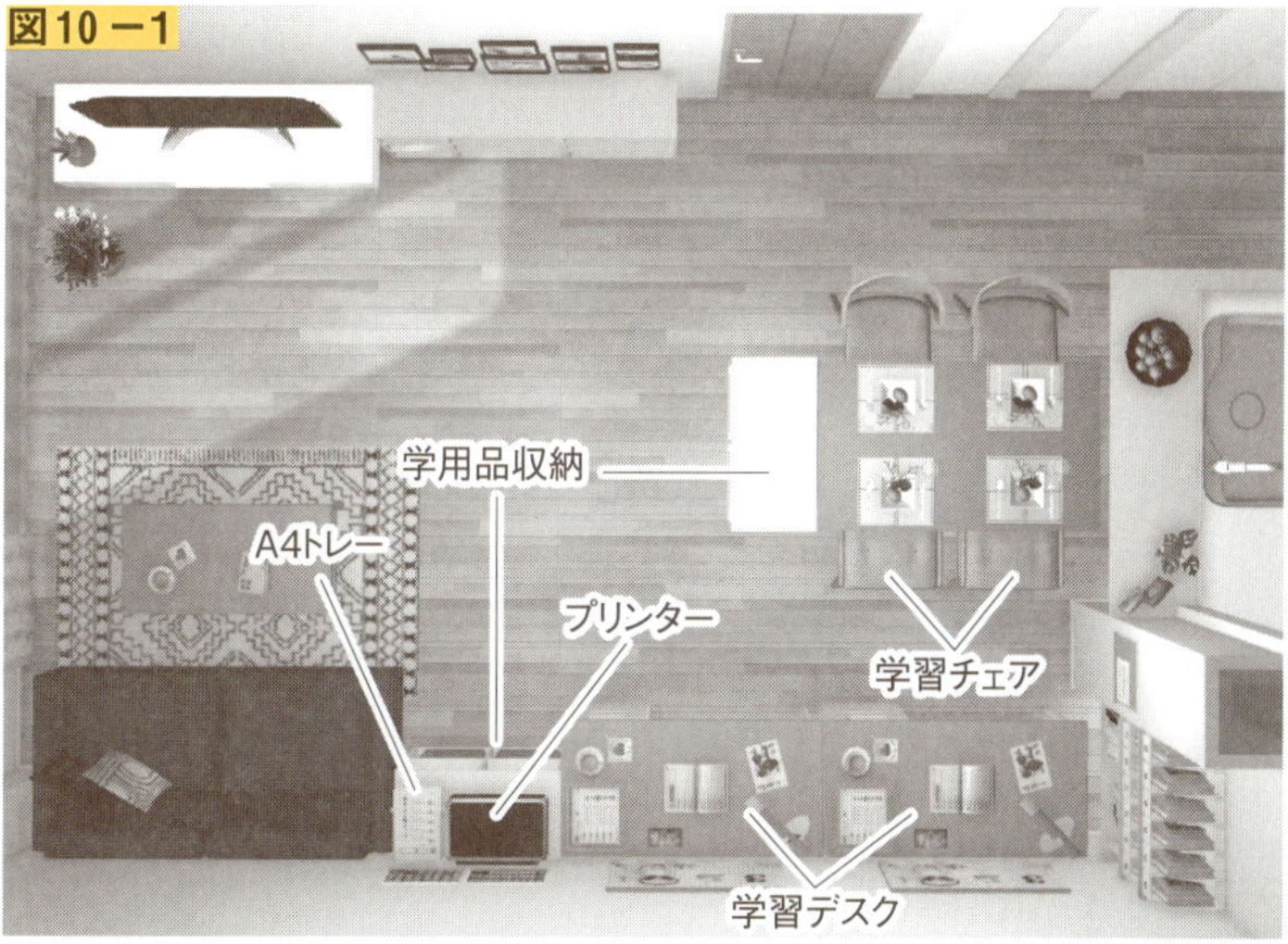
学用品収納
A4トレー
プリンター
学習チェア
学習デスク

図10－2

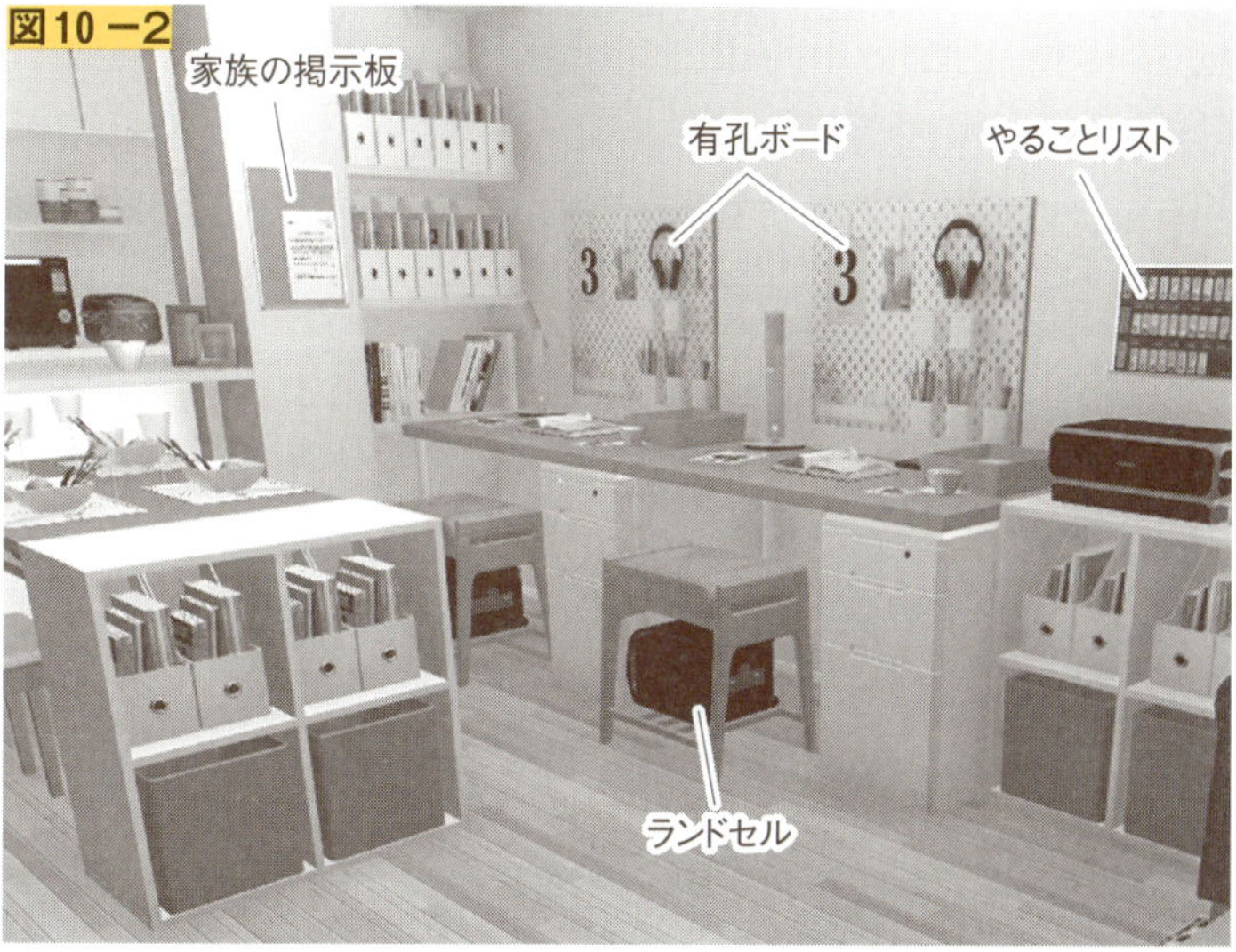
家族の掲示板
有孔ボード
やることリスト
ランドセル

またそれまでリビングに置いていたおもちゃや漫画は、収納家具ごと子ども部屋に移動しています。

壁に向かうことで、**視界が限定されるため誘惑が少なく勉強に集中しやすくなります。そのため、落ち着きのない子どもに向いています。**

パターン２・コミュニケーション重視なら　学習デスクはキッチンカウンター前に

次に、学習デスクをキッチンカウンターに沿わせて配置しました。同じくＴＶは視界に入りません。そして学習デスクと平行にダイニングテーブルを配置しました。パターン１と同じく、食事時には学習チェアをダイニングに移動して使います。

学習デスクは横並びになりますが、キッチン側のデスクは正面に壁がないので、置き型の有孔ボードをデスクサイドに置いて文具や小物類を収納しました。

学用品収納は背中合わせに配置して、その上にプリンターや学習プリントなどを入れるＡ４トレーをのせています。

図10－3

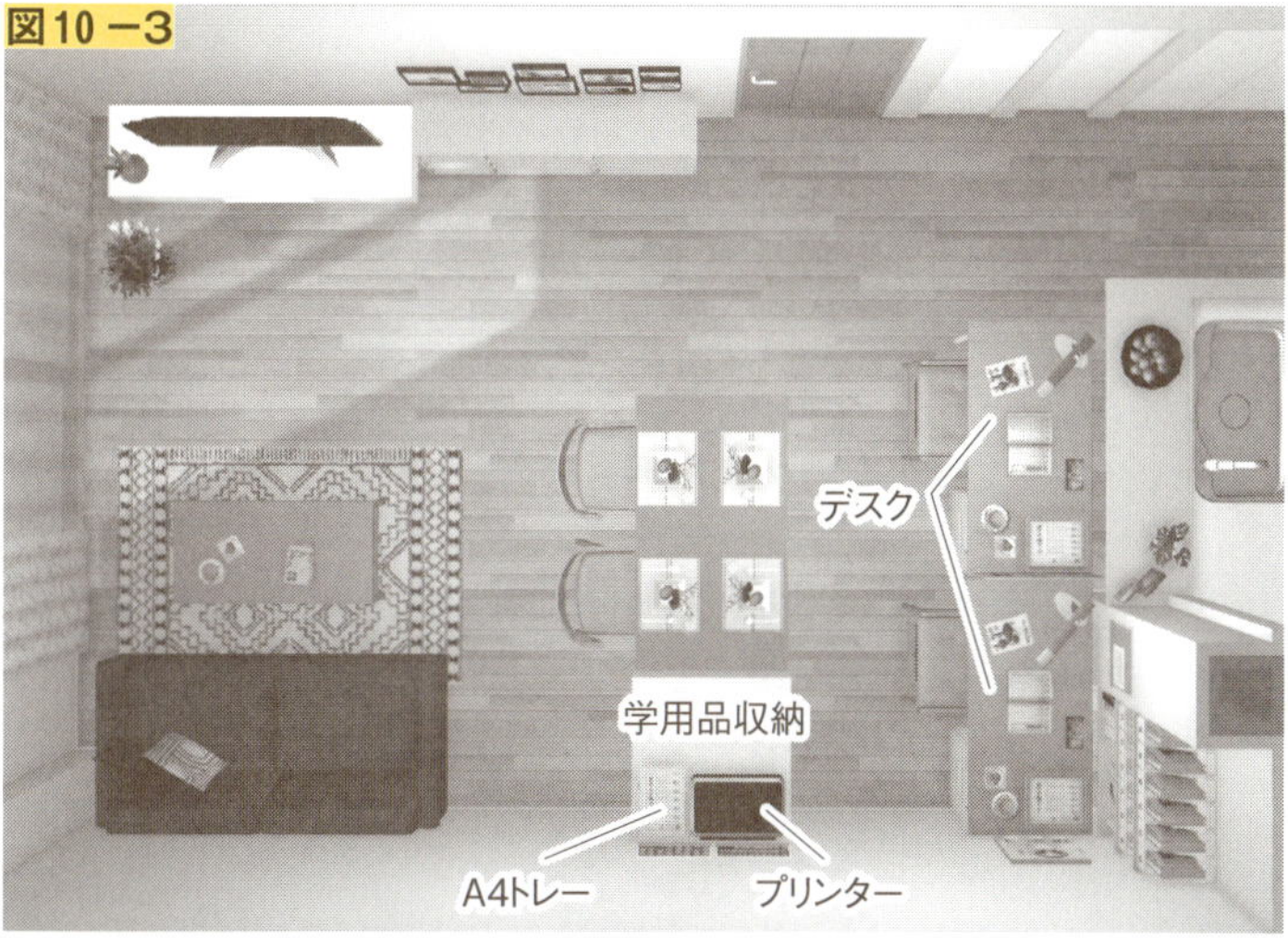
デスク
学用品収納
A4トレー
プリンター

図10－4

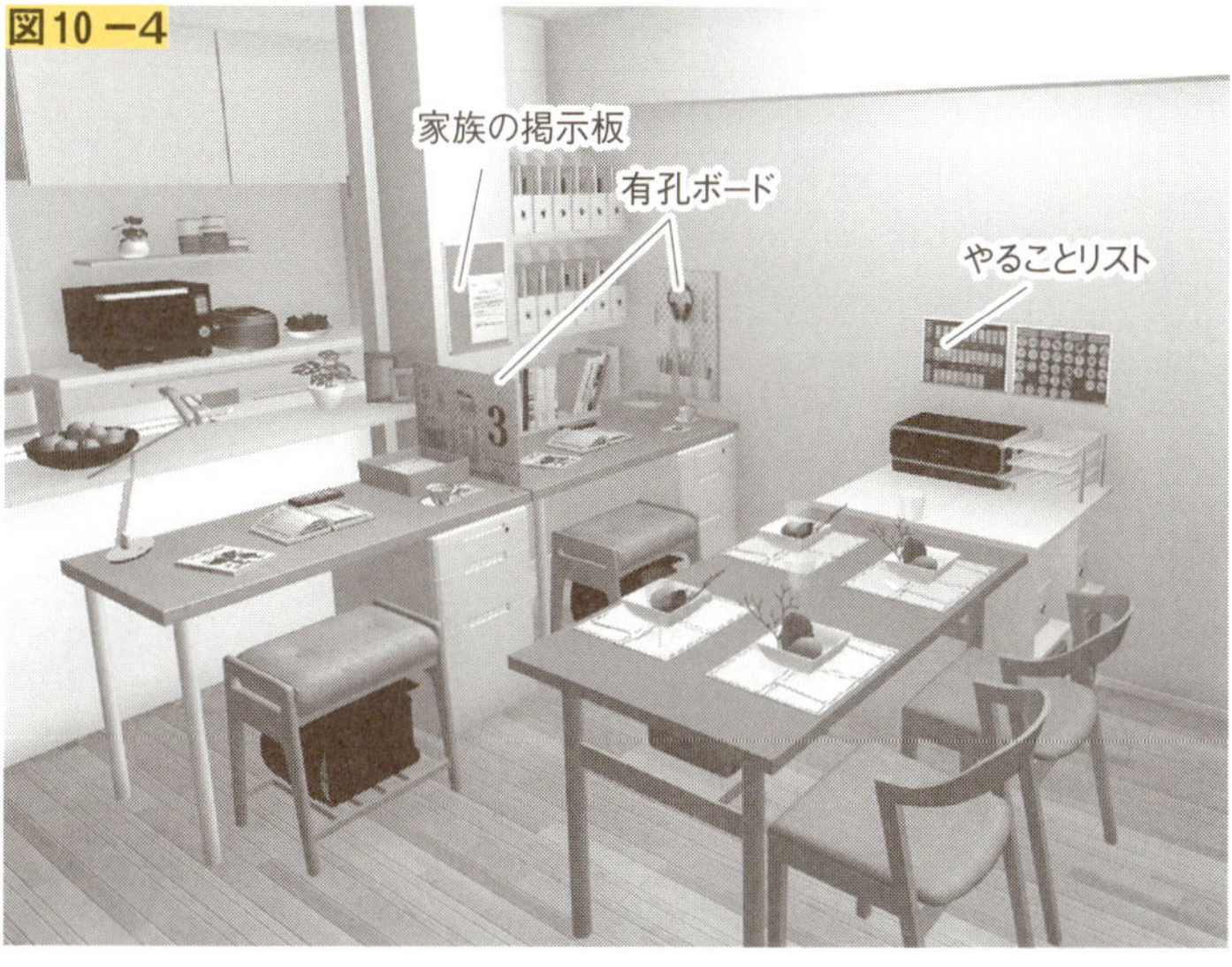
家族の掲示板
有孔ボード
やることリスト

この配置はキッチンで料理をする親とコミュニケーションがとりやすいので、**子どもの性格が社交的な場合には**オススメです。

しかしキッチンカウンター下や柱などによるデッドスペースが生じるというデメリットもあります。

パターン3・デッドスペースが活かせる　学習デスクを壁に垂直に配置

次にキッチンカウンターから離して壁に垂直に学習デスクを配置する方法です。この配置により**キッチンカウンター下や柱などによるデッドスペースを活かせるようになり、収納などを増やすことができます**。

しかし、学習デスクは向き合うように配置していますので、このままですと相手の顔が見えて落ち着きません。

そこで、間仕切りとして突っ張り収納を設置し、有孔ボードを取り付けて文具や小物類を収納しました。TVはソファと位置を交換して勉強中はTVが見えないようにしました。

図10－5

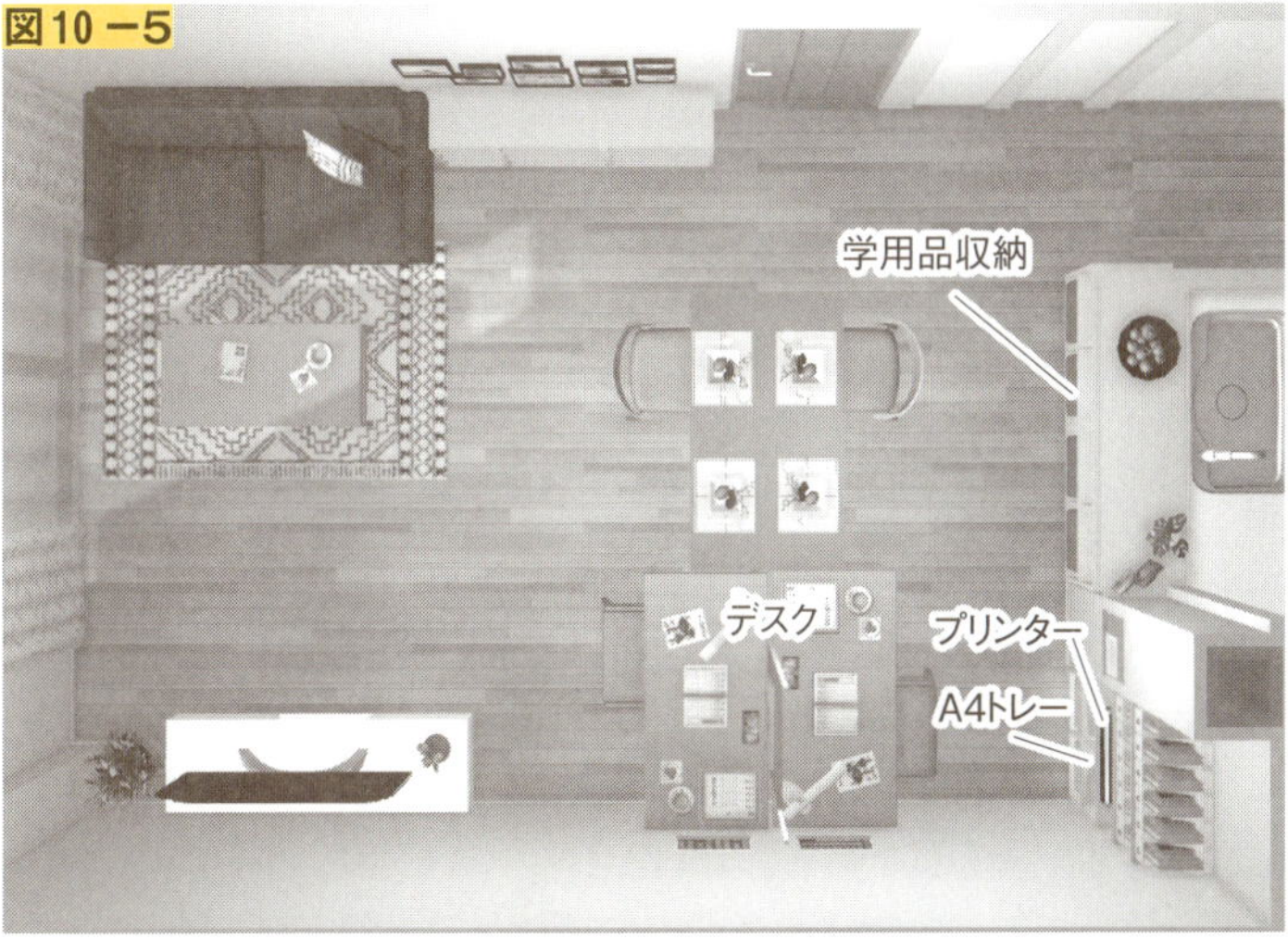
学用品収納
デスク
プリンター
A4トレー

図10－6

突っ張り収納
家族の掲示板
有孔ボード
やることリスト

パターン４・子どもも大人も作業がしやすい　大きなダイニングテーブル

他に、ダイニングテーブルを大きくするという方法もあります。（図10－7、図10－8）

一般的に４人家族の場合、ダイニングテーブルの幅は130～150センチ程度ですが、これを180～200センチほどの六人掛けにします。

この方法はダイニングテーブルを買い替えなくてはいけないのですが、**デスクとデスクの継ぎ目がないためテーブル面が広く、子どもから大人まで勉強や仕事・作業がしやすくなる**方法です。

食事のときは学習用品をそのまま、または少し横にまとめておくだけ。片づけが苦手な子どもにも向いています。

学習チェアは横に滑らせて、ダイニングチェアとして使います。

正面の間仕切りはできないので、子どもの性格によっては勉強に集中しにくいのですが、兄弟姉妹、仲がよい場合にオススメです。

じつは我が家もこの方法でした。子どもたちは幼稚園のときはお絵かきや工作、小学生になると勉強をしていました。また中学受験のときも、家族と会話をしながらここで勉強をすることが多かったです。

図10－7

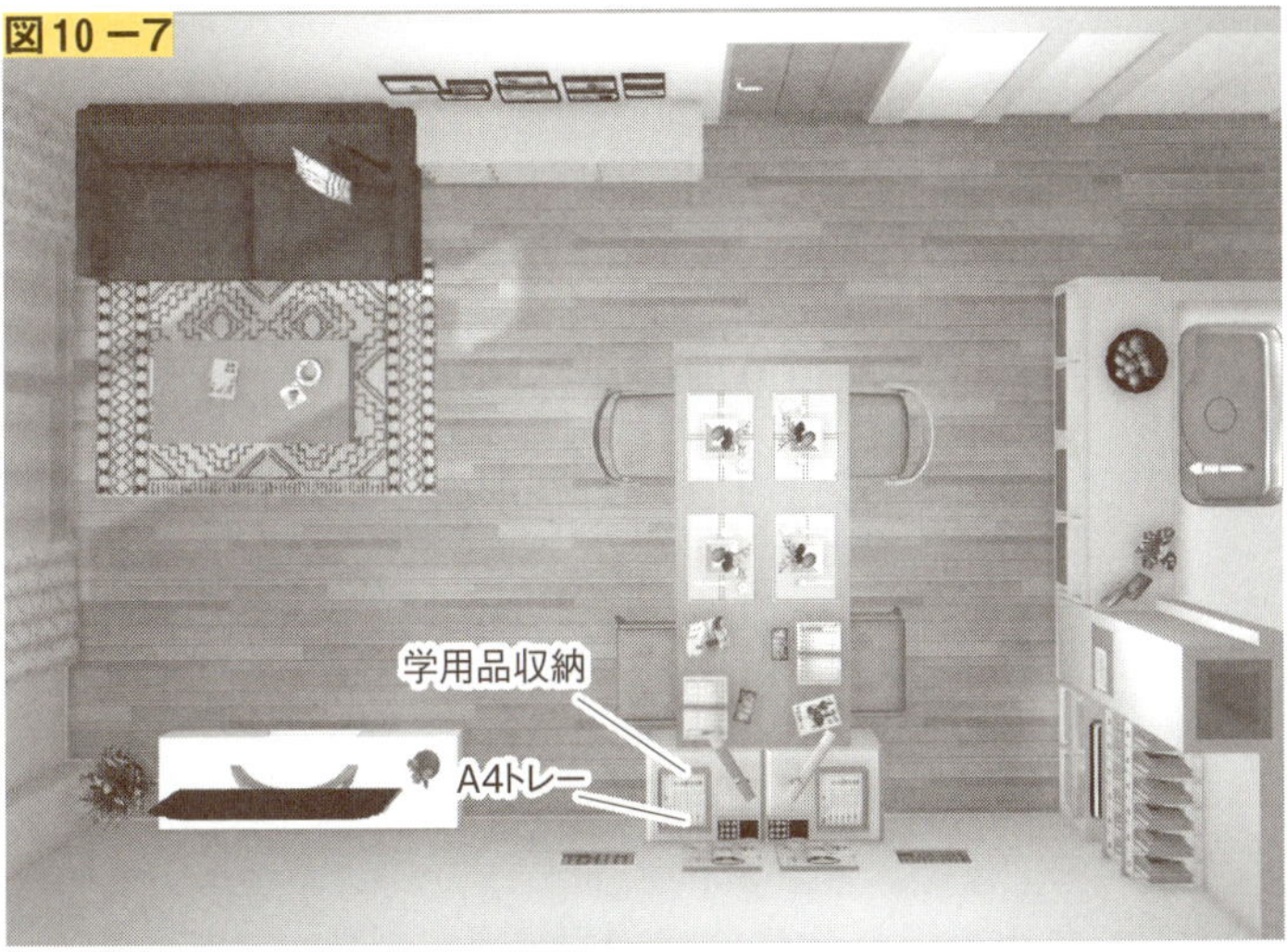
学用品収納
A4トレー

図10－8

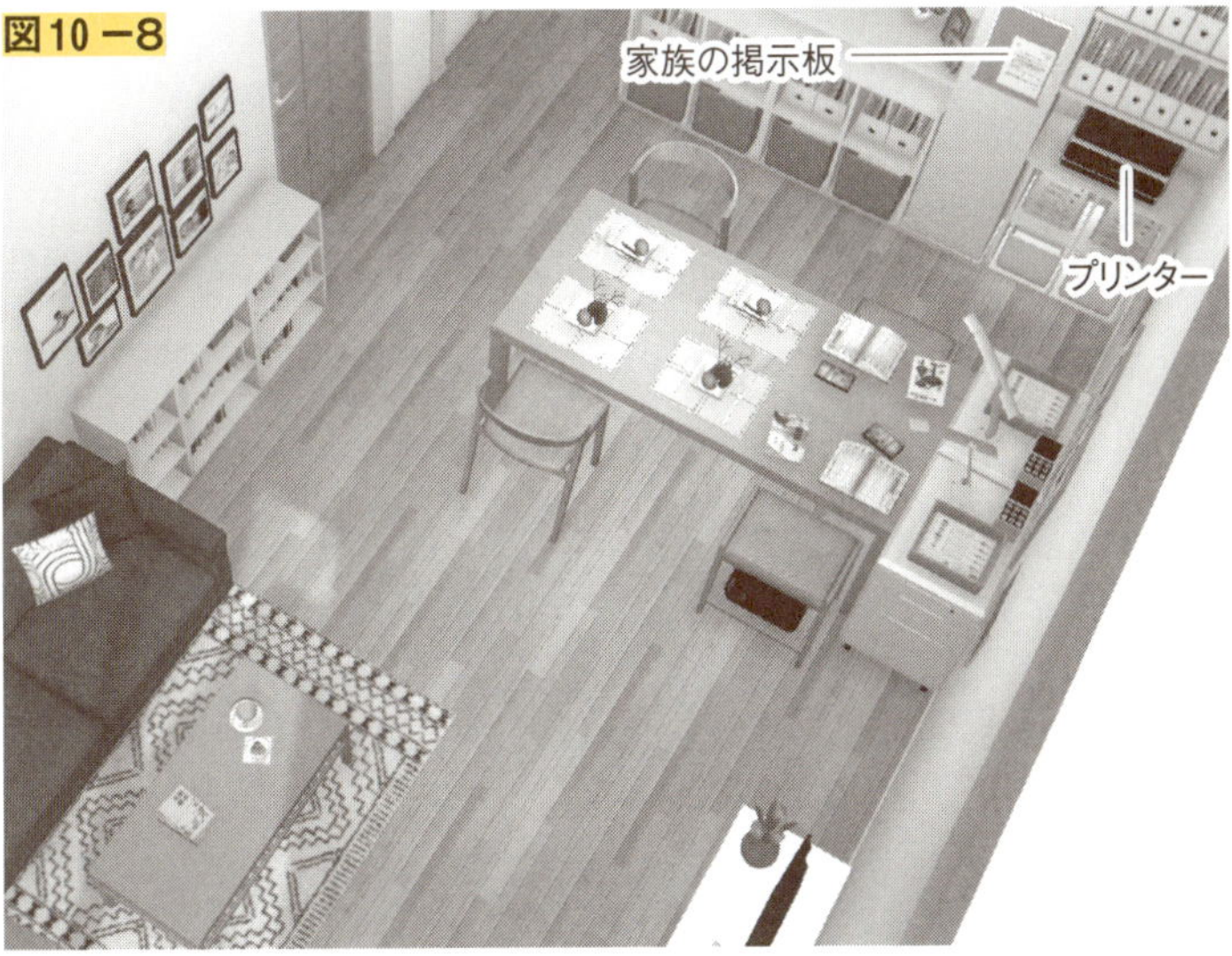
家族の掲示板
プリンター

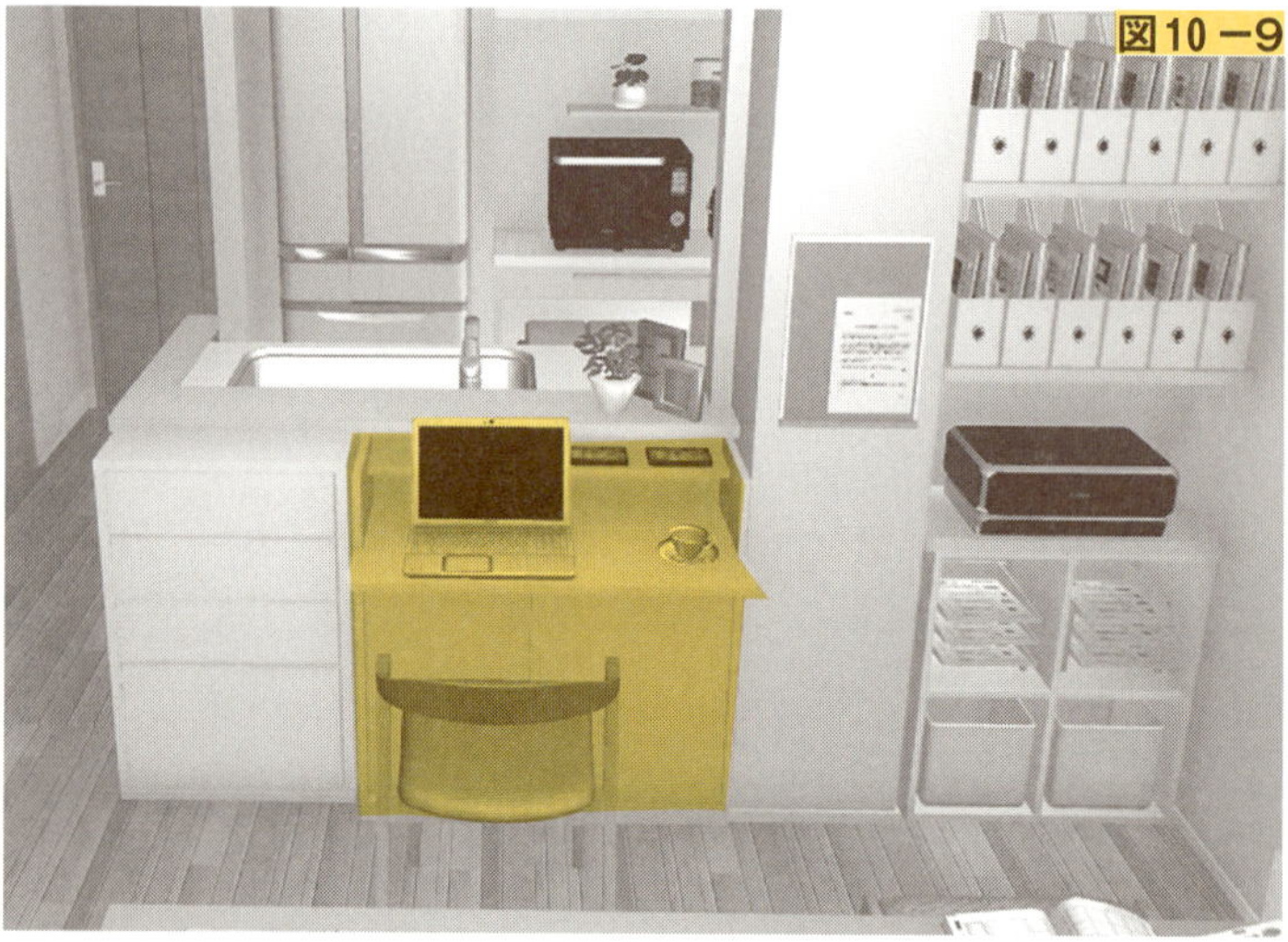

図10－9

学習デスクをキッチンカウンターから離した配置にすると、キッチンカウンター下が活かせるのですが、このキッチンカウンター下は収納以外にもじつはさまざまな活かし方があります。

たとえば図10－9、図10－10のようにテレワーク&作業スペースやペットのケージにもなる商品も発売されていますので、そういった機能も必要な場合は検討ありの配置になります。

いかがでしょうか？　どの配置もTVは全く見ることができないので、誘惑には負けにくいですね。その他、**学習チェアをダイニングチェアと兼用することや、おもちゃや漫画をリビングダイニングには置かないことが大切になります**。

図10－10

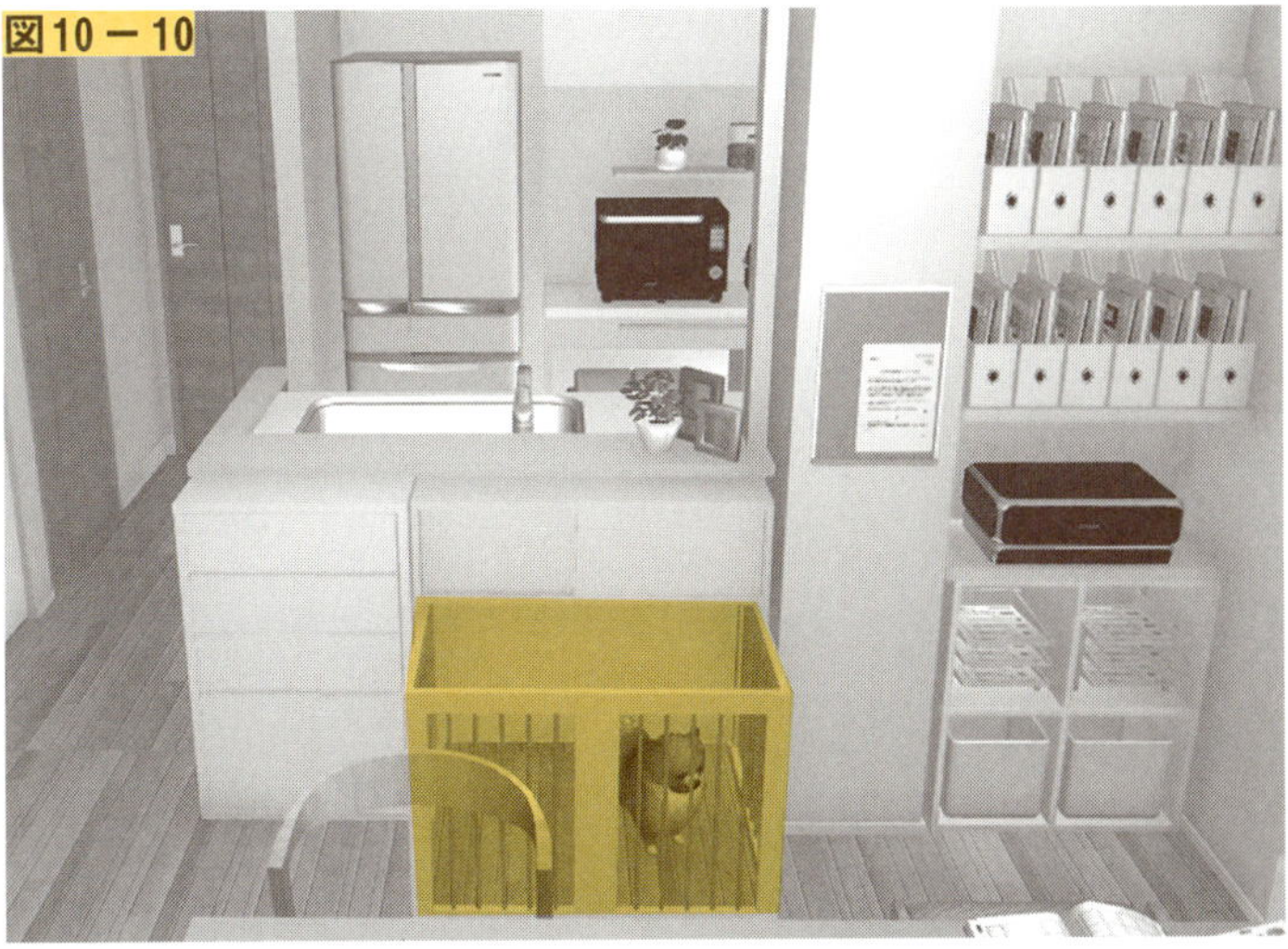

収納付き折り畳み型ケージ　FACEシリーズ（ナサ流通企画／24,990円・税込み／約幅90×奥行30（ケージ開き時71.5）×高さ87.5cm）

ルール11

リビングでもなるべく集中できる仕組みはどう作る？

〜横長リビング編〜

● 横長リビングの学習スペース

横長リビングでも、リビング学習スペースを作る上で注意する点は、縦長リビングで作る際と同様です。

横長リビングのメリットは、部屋が横並びなので、TVを見るリビング空間と勉強空間を比較的明確に分けられることです。

家具配置の方法は前述の縦長リビングとほぼ同じで、学習デスクを壁に沿わせたり、キッチンカウンターに沿わせたり、ダイニングテーブル横に置く方法などがあります。さらにそれらに加えて、L字に配置する方法もあります。

それでは具体的に家具配置を見ていきましょう。

【相談例5】

子ども2人の学習デスクをダイニングに置いて勉強させたい

●家族構成

夫婦＋子ども2人（7歳・9歳）

●お悩みの間取り

10畳のリビングダイニング

●相談内容とご希望

・子どもがTVを見ながら勉強するので落ち着かない。学習デスクを置いて勉強に集中できるリビングにしたい。

【おもな家具のサイズ一覧】学用品収納:幅77cm×奥行39cm／ダイニングテーブル:幅130cm×奥行75cm／ダイニングチェア:幅48cm×奥行51cm／TV台:幅70cm×奥行46cm／引き出し:幅30cm×奥行55cm／カウンター下収納:幅140cm×奥行39cm／（学習デスク:幅120cm×奥行60cm／学習チェア:幅48.5cm×奥行40cm）

パターン１・勉強に集中しやすい　リビング・ダイニング分離型

まずは、リビングとダイニングの間に幅82センチと幅60センチの突っ張り収納を壁代わりに配置しました。リビングとダイニングを空間分けしてＴＶから完全に離し、勉強に集中しやすいリビング学習空間を作ります。

そして学習デスクをダイニングの壁に沿わせて配置しました。ダイニングテーブルは、部屋を分ける壁として設置した突っ張り収納に沿わせておきます。その横には学用品を収納するオープンラックを置きます。キッチンカウンター下にはスライド棚付きの収納を置いて、プリンターを収納します。

この配置は学習デスクとダイニングテーブルが離れているので、ダイニングチェアは学習チェアと兼用することはやめています。

学習デスク前の壁には、有孔ボードを設置して文具や小物類を収納しました。

壁に向かうことで、勉強に集中しやすくなりますが、リビングと完全に分かれるので食事中はＴＶを見ることができません。ですので、**食事中もＴＶを見せたくない場合はオススメ**です。

図11－1

プリンター
学習デスク
突っ張り収納
学用品収納
TV

図11－2

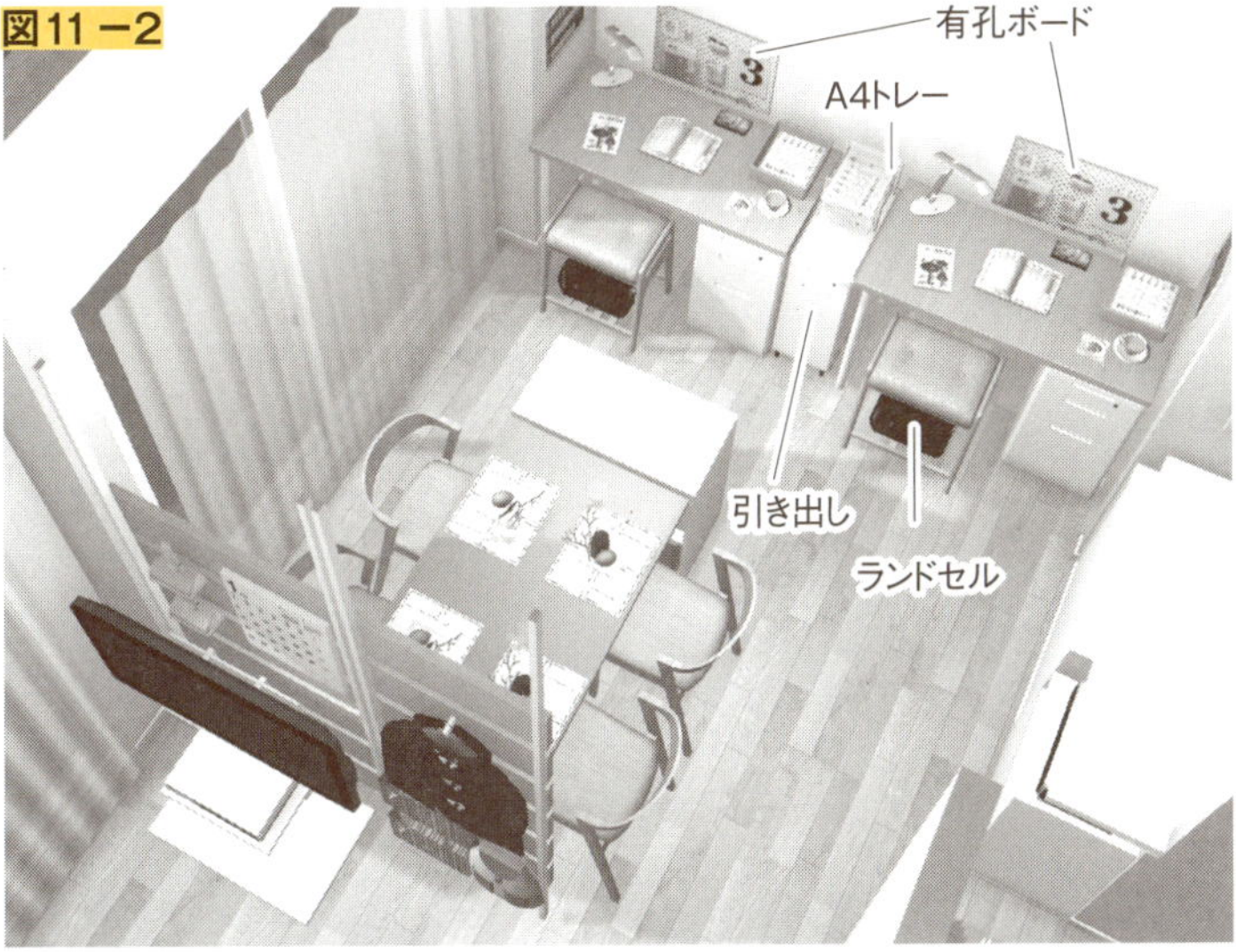
有孔ボード
A4トレー
引き出し
ランドセル

パターン2・料理をする家族と会話が弾む　キッチンカウンター沿いにデスク

次に、学習デスクをキッチンカウンターに沿わせて配置しました。ダイニングテーブルは学習デスクと平行に置いて、ダイニングチェアは学習チェアと兼用します。キッチン側のデスクの正面には壁がないため、デスクの横に間仕切りも兼ねた文具収納を置きます。

ダイニングテーブル横には兄弟それぞれの学用品収納を背中合わせに２つ置き、プリンターと学習プリントを収納するためのＡ４トレーをのせます。

リビングとダイニングの間には、幅82センチの突っ張り収納で間仕切りをしていますが、もし食事中にＴＶを見たい場合は、間仕切りはしないでキャスター付きのＴＶスタンドなどを置けば、リビングからもダイニングからもＴＶが見られます。

この配置は料理をする**家族との会話などが弾みやすい配置ですが、キッチンカウンター下の空間がデッドスペースになります**。

図11－3

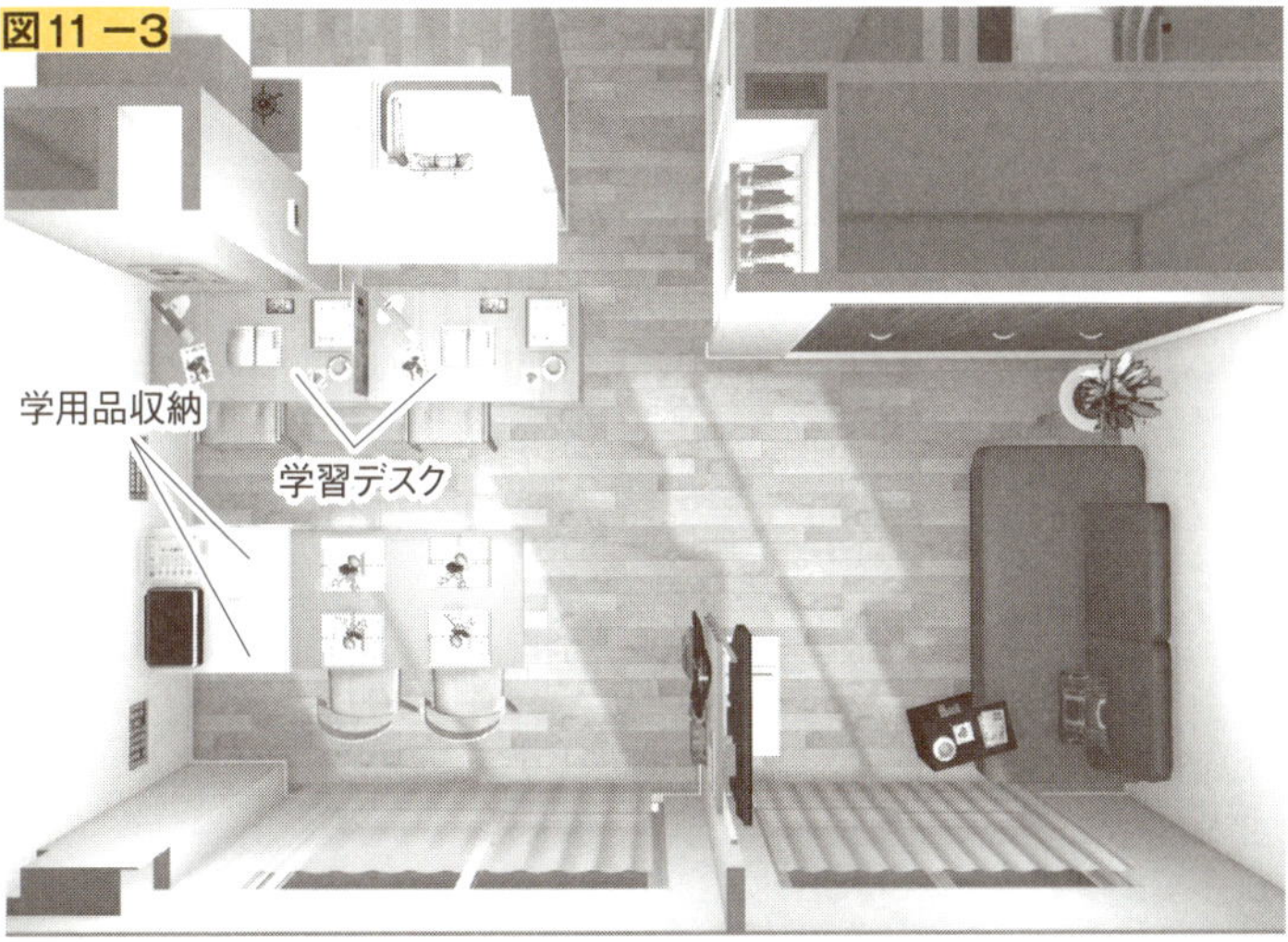
学用品収納
学習デスク

図11－4

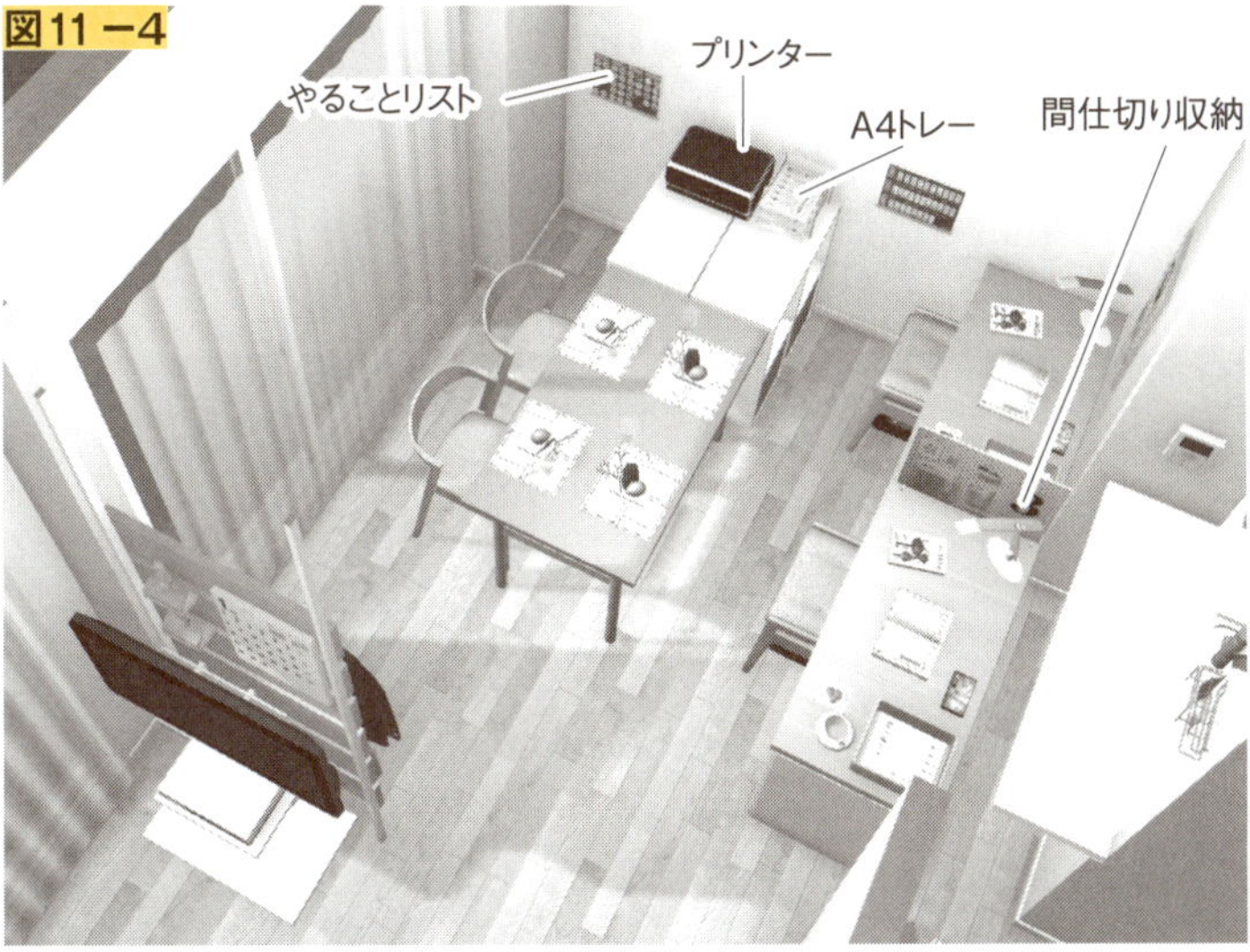
やることリスト
プリンター
A4トレー
間仕切り収納

パターン３・子どもの性格で置き方を変えても　デスクのL字型配置

次にご紹介するのは、学習デスクを壁にL字に配置した方法です。間仕切りも兼ねた突っ張り収納を２つの学習デスクの間に設置し、有孔ボードを取り付けて文具や小物類を収納します。

学用品収納をＴＶ台にしています。ＴＶの向きを変えることで、パターン２と同じく、食事のときはＴＶを見ることができます。ＴＶ用の回転台などを使用するとより向きを変えやすくなるでしょう。学習デスクとダイニングテーブルが近いので、**学習チェアとダイニングチェアの兼用がしやすい**ですね。それでいてしっかり勉強空間はダイニングテーブルから独立しています。

壁に向かう方の学習デスクは、勉強に集中しやすく、一方で、ダイニングテーブルと隣り合う方の学習デスクは、ダイニングテーブル面も一部使用できるため広く使えるというメリットがあります。子どもの性格に合わせて配置を決めてもよいでしょう。面白い配置ですよね。

カウンター下もスペースがあれば前項でご紹介した機能的な商品を置いて、テレワークスペースやペットケージなどを作ることもできますね。

図11－5

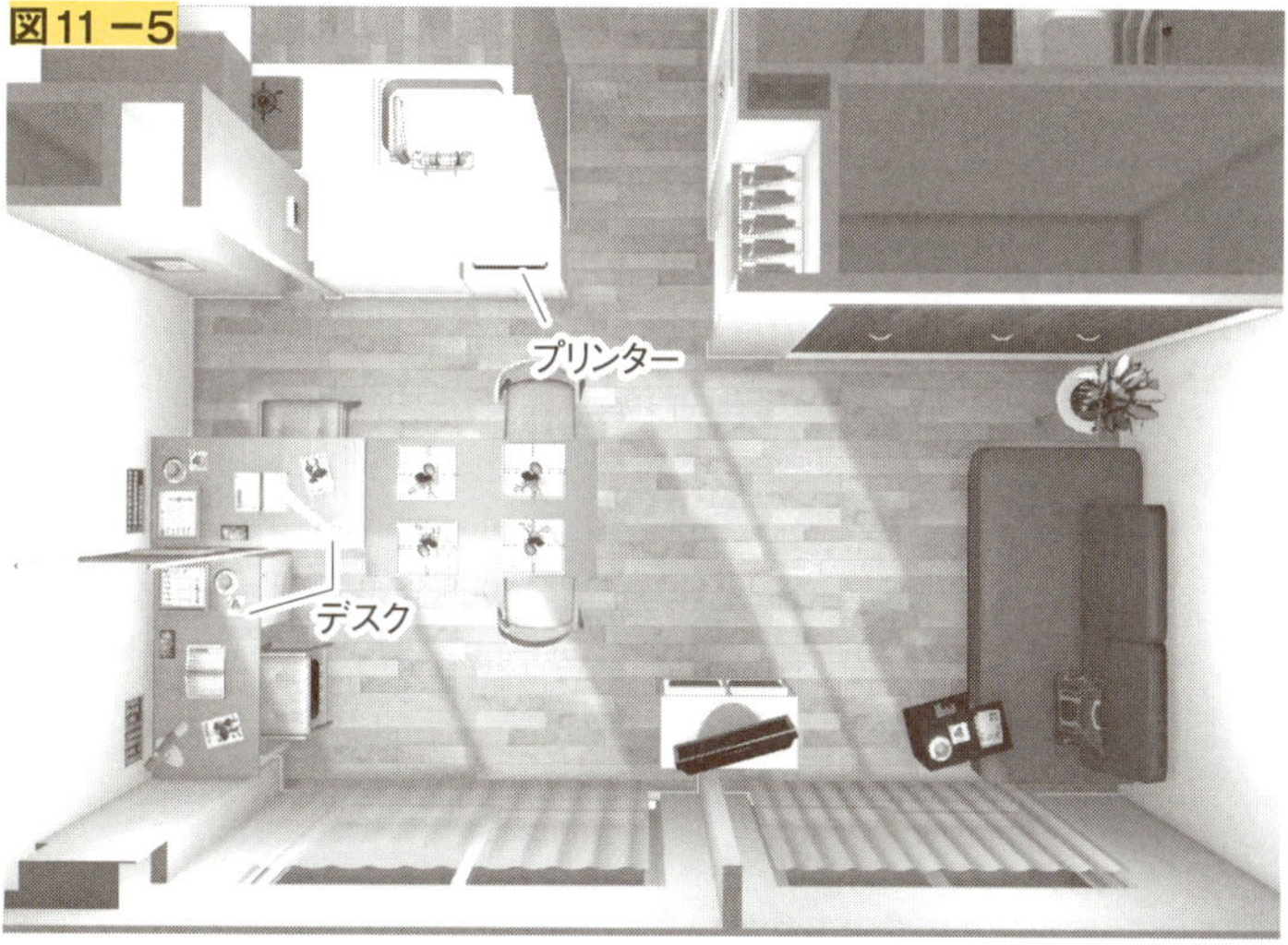
プリンター
デスク

図11－6

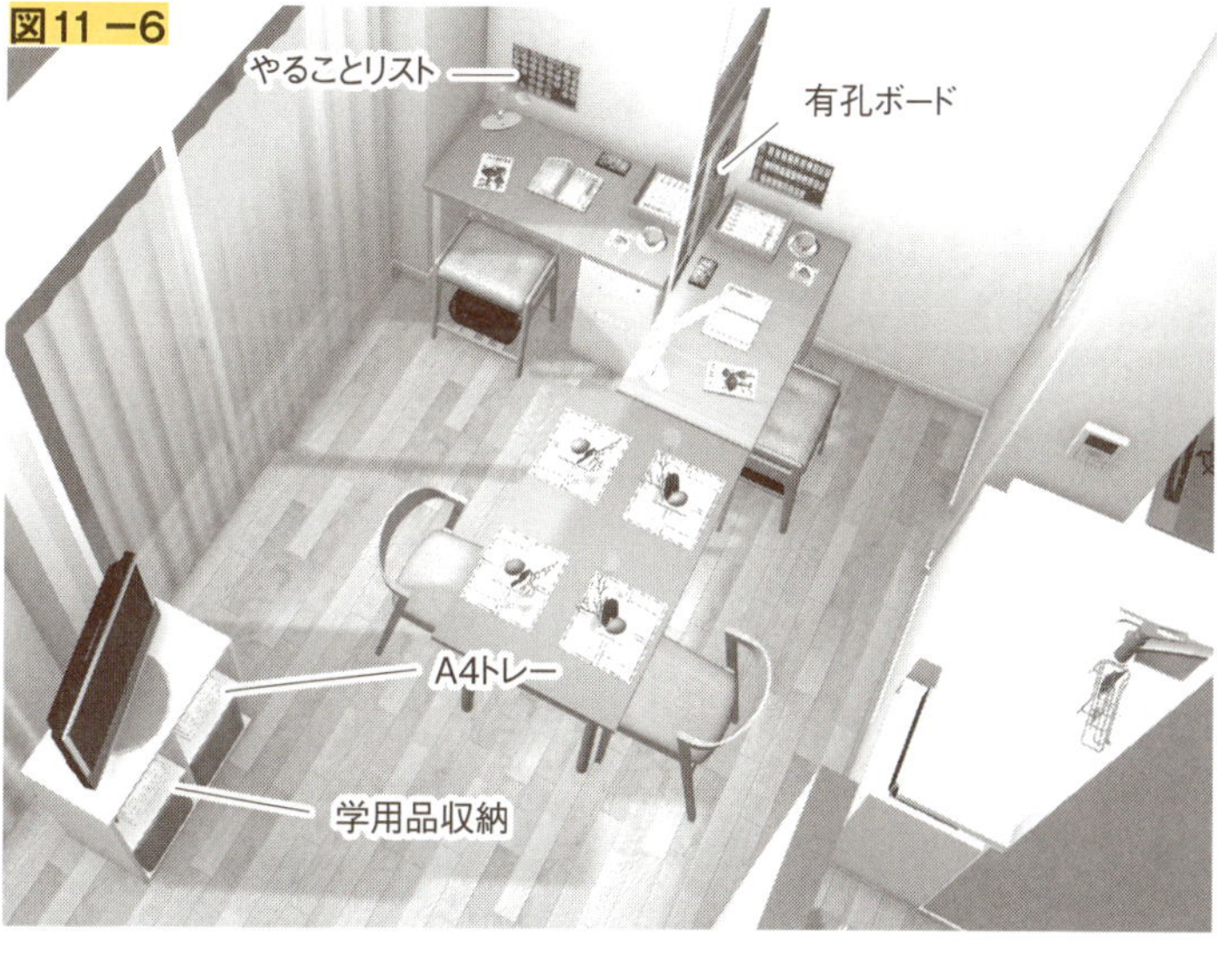
やることリスト
有孔ボード
A4トレー
学用品収納

パターン４・片づけが苦手な子どもにオススメ　大きなダイニングテーブル

最後は前項でもご紹介いたしましたが、ダイニングテーブルを大きなもの（幅１８０センチ×奥行90センチ）に買い替える方法になります。テーブル面が広く、子どもから大人まで勉強や仕事・作業がしやすい方法です。**食事のときは学習用品はそのまま、または少し横にまとめておくだけですので片づけが苦手な子どもにも向いています。**

食事時は学習チェアは横に滑らせて、ダイニングチェアとして使います。

ダイニングテーブルの横には幅30センチ×奥行45センチの引き出しを背中合わせに置いています。

テレビ台とカウンター下はパターン3と同様です。

いかがでしょうか？　どの配置もＴＶが見えなかったり、またはＴＶの位置をコントロールできたりするため、誘惑には負けにくいですね。

リビング学習は親のそばで安心して子どもが学習に取り組める半面、家具配置によっては落ち着かないなどの弊害も出やすくなります。ＴＶの位置や間仕切りなどで、なるべく勉強に集中できる仕組みを作ってあげてください。

図11－7

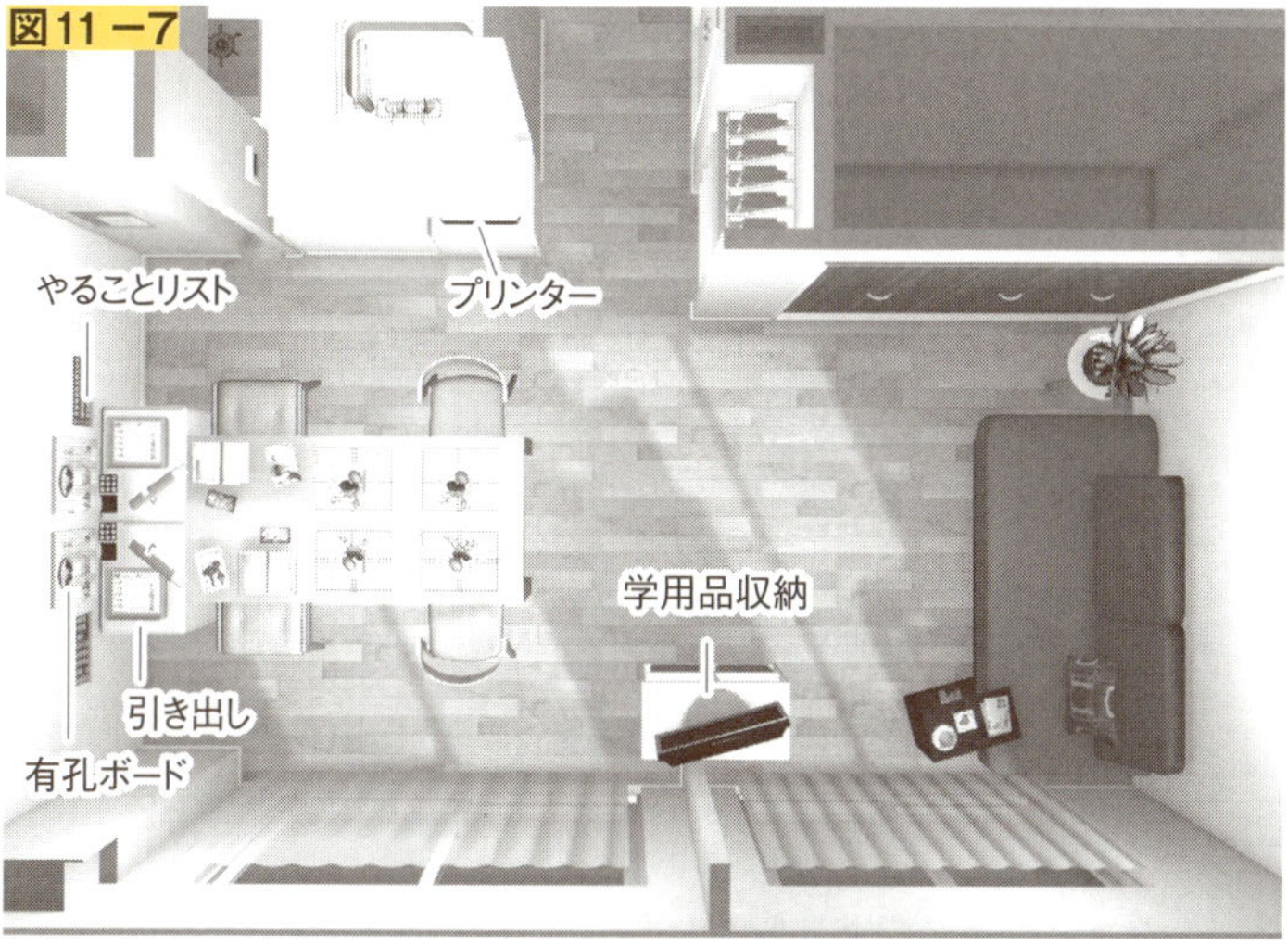
やることリスト
プリンター
学用品収納
引き出し
有孔ボード

図11－8

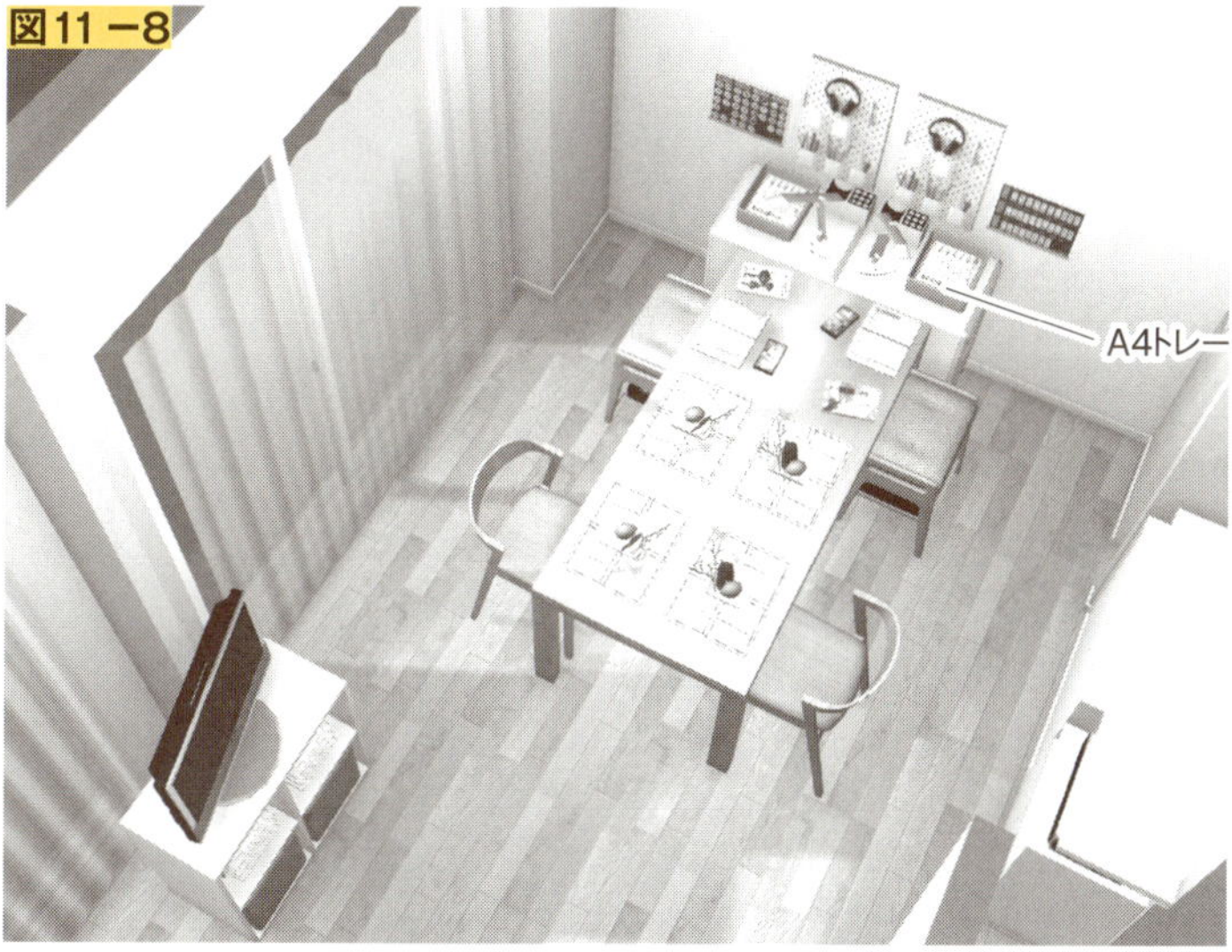
A4トレー

ルール12

家族が集まりやすい明るくて落ち着くリビングの作り方

子どもは、いつでも相談できるリビングが好き

子どもが成長し思春期以降になってくると、個室にこもる子どももちらほら出てきます。しかし、健全に育つ子どもは、自分の子ども部屋があっても、多くの時間をリビングで過ごす傾向があります。

筆者がある国立大学の医学部に通う学生に取ったアンケートでは、リビング好きの子どもが多くいました。

その理由も答えてもらったのが、次のものです。

「家族が集まって、話をしたりできる場所なので」（千葉県／女性／現役）
「家族がみんなでいられる場所だから」（群馬県／男性／現役）
「みんながいるから」（千葉県／女性／現役）
「家族と話せるから」（千葉県／女性／現役）
「自分も含めみんながくつろぐ場所だから」（東京都／男性／一浪）
「家族と話すときが一番落ち着くから」（神奈川県／女性／現役）
「家族とお話しするのはリビングだったから」（茨城県／女性／現役）

子どもたちは家族とのコミュニケーションを大切にしていることがわかります。何げない家族との会話の中で、自分なりに悩みを整理し、生きる勇気を身に付けているのではないでしょうか。

しかし、単純にソファやダイニングテーブルを置くだけでは、子どもや家族が集まるコミュニケーションの生まれるリビングになるわけではありません。

そこで、どうしたら家族が仲良く集まれるリビングにすることができるのか、見ていきましょう。

【相談例6】

思春期の子どもたちとの交流や会話を増やしたい

●家族構成

夫婦＋子ども2人（16歳・17歳）

●お悩みの間取り

9畳のリビングダイニング

●相談内容とご希望

・子どもたちが帰宅後に自室にこもりがちなので、自然と家族が集まるリビングに変えたい。

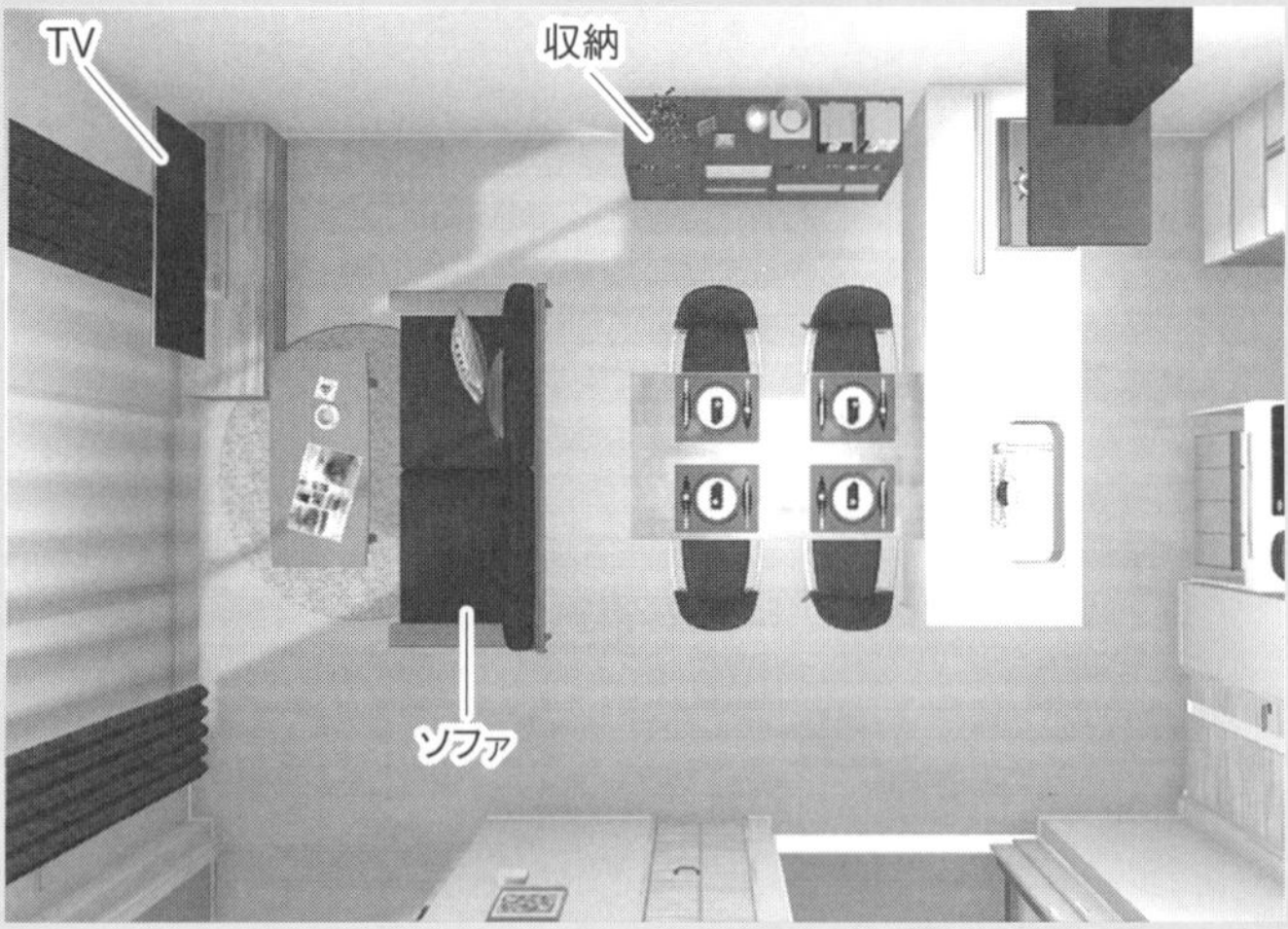

【おもな家具のサイズ一覧:】リビングテーブル:幅110cm×奥行53cm／ラグ:幅160cm×奥行160cm／TV台収納:幅140cm×奥行42cm／リビング収納:幅140cm×奥行33cm／ダイニングテーブル:幅150cm×奥行80cm／ダイニングチェア:幅49cm×奥行52cm／ソファ:幅180cm×奥行80cm（高さ85cm）

ご相談者は、夫婦と16歳、17歳の子どもの4人暮らし。お住まいのリビングダイニングはキッチンがつながったオープンキッチンの間取りです。

「最近、子どもたちとの会話が少なく、また子どもたちは帰宅したあと、そのまま子ども部屋にこもりやすいため、自然と子どもたちが集まりやすいリビングに変えたい」とのご希望でした。

ポイント1・動きやすい部屋

家族が集まるリビングダイニングにするには、いくつかのポイントがあります。その**1つ目は、動きやすい部屋にすること**です。

ご相談者のリビングダイニングは、きちんと片づいていてきれいですが、幅１８０センチで高さが85センチのソファがリビングとダイニングを遮るように置かれています。

そのため、ダイニングでご飯を食べたあとにリビング空間へは、物理的にも心理的にも行きにくい状態になっています。

そこで、空間がつながるようにソファの向きを変えてみます。

図12－1

上図をご覧ください。いかがでしょうか？　これだけでも移動しやすく、くつろぎやすい部屋になりますね。

●ポイント2・座り心地のよい椅子

ポイントの**2つ目は座り心地のよいダイニングチェアを置くこと**です。

一般的にダイニングチェアはダイニングテーブルと同じシリーズのものをまとめて4脚程度一緒に購入されると思います。

しかし、座高や脚の長さなど体格も違うのにすべて同じダイニングチェアでは、家族の誰かが座りにくいものです。

ダイニングチェアが座りにくいと居心地はよくないので、長居はしなくなるもの。

図12－2

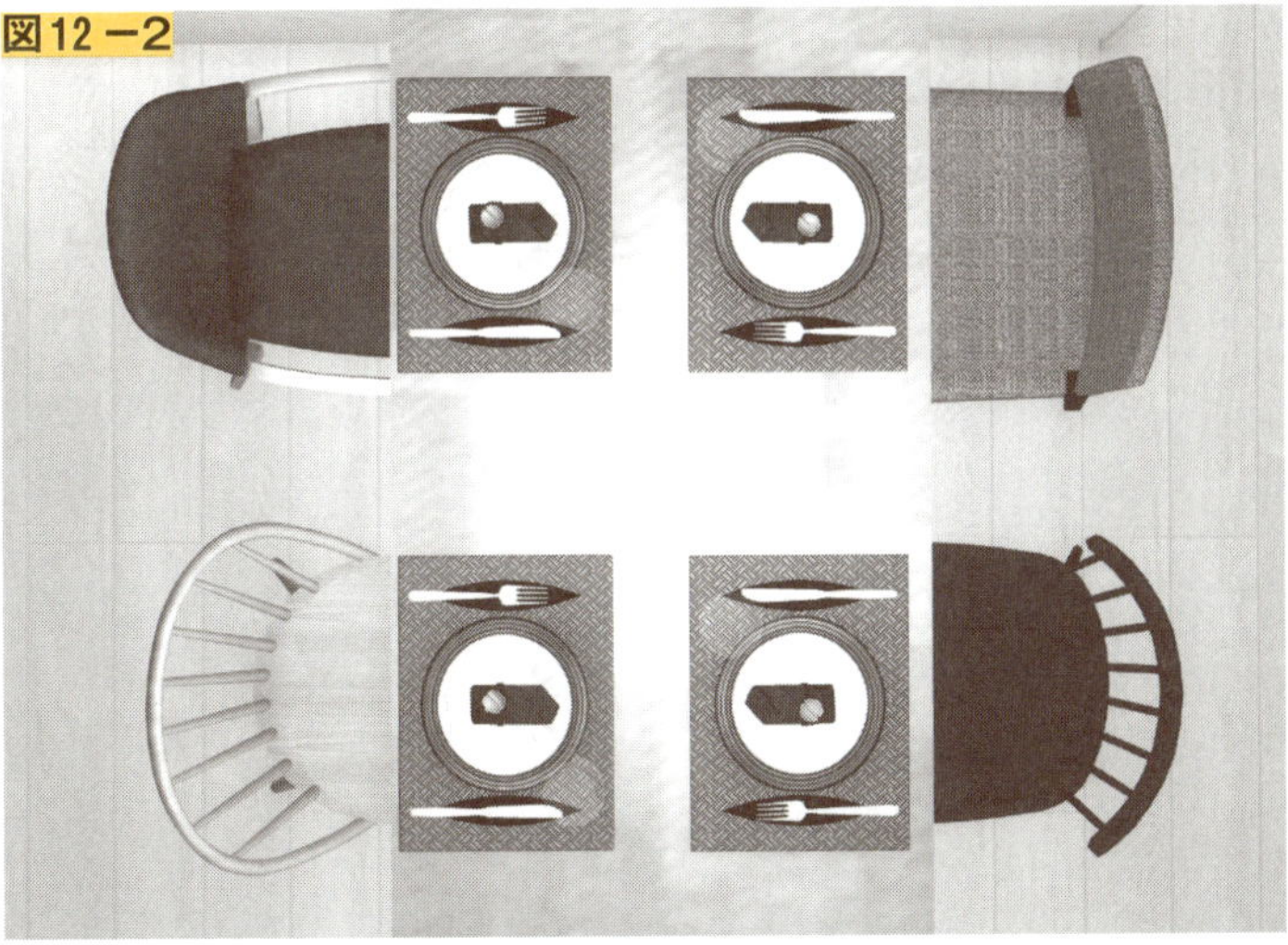

そこで、ダイニングチェアを家族それぞれ好きなものに変えてみましょう。

ダイニングだからといって必ずしもダイニングチェアの中から選ぶ必要はありません。

座り心地やデザイン、色が自分好みで大きすぎなければ、オフィスチェアやゲーミングチェアでもよいのです。もしおしゃれにまとめたいのであれば、椅子の色やトーン・素材に統一感を持たせましょう。

そこで、次女はナチュラルカラーのウインザーチェアを、長女は形の違うウインザーチェアで色はクールなブラックを選びました。お父さんは座面が軟らかいものが好きとのことで、ライトグレーのファブリックの椅子を、そしてお母さんは今の椅子を引き続き使うことにしました。（図12－2）

いかがでしょうか？　家族それぞれが好きなダイニングチェアを置くことで、居心地のよいリビングになったと思います。また、あえてデザインが違う椅子を置くことで、とてもおしゃれな部屋になりましたね。

●ポイント3・家族のお気に入りのスペース

家族が集まるリビングダイニング、ポイントの**3つ目は、子どもたちのお気に入りのスペースを作ること**です。先ほどのダイニングチェアもお気に入りのスペースの1つになりますが、ソファについても作ってあげられればベストです。

現在置いている3人掛けのソファは、横並びにしか座ることができません。会話も弾みませんよね。

そこでユニット（モジュール）ソファに変えて、対面になるよう配置してみました。ユニットソファとは、一人掛けタイプ・二人掛けタイプ・カウチタイプ・オットマンなど形状の異なる複数のソファを自由に組み合わせて、好きなように配置ができるものです。配置の自由度も高く、模様替えしやすい商品になります。

図12－3

今回は数種類のユニットソファを置きます。

またリビングに置くテーブルも大きいものを1つ置くのではなく、軽くて移動のしやすい直径35センチの円形テーブルを2つ置きました。

TVを置く台はスタンド式に変えて、自由な角度で見られるようにします。（図12－3）

いかがでしょうか？

対面にソファが配置されたことで、家族が自由に座ることができます。

自由度が上がると、子どもたちもお気に入りのスペースを見つけやすいですね。自然と家族の会話も弾みます。

思春期のダイニングは横並びも検討

ここで思春期を迎えた子どもがいる場合のダイニングテーブルについても考えてみましょう。

子どもが中学生～高校生になり、**塾や部活など家族全員がそろうことが少ない場合は、狭いスペースでも設置が可能な横並びで食事をするスタイルがオススメ**です。

横並びスタイルは思春期など衝突の多い時期にもぴったりです。というのは、思春期などに対面で食事をするとどうしても親から子どもへの過干渉が多くなりがちだからです。心理的にも、人は対面すると緊張や対立が生まれやすいといわれており、横に座る場合は親愛や同調が生まれるという報告があります。

そこで奥行45センチ×幅120センチのフリースタイルデスクを2つ、キッチンカウンターに沿わせて置いてみます。幅240センチの簡易なカウンターテーブルができましたね。ダイニングの変化に合わせて、ユニットソファも少しレイアウトを変えてみました。（図12－4）

このフリースタイルデスクは意外と万能です。スチール製なのでマグネット式コンセ

図12－4

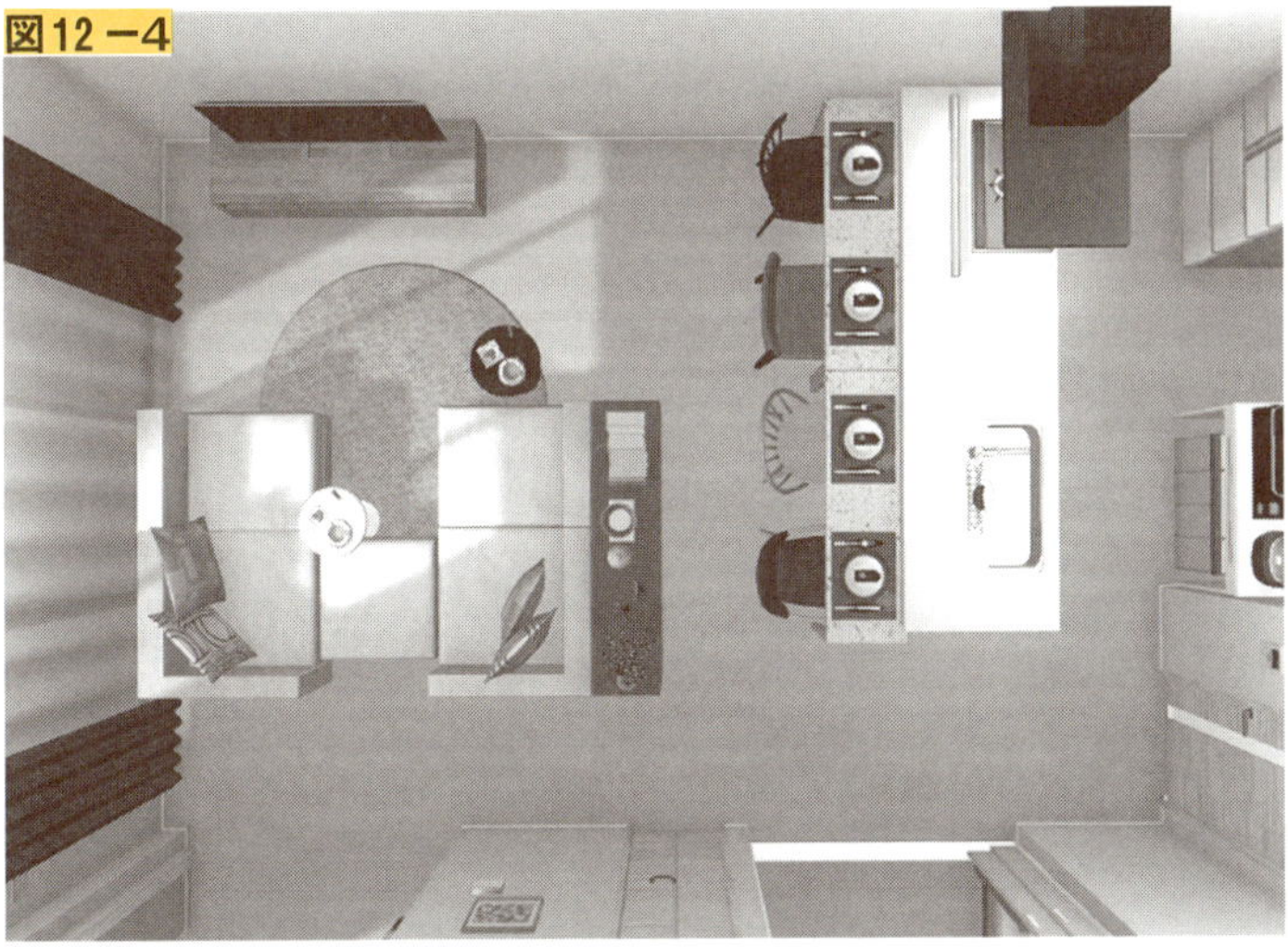

フリースタイルデスク（山善／MFD-1245R（GNA／IV）／7,999円・税込み／
幅120×奥行45×高さ70センチ／（c）YAMAZENくらしのe-ショップ）

ントや小物を下げるフックも付けることができます。

またフリースタイルデスクを突き合わせて置けば、幅１２０センチ×奥行90センチの簡易なダイニングテーブルに変身します。テーブルクロスやテーブルマットを敷けば、普通のダイニングテーブルと全く変わらないですよね。（図12－5、図12－6）

ユニットソファも、子どもたちが好きな場所を見つけられるように配置を変えてみました。

いかがでしょうか？　**動きやすさや居心地の良さが、家族が集まるリビングダイニングのポイント**になります。

また思春期の過干渉など直接的な衝突を避けながらも、子どもがリビングに安全な居場所を見つけられる仕組みを考えることが大切です。

図 12 －5

図 12 －6

Column2　押し入れが勉強スペースには向かない理由

部屋が狭いからと、押し入れやWICで就寝したり、勉強したりするご家庭が増えています。

しかし、押し入れやクロゼットは、人が就寝したり、長時間作業をしたりすることを想定した空間ではないため、一般的には換気装置の設置など、換気への配慮がされていません。

そのため、通気や換気が悪く、二酸化炭素や化学物質などの汚れた空気により空気がよどみがちになります。

たとえば、換気の悪い部屋でストーブを点けてこもって勉強をしていたら、頭がボーっとした経験はありませんか？

そんなとき窓を開けて新鮮な空気に入れ換えると、頭がすっきりしたことと思います。

このように二酸化炭素が多かったり汚れたりしている空気の中にいると、作業効率が下がり、思考力が低下します。

問題を解いたり、暗記したりと、とくに頭を使う勉強に支障が出てくるのです。

その他にも、頭がボーっとして眠くなったり、さらには肩こりや頭痛などの体調不良を感じたりする人も出てきます。

そういった理由から、クロゼットや押し入れを、寝室や勉強部屋にするのは避けましょう。クロゼットはあくまでも、物入など、収納場所として使用することをお勧めいたします。

もしどうしても部屋が狭く、リフォームなどでクロゼットをつぶして部屋を広げたい場合は、壁紙や建具などの内装仕上げ材は化学物質の排出が少ないものを使い、その他にも窓や換気設備を設置するなどの配慮をしてください。

また寝室にする場合は、火災警報器などの設置も検討しましょう。

第3章

狭い家でも子どもに快適な部屋を作る方法

ルール13

子ども部屋を確保する方法①
子どもの数だけ子ども部屋がある場合【3LDK 子ども2人】

子ども部屋は4つのスタイルがある

第1章では思春期に必要なパーソナルスペースについてお話ししました。第3章では、それらを踏まえて子どもが快適に過ごすことができる子ども部屋について掘り下げていきましょう。

ところで、一言で子ども部屋といっても、さまざまなスタイルがあります。

まず、子ども部屋は大きく2つに分けられます。プライバシーが尊重される個室と、協調性や忍耐力が育つ共同部屋です。これらをベースに、さらに勉強部屋を独立させるか否かで、次の表のように4つのスタイルに分けることができます。

子ども部屋の4つの種類

	兼勉強部屋	勉強部屋は別
個室	A 一人の子ども部屋 機能：遊ぶ、寝る、勉強する	B 勉強空間を別に設けた一人の子ども部屋 機能：遊ぶ、寝る
共同部屋	C 共同の子ども部屋 機能：遊ぶ、寝る、勉強する	D 勉強空間を別に設けた共同の子ども部屋 機能：遊ぶ、寝る

子どもの数だけ部屋が用意できる場合は、寝室と勉強部屋を備えた一部屋を与える「個室」スタイルが多いでしょう（A）。

さらに部屋数に余裕がある場合は「個室」とは別に「勉強部屋」を作る方法もあります（B）。

反対に部屋数が少ない場合や、部屋数があっても家庭の教育方針から兄弟姉妹の「共同部屋」（C・D）にする場合もあります。

共同部屋には、誰と共同部屋にするかにより「兄弟姉妹と共同部屋」「親と共同部屋」などがあります。

これらをライフステージやニーズの変化に合わせて、自由に選択できるようにしておくことが必要です。

【相談例7】

兄妹の子ども部屋はどう分けるべきですか？

●家族構成

夫婦＋子ども2人（9歳・11歳）

●お悩みの間取り

3LDK

●相談内容とご希望

・異性の兄妹がいます。兄が中学生になるのでそろそろ部屋を分けた方がよいですか。

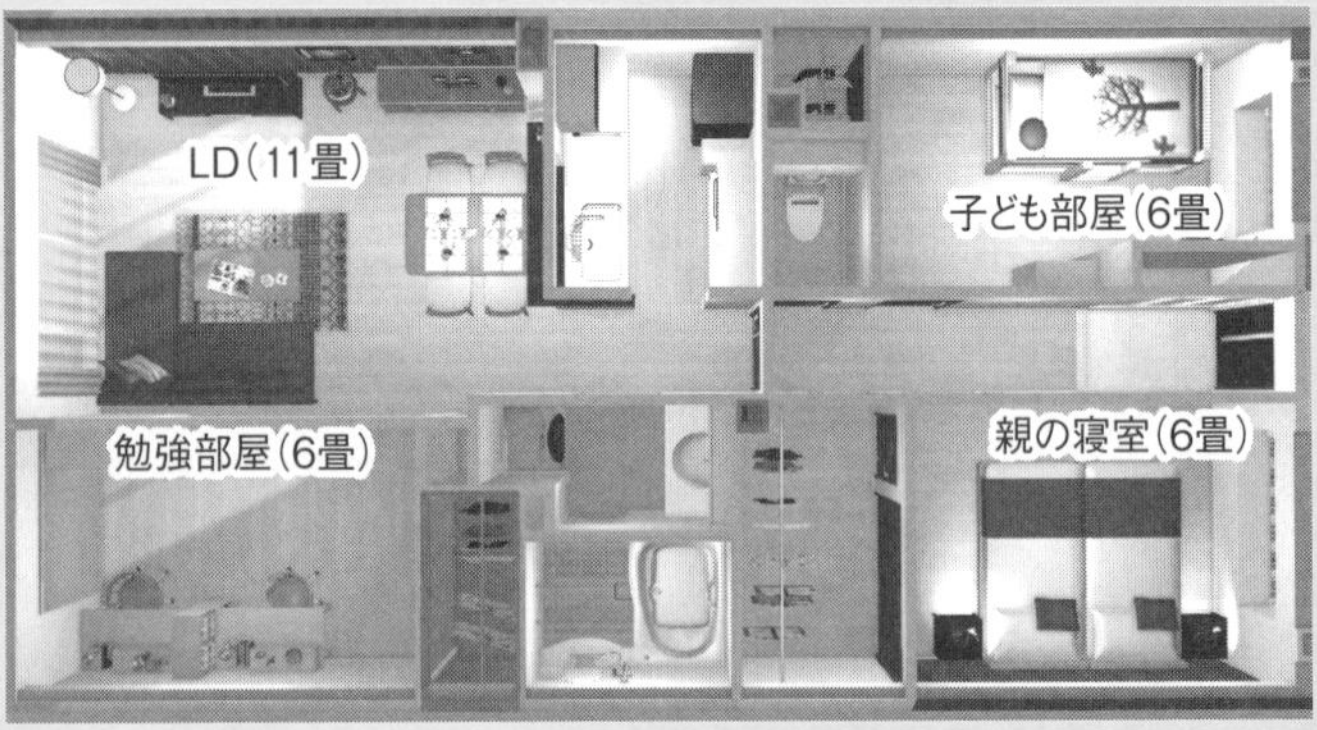

【おもな家具のサイズ一覧】学習デスク:幅110cm×奥行60cm／学習チェア:幅58cm×奥行50cm／ダイニングテーブル:幅130cm×奥行75cm／ダイニングチェア:幅48cm×奥行51cm／二段ベッド:幅102cm×奥行205cm

図13 ―1

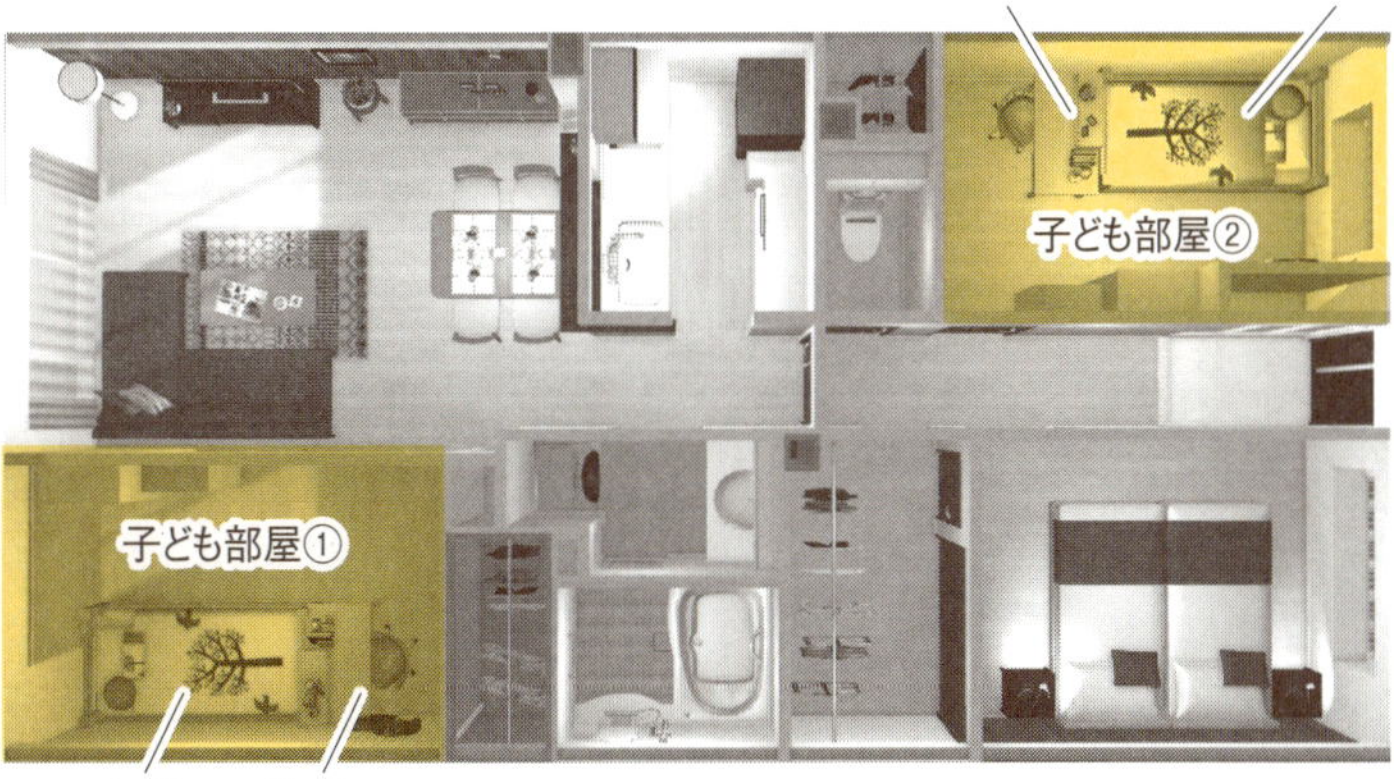

パターンA・プライベートに配慮すべての機能を集約した個室

ご相談者は、中学生になる兄と小学生の妹がいるご家庭です。これまでは２人とも、リビング隣の洋室で勉強し、残りの洋室で就寝していました。そして、兄が中学生になるのを機に、子ども部屋を分けるべきかとご相談にいらっしゃいました。

はじめは上図のように子ども部屋に学習デスクとベッドを置いて、１人に１つ子ども部屋を与える方法をご希望されました。これは、「すべての機能を集約した個室」にあたります。この形が一番プライバシーが尊重されます。

部屋割ですが、子どもの性格にもよります

が、**一般的に思春期の男の子は「過干渉」をとても嫌がります。その一方、女の子はリビングのそばで家族と一緒にいる時間を楽しむ傾向があります**。そこで、リビングに近い部屋を妹の部屋に、リビングから遠い部屋を兄の部屋にしました。

子どものプライバシーも尊重され主体性も育ちます。部屋には「寝る」「遊ぶ」「勉強する」のすべての機能が備わっているので、とても居心地のよい部屋になりますね。

しかし、このように居心地のよすぎる環境を子どもに与えてしまうと、自分だけの部屋という意識が強くなりがちです。そこにTVやゲーム、スマホを持ち込むと、子どもは部屋にこもりがちになってしまいます。また、一人で好き勝手にできることから家族との「協調性」や「忍耐力」も育ちにくいです。

さらに、「勉強する」と「寝る」を一緒にしている子ども部屋では、ベッドがあるため睡眠の誘惑に勝てず、勉強をするはずがつい朝まで寝てしまう、という失敗も起こります。その他にも、個室は好きな趣味の物があふれているため、気になって勉強に集中できないなどの弊害も生まれます。

パターンB・勉強がはかどる勉強部屋分離型の個室

図13－2

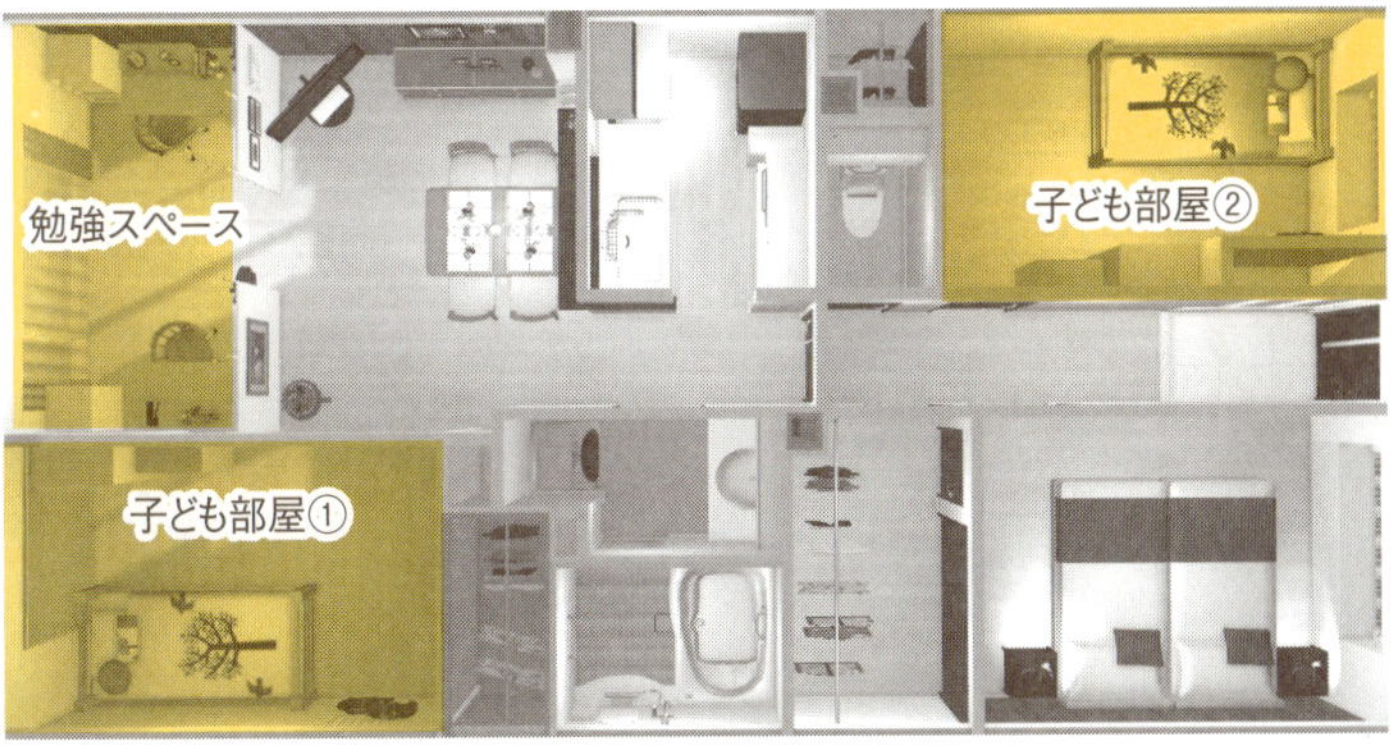

このようなことから、個室を与えたいが勉強もしてほしい場合には、**子ども部屋の機能を「寝る」「遊ぶ」にとどめておき、別に「勉強する」部屋やスペースなどを作る方法がオススメ**です。

ご相談者は3ＬＤＫで子どもが2人ですので、子どもに個室をそれぞれ与えた場合には、勉強部屋としての部屋が足りません。

そこでリビングのソファなどの大型家具を減らし、その一角に勉強スペースを作りました。

リビングダイニングは狭くなりますが、勉強に集中しやすく、また子ども部屋は贅沢なプライベート空間になります。

パターンC・協調性が育つ全機能集約型の共同部屋

次に協調性が育ちやすい共同部屋についても見てみましょう。

幼い頃から共同部屋で兄弟姉妹と過ごすことで、コミュニケーション能力や忍耐力が育ち協調性が育まれます。この力は、人が生きていくうえではとても大切なものです。

このことから、**協調性を育てたい場合は、子どもの数だけ子ども部屋がある場合も、子ども部屋はあえて共同部屋にするご家庭もあります**。

そこで、「寝る」「遊ぶ」「勉強する」機能がある共同の子ども部屋を作ってみました。

３ＬＤＫなので一部屋は夫婦の寝室、一部屋は共同の子ども部屋、残りの一部屋は市販のクロゼットを置いて家族のクロゼット兼仕事部屋にします。

この方法は一部屋が自由に使えるため、収納部屋にしてもよいし、仕事部屋にすることもできます。オンラインの授業やミーティングがある人が順番に使うスペースにしてもいいですね。

しかし、子どものパーソナルスペースがベッドや学習デスクのみと狭く、また「寝る」「遊ぶ」「勉強する」機能が一緒のため、前述のように勉強が捗らない可能性があります。

図13－3

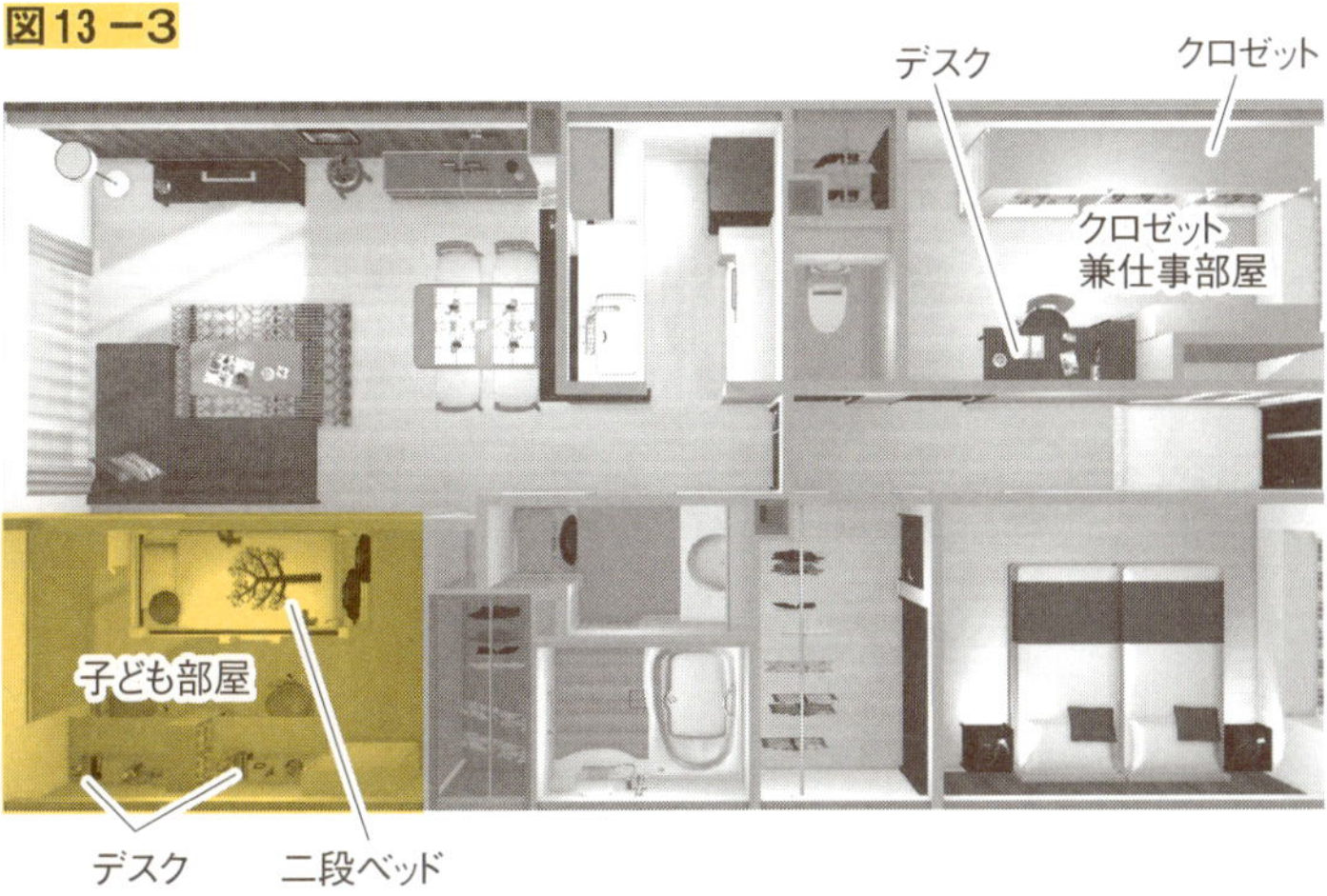

図13－4

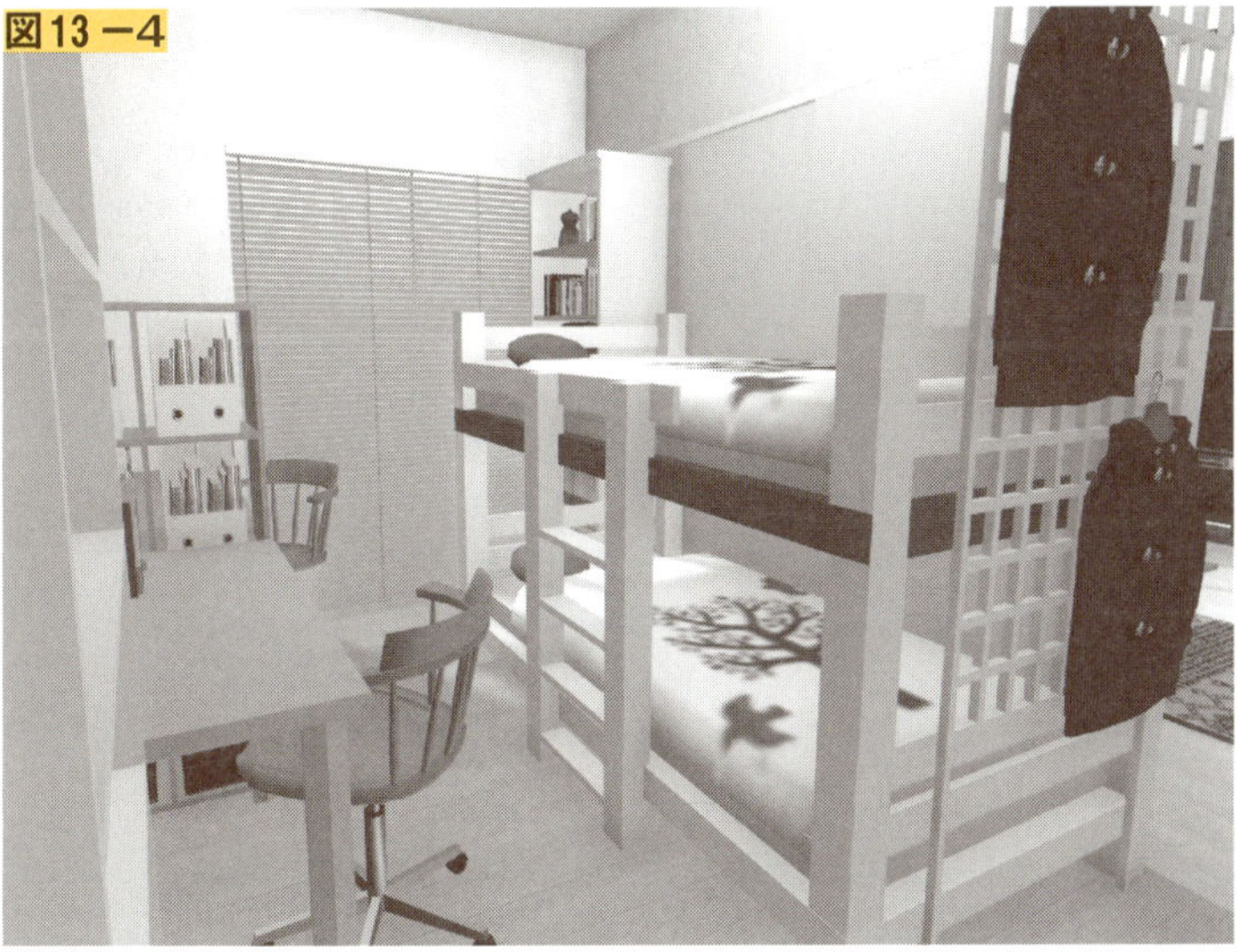

パターンD・協調性も勉強も！　勉強部屋分離型の共同部屋

そこでお勧めしたいのは、**個室のときと同じように「勉強する」機能を子ども部屋から独立させ、「寝る」「遊ぶ」機能と分けてしまう**方法です。

具体的には一部屋を勉強部屋に、一部屋を寝室とします。部屋割としては、より勉強に集中できる静かな環境にするため、勉強部屋を玄関付近にします。

この部屋割にすると、子どもの寝室がリビングの隣にあるため、親はリビングで夜更かしはできなくなりますが、子どもが就寝前にリビングを通るため、子どもとのコミュニケーションもスムーズになります。

勉強部屋として一部屋を部屋割するメリットがあるのは、子どもにとってだけではありません。昼間、**子どもたちが学校に行っている間は、集中できる仕事部屋としても機能します**。

勉強部屋には2人で使う本棚を置いて参考書や本を置き、気が散らないように趣味のものは、「寝る」「遊ぶ」機能がある共同の寝室に置きます。

そして2人で使う寝室には、作り付けのクロゼットだけでは収納が足りないので、洋服収納や漫画・おもちゃなどの収納も増やします。

図13 −5

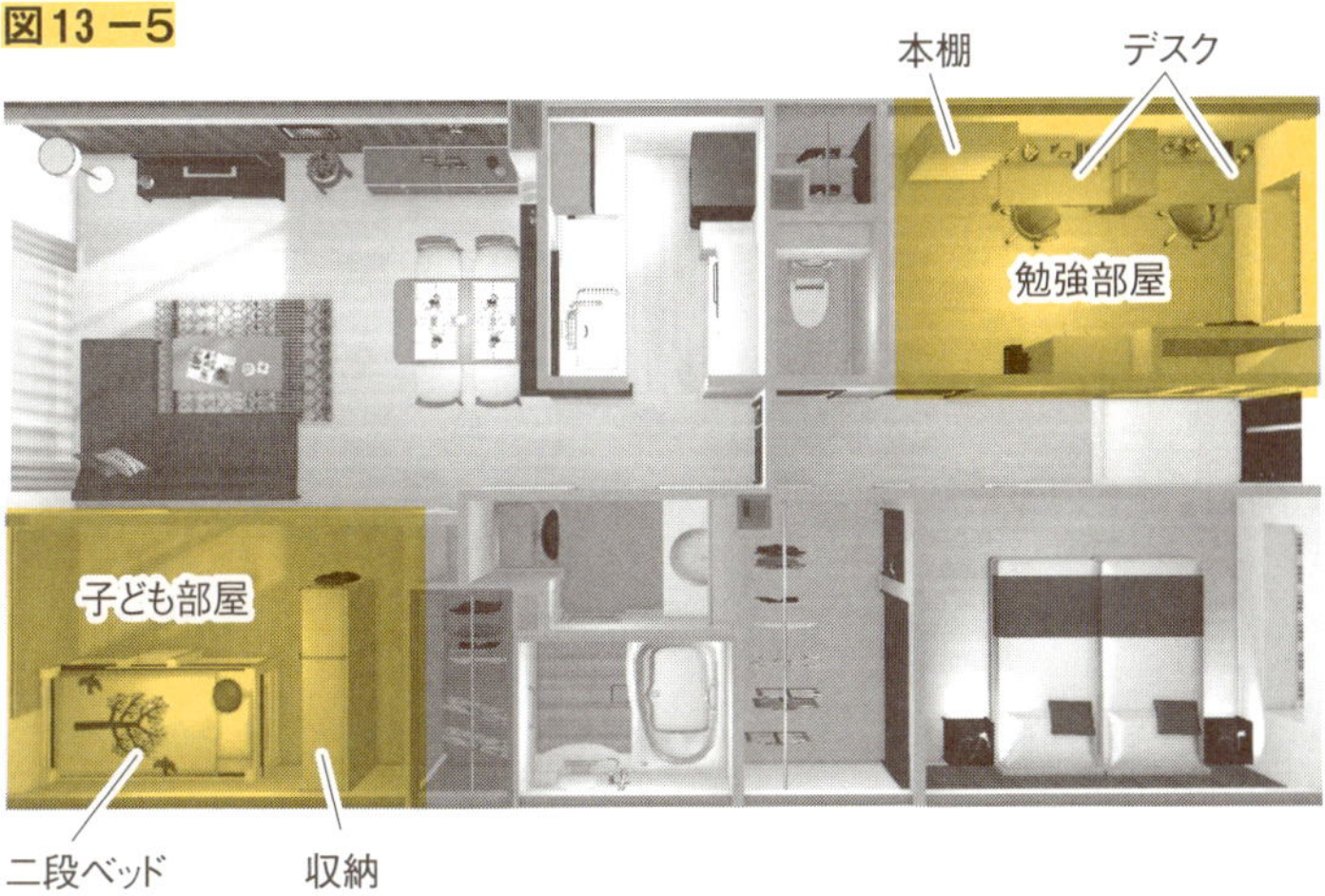

図13 −6 勉強部屋

図13－7 共同の寝室

図13－8 プライバシーに配慮した共同の寝室

子どもが管理しやすいようにハンガー付きのものや扉のないオープン収納がよいでしょう。今回は作り付けのクロゼットに対面するように間仕切り収納を2つ置きました。（図13－7）

もし子どもが異性などで部屋のプライベート性を高めたい場合は、二段ベッドにカーテンを付けたり、シングルベッドを並べて間にパーテーションや突っ張りカーテンなどで間仕切りをつけたりするとよいでしょう。（図13－8）

とくに思春期は異性に敏感になる時期です。**家族の気配を感じるだけでストレスになることもあります。着替えなどに配慮し、間仕切りやカーテンをつける際はしっかりした厚手のものを選んであげましょう。**

子どもたちが希望するなら、パターンAのすべての機能を集約した個室や、パターンBの勉強部屋分離型の個室も検討してあげてください。

●番外編－親子の共同部屋

番外編になりますが兄弟姉妹ではなく、親子の性別ごとに共同部屋を作る方法もあります。（図13－9）

つまり**３つの部屋を「勉強部屋」と「母娘の寝室」「父息子の寝室」に分ける**方法です。それまで使っていた二段ベッドはシングルベッドにして並べます。思春期など必要に応じてベッドとベッドの間に突っ張り間仕切りや突っ張りカーテンなどを入れて間仕切りをしてもよいでしょう。（図13－10・図13－11）

ご相談者は、家族で話し合い、しばらくは最後にご提案しました「勉強部屋」と「母娘の寝室」「父息子の寝室」に分ける方法で模様替えすることに決めたようでした。もちろん、気が変わったら他の方法に模様替えすればいいのです。そのためには二段ベッドはシングルベッドに分解できるものを選んでおくと家具の買い替えがないので、模様替えがスムーズにできます。

このように子ども部屋の作り方は、間取りや家族構成によっていろいろな方法があります。正解はないので、よく家族で話し合って決めていくことがよいかと思います。

図13－9

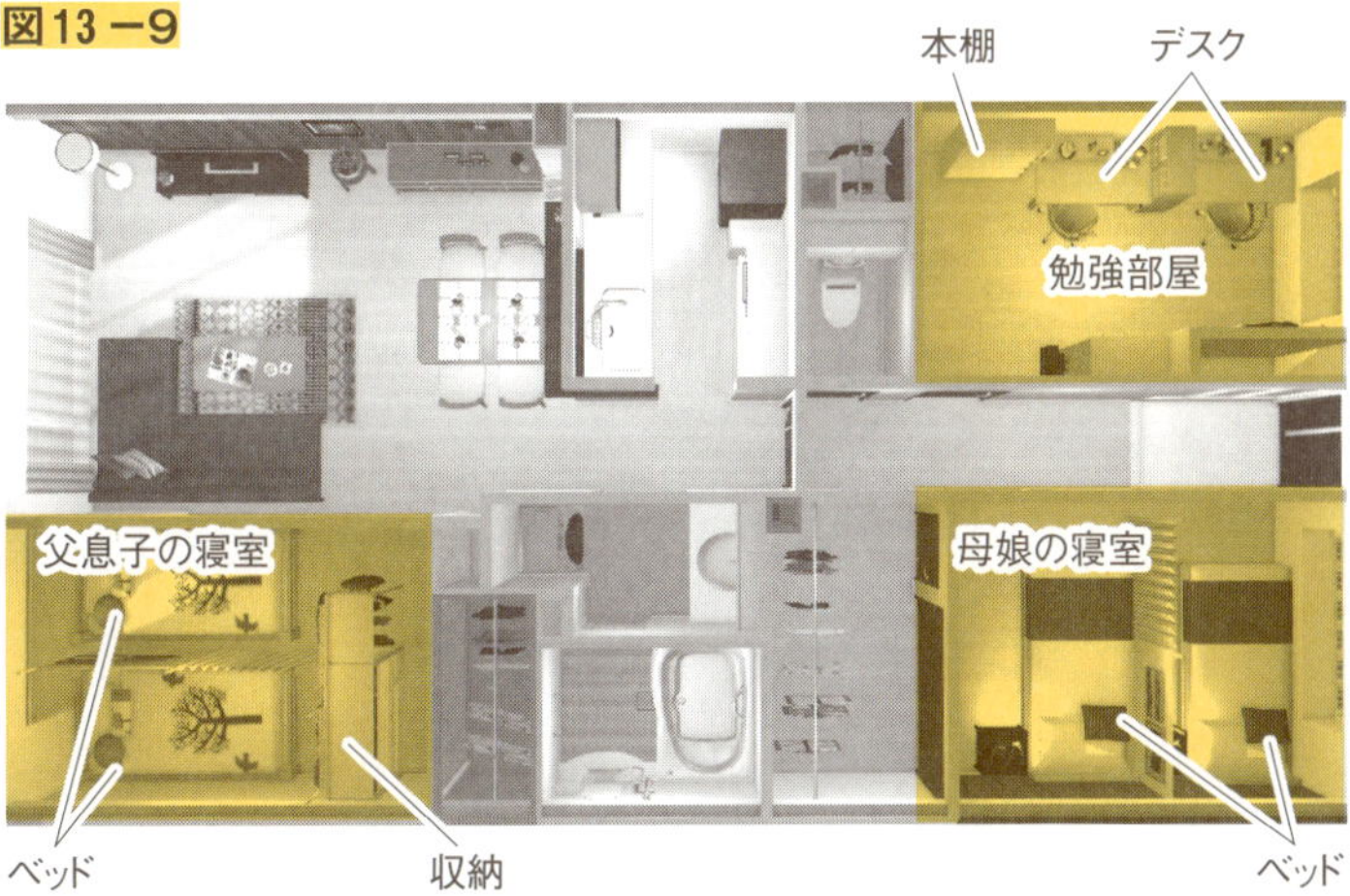

図13－11 父息子の寝室

図13－10 母娘の寝室

ルール14

子ども部屋を確保する方法②　子どもの数だけ子ども部屋がない場合【3LDK 子ども4人】

●共同部屋でもプライバシーが尊重される個室スペースを作りたい

次に、子どもの数だけ子ども部屋がない場合の、子ども部屋の作り方についても見ていきたいと思います。

部屋が足りない場合は、必然的に共同部屋となるわけですが、この**共同部屋も中に個室スペースを作るか否かの2つのスタイルがあり、さらに勉強部屋を独立させるか否かで分かれます**。

家族構成や、そのときのニーズに合わせてどの形式を取るかを選択していくことが必要です。それでは、今回も実例を通して見ていきましょう。

【相談例8】

子どもが4人、家は3LDKです。成長に合わせてどのように部屋割をすればよいのでしょうか？

●家族構成

夫婦＋子ども４人（次女６歳、次男８歳、長男12歳、長女14歳）

●お悩みの間取り

３ＬＤＫ

●相談内容とご希望

・長女は高校受験を控えており、長男も中学生になったので、子ども部屋を整えたいです。

・子どもたちの就寝は可能であればベッドにしたいです。

【おもな家具のサイズ一覧】学習デスク：幅110cm×奥行60cm／アーム付き学習チェア：幅58cm×奥行50cm／ダイニングテーブル：幅200cm×奥行80cm／ダイニングチェア：幅52cm×奥行55cm／ソファ：幅145cm×奥行70cm／リビングテーブル：直径55cm／テレビ台：幅180cm×奥行43cm／（スツール型学習チェア：幅48.5cm×奥行40cm／二段ベッド：幅102cm×奥行205cm）

ご相談者は、６人の大家族で、お住まいは３ＬＤＫです。部屋の広さは５畳が二部屋、６畳が一部屋。

現在はリビング横の洋室で長女長男がリビング学習をしており、次女は夫婦と一緒に、それ以外の３人の子どもたちは共同の寝室で布団を敷いて一緒に就寝しています。

それでは、子ども部屋の作り方をそれぞれスタイル別に見ていきましょう。

●パターン１・就寝と学習の機能を備えた個室スペースのある共同部屋

まずはじめに、プライバシーを尊重できる個室スペースを作ってみましょう。（図14－１）

間取りは洋室が三部屋です。夫婦の寝室に一部屋充てますので、子ども部屋として使用できるのは残りの二部屋。この二部屋を「兄弟」「姉妹」の共同部屋に分けます。さらに間仕切りなどで、「兄のスペース」「弟のスペース」などと分けていきます。

このとき、どの部屋を割り当てるかで悩むことがあるかもしれません。**オススメはＷＩＣ（ウォークインクロゼット）がついている部屋またはクロゼットが大きめの部屋を姉妹の部屋にすること**です。どちらかと言えば女の子の方が洋服が増えがちですし、また親が部屋に入ることを男の子ほど嫌がらないため、クロゼットを他の家族も使用できるからです。

図14－1

そこでリビング隣の洋室を兄弟の部屋に、ＷＩＣがついている夫婦の寝室を姉妹の部屋にします。

もし兄または弟が思春期に入り、両親からの過干渉を嫌がるようであれば、リビングから遠い部屋を兄弟の部屋にするなど、臨機応変に部屋割を替えましょう。

個室スペースですが、学習デスクを置いて、「寝る」「遊ぶ」「勉強する」機能がある部屋を作ります。

ご相談者のご希望ではベッドを置きたいとのことでしたが、ベッドもデスクも置く個室スペースとなると、部屋の内寸が最低でも３メートル四方程度必要になります（Ｐ30の「ルール２　子どもが必要とするパーソナル

スペースの広さはどれくらい？」参照）。
しかし、兄弟姉妹どちらの部屋も内寸が足りなかったため、ベッドは置けません。その場合は狭いスペースでも就寝できる布団敷きを検討します。

学習デスクを横並びにして、突っ張り間仕切りと間仕切りカーテンで個室スペースにしました。学習チェアは、デスク下にしまえるスツール型にしました。（図14－2）

布団をたたむという手間は発生しますが、小さくても自分のスペースができましたね。布団をそのままにするのが気になる場合は、カバーをかけたり、またはカバーに収納してソファにしたりする商品もありますので、活用してみてください。

図14－3 ダクトレール

ダクトレールや照明の取り付けには電気工事士の資格が必要になる場合があります。
ダイレクトレールはそこに接続しているすべての電気をオンかオフにすることしかできないのが難点ですが、専用のアダプターを購入すると、個別にオンオフができるようになります。

一部屋を二部屋に間仕切りする場合は、間仕切りの高さと照明に注意しなくてはいけません。間仕切りの高さが高いとエアコンの風がさえぎられてしまうからです。そのため**間仕切りの高さは１・８メートル程度にしましょう**。

また照明は部屋の中央についていますね。部屋を2つのスペースに分けるときは照明も2カ所に分けた方が、部屋が明るくなります。工事をするのが一番ですが、賃貸などで難しい場合は、**照明をダクトレールなどで2カ所に分割できます**。

たとえばひっかけシーリングに取り付け可能なダクトレールを取り付け、照明を2カ所に設置します。（図14－3）

このダクトレールですが、市販のものですと最長2メートルまで販売されています。ダクトレールに取り付ける照明は広範囲を照らすタイプのスポットライトやダクトレール用のシーリングライトがオススメです。

●パターン2・共同部屋に就寝用個室スペースを作り、勉強は別の共同部屋で行う

やはり**ベッドを使用したい場合は、デスクは置けないので勉強機能は別室に独立させて、ベッドを使った一人ずつの寝室を作ります**。

その場合は先ほどと同じく夫婦の寝室を除く二部屋を「兄弟」「姉妹」の共同部屋に分けます。

さらにカーテンや間仕切りなどで「兄のスペース」「弟のスペース」などに分けていきます。その際、前述したように照明はダクトレールなどで分割し、間仕切りやカーテンなどでエアコンの流れをふさがないように高さにも注意して配置しましょう。

収まらなかった学習デスクは、リビングの一部において「共同の勉強スペース」を作ります。リビングダイニングが狭くならないように、学習チェアとダイニングチェアを兼用すると、省スペースで設置できます。（図14－4）

図14－4

図14－5 個人のスペース

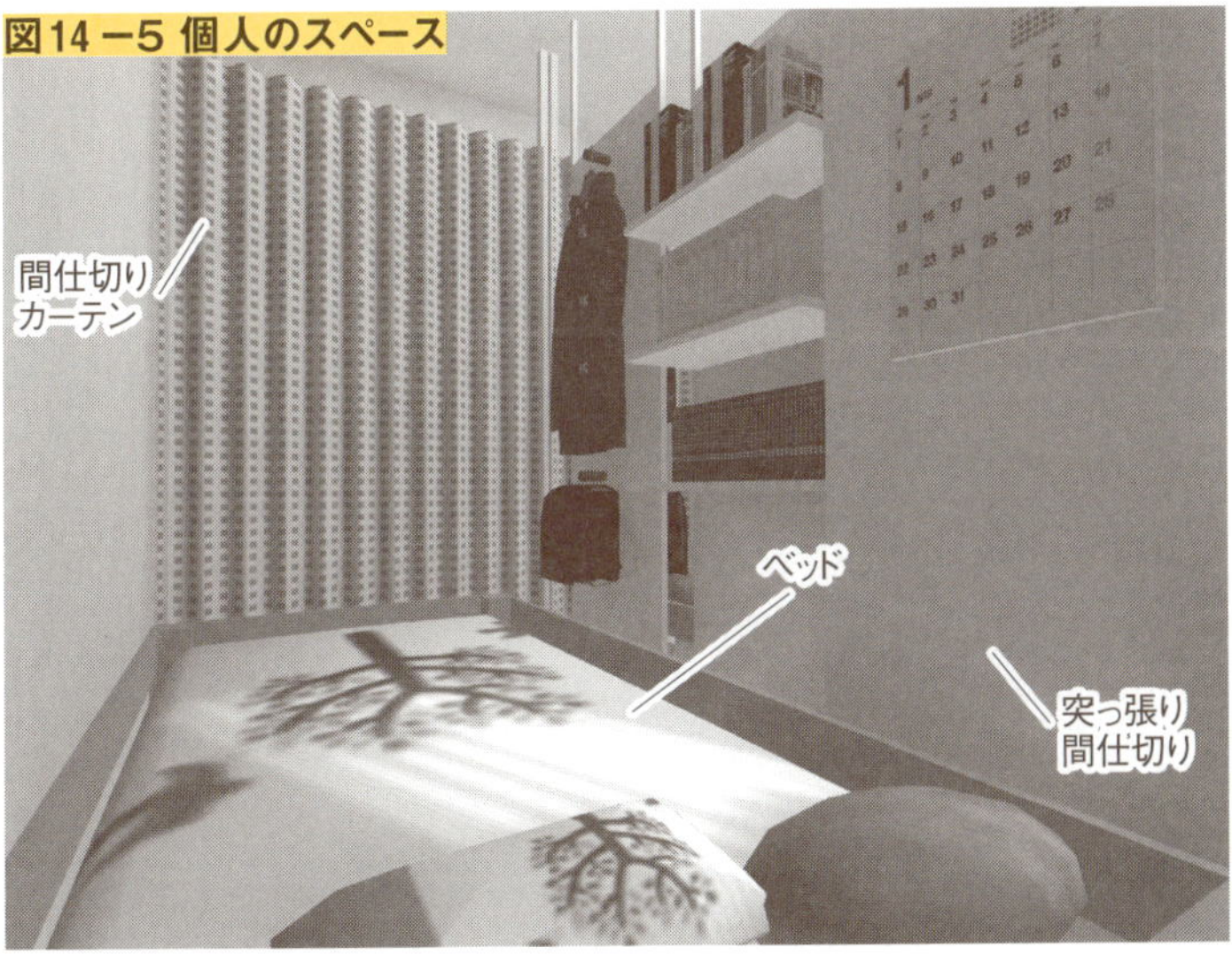

パターン3・就寝と学習の機能を備えているが個室スペースはない共同部屋

次に共同部屋内に個室スペースは作らないパターンをご紹介しましょう。まずは、**「寝る」「遊ぶ」「勉強する」機能がある共同部屋**を見てみましょう。部屋割は前述のように性別ごとに分けた共同部屋にします。（図14－6）

６畳の部屋は二段ベッドと学習デスクを２つ置いて姉妹の部屋にして、大きめのＷＩＣは姉妹だけでなく夫婦も一部使用することにしました。

５畳の部屋にも二段ベッドと学習デスク２つを置いて兄弟が共同で使える部屋にしています。この**二段ベッドははしごが移動できてロータイプのものがオススメ**です。はしごが移動できれば、二段ベッドの配置が自在になるからです。また高さが１４０センチ程度のロータイプのものだと圧迫感が抑えられます。

ベッドの構造はすのこタイプがオススメ。すのこタイプですと、汗をたくさんかく子どもの湿気が抜けて衛生的です。またシングルベッドに分割できる機能がついていると模様替えのときに便利です。

ちなみに、長期間使わないネジはなくしやすいです。二段ベッドをシングルベッドに分割した際は、ネジをビニール袋に入れてテープでベッドの目立たないところに貼り付けて

図14－6

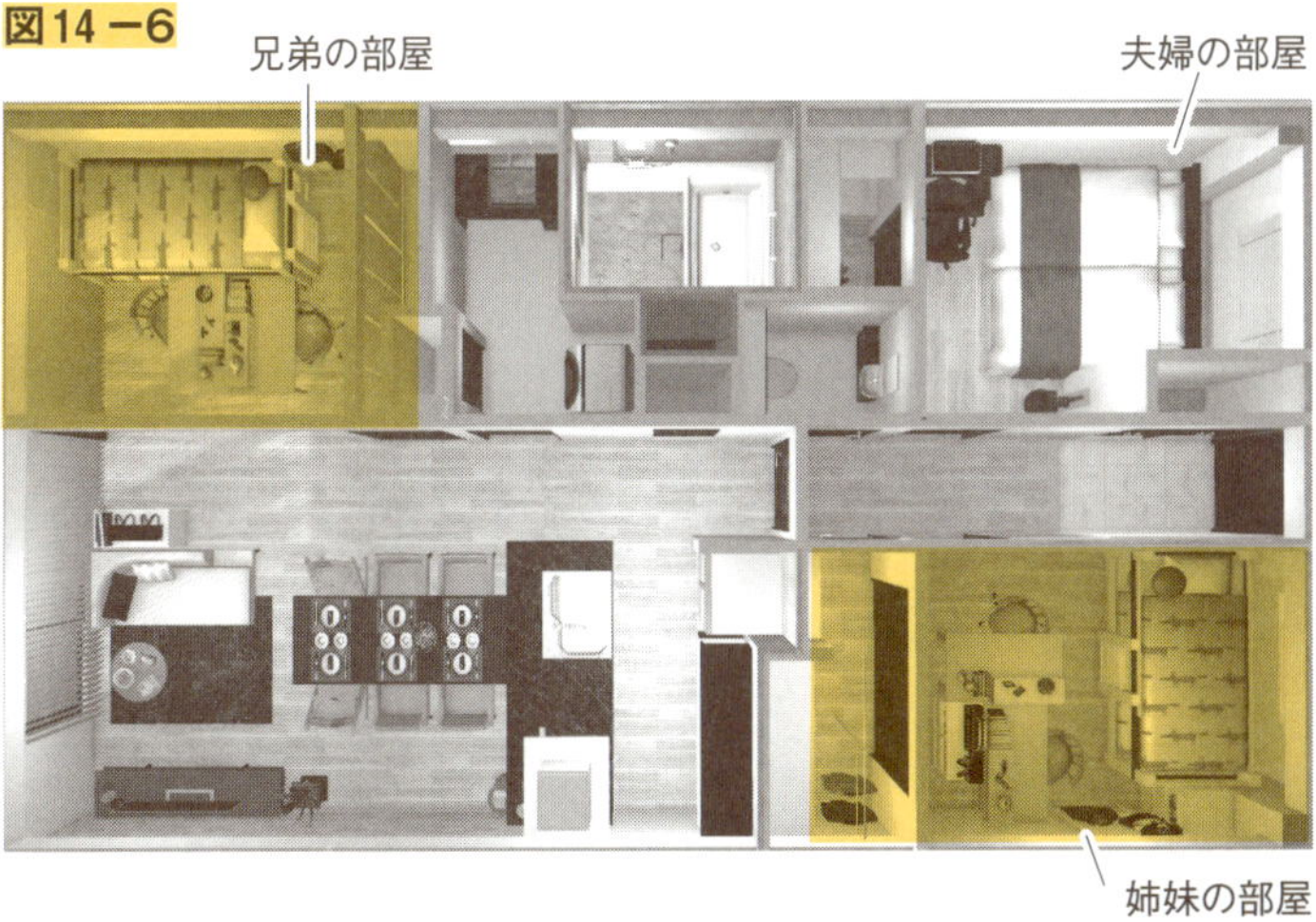

図14－7 姉妹の部屋

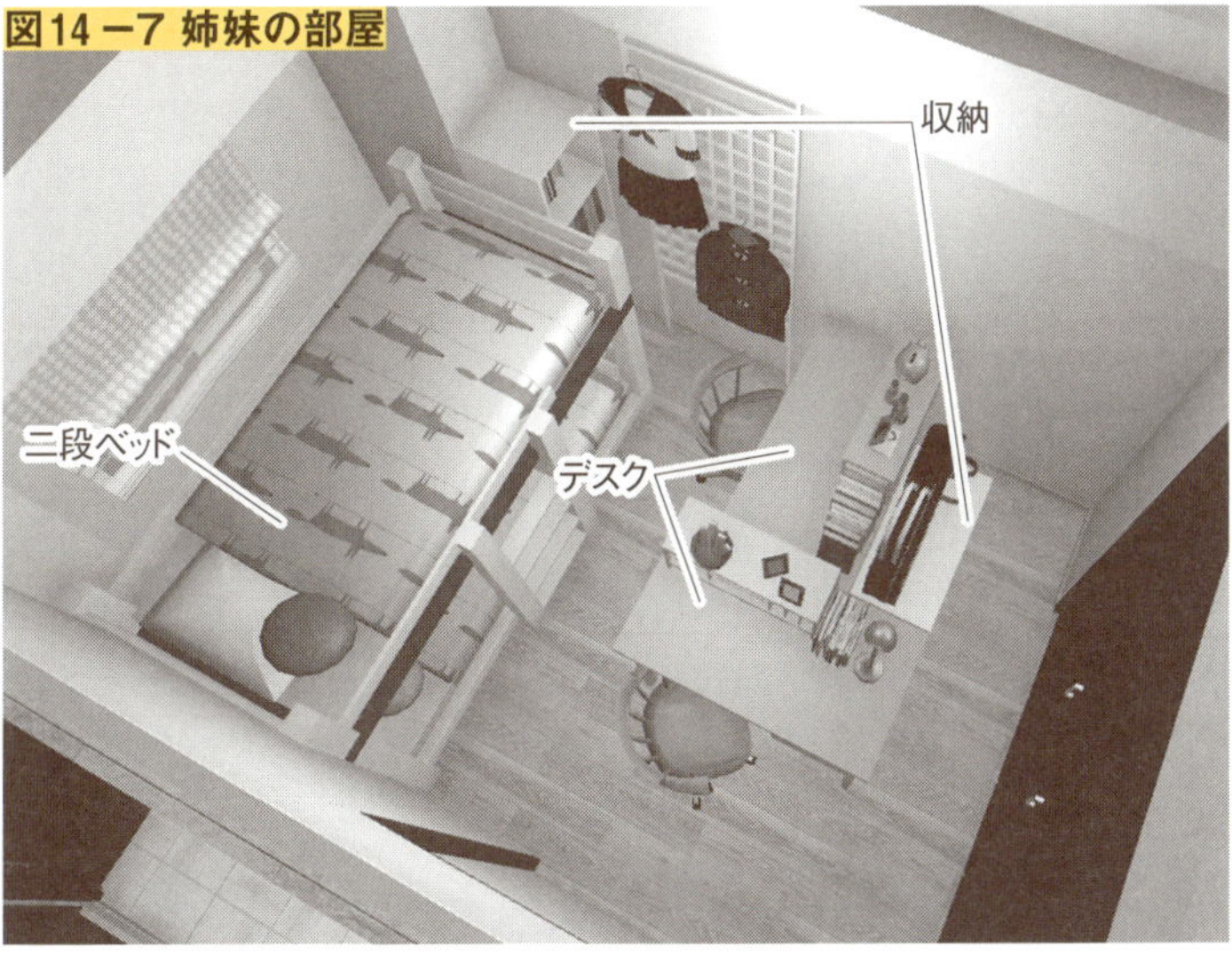

おくなど、無くさない工夫をしましょう。

この配置は勉強も就寝も同じ空間になるため、協調性や兄弟姉妹を思いやる心は必然的に発達します。その一方で、子ども個々のプライバシーは低くなりがちですので、必要に応じて二段ベッド用カーテンなどを取り付けましょう。

パターン４・勉強部屋だけを独立させた共同部屋にする

次に、共同部屋から「勉強する」機能を独立させ、一部屋を勉強部屋とした場合も見てみましょう。（図14－8）
この場合、夫婦の寝室を除く部屋は二部屋ですので、一部屋を勉強部屋にすると残りの一部屋は兄弟姉妹共同の寝室になります。（図14－9）
また二段ベッドを２つ入れる必要があるので、間取りの中で一番大きい６畳の部屋を使います。６畳あれば、間取りにもよりますが二段ベッド（幅１０２センチ×奥行２０５センチ程度）が２つギリギリ入る広さです。もし**扉がぶつかる場合は扉を外したり、引き戸などに変えたりすれば問題なく使える場合が多いです**。
収納は広さ的に増やすことができないので、柱や壁などからできるデッドスペースを活

図14－8

図14－9 共同の寝室

図14－10 勉強部屋

かすなどの工夫をする必要があります。

勉強部屋には幅110センチ×奥行60センチの学習デスクを4つ向かい合わせに、窓側に寄せて配置しています。

部屋の中央に置くのではなく、壁または窓側に寄せれば、片側に動線が確保できます。

また**本棚や学用品置き場を作り、参考書などを一括で管理します。**一括管理ですと、同じ参考書を重複して買ってしまうことが防げると同時に、兄弟姉妹で勉強を教えたりなど、コミュニケーションも生まれます。

番外編ー親子の寝室もオススメ

図14－11

　共同の寝室にする場合、兄弟姉妹だと性別ごとに分けたいと考える方も多いと思います。その場合は、親子の性別ごとに寝室を作る方法もあります。一部屋は子どもたちの勉強部屋にします。そして残りの二部屋は、１つは母と姉妹の寝室、もう１つは父と兄弟の寝室にします。（図14－11）

　親のテレワークスペースも寝室に作りたい場合は、クロゼットの広さにかかわらず大きめの部屋をテレワークをする方の部屋にすると、テレワーク用のデスクも配置できます。

　今回は母親がテレワークをするとのことでしたので、より大きい部屋を母と姉妹の部屋にし、二段ベッドとテレワーク用のデスクを配置してみました。

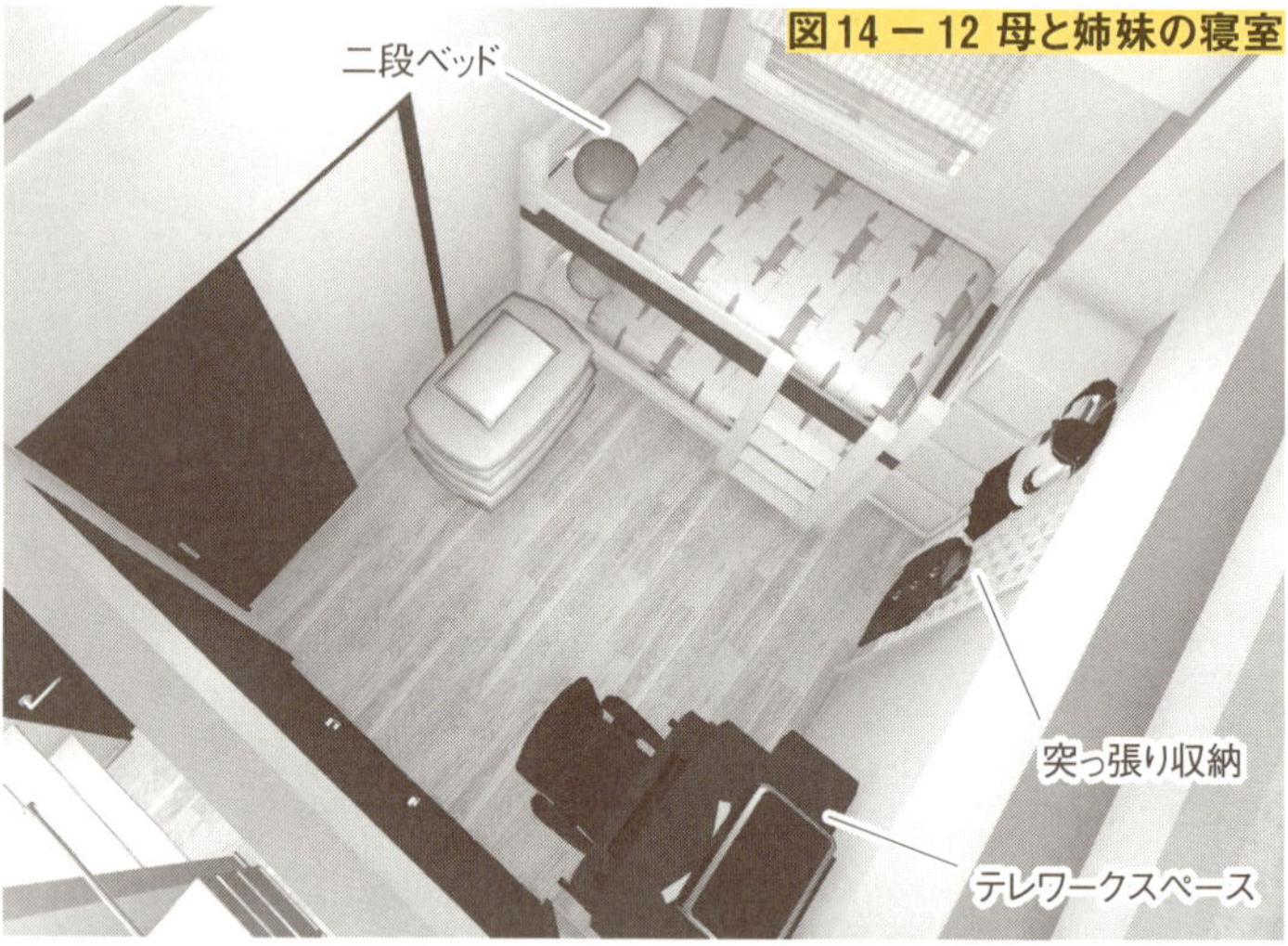

図14－12 母と姉妹の寝室

シングルベッドは置けなかったので母親は布団敷になります。同じく父と兄弟の部屋も兄弟は二段ベッド、父親は布団敷きです。

また収納家具は置けないのですが、**突っ張り収納などを梁下《はりした》などに設置すると、よく使う上着やカバンをかけることができます**。

親子の共同部屋をご提案すると驚かれる方も多いのですが、子どもと一緒に過ごす時間は、人生の中で意外に短いものです。子どもが嫌がらないのであれば、一時的な親子の共同部屋も楽しい思い出になります。

いかがでしょうか。

このように子どもの数だけ子ども部屋が

なくても、多くの子ども部屋の作り方が考えられます。

共同部屋は子どもがかわいそうだと考えて、家の買い替えや引越しを検討される親御さんもいらっしゃいますが、幼い頃から共同部屋だと子どもは案外慣れてしまうものです。

またこれら**共同部屋の運営は基本的に子どもたちで話し合い、みんなが快適に使えるように運営させましょう**。コミュニケーション能力や忍耐力・協調性だけでなく自己管理能力や問題解決能力も育ちます。

主体的に勉強に取り組ませたい場合は、独立した勉強部屋もオススメです。

我が家も勉強部屋は独立させて、姉妹共同の寝室でした。とくに長女は集中できる勉強部屋が好きだったようです。朝早くに起きて、勉強部屋で集中して勉強していました。勉強部屋には辞書や参考書などしか置かなかったため誘惑なく勉強に集中できたようです。

ルール15

子どもの可能性を伸ばす部屋の作り方

子ども部屋に必要な物とは？

子ども部屋のスペースを確保する方法がわかったところで、ここからは子ども部屋の中身について考えてみたいと思います。

子ども部屋の大切な要素は、ルール1とルール6でもお話しした空間分けや動線・収納・照明・換気・温度が基本になります。子ども部屋の空間分けについては前著『狭い部屋でも快適に暮らすための家具配置のルール』でもお話ししていますので、そちらも参考にしていただければ幸いです。

これ以外にも勉強に集中しやすい学習デスクや学習チェア、カーテンやベッドリネンの色やアートなどのインテリアも重要なポイントになってきます。

図15－1 幅120センチ×奥行60センチのデスクの例

それでは詳しく見ていきましょう。

机と椅子

子どもが中学生になると、子どもの部屋を学習環境に配慮した部屋に変えたい、と希望する親御さんは増えます。

まず、中学生以降の学習デスクの**奥行は最低でも50センチは必要で、標準は60センチ**です。それ以下の寸法だと、教科書や参考書を広げた時に窮屈で、勉強に集中できなくなります。

学習デスクの幅は最低でも100センチは必要ですが、**120センチあると、教科書以外にデスクライトなども無理なく置くことができ、快適な学習環境を維持でき**

図15－2 理想的な姿勢

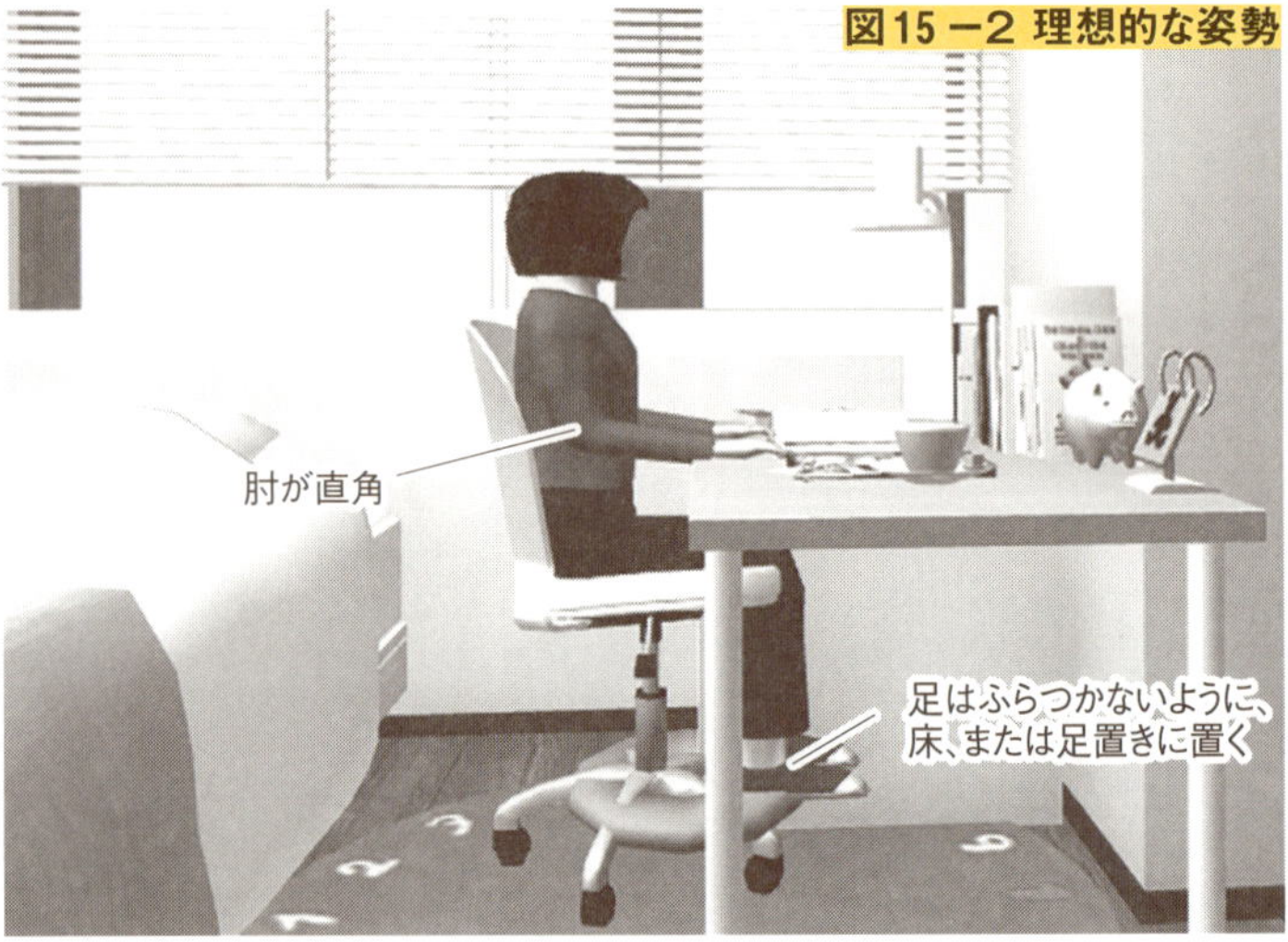
肘が直角
足はふらつかないように、
床、または足置きに置く

ます。

小学生の時に購入したデスクが幅85センチ×奥行50センチの小さなものであれば、この機会に買い替えましょう。

また、集中して勉強するためには、自然な姿勢がキープできる椅子が大切になってきます。

この理想的な姿勢ですが、深く腰を掛けた時に足裏が床または椅子の足置き台につき、ひじが直角に机にのる姿勢がベストといわれています。（図15－2）

この姿勢をつくるために学習チェアは、**座面の高さが調節できる可動式の椅子**を選び、ひじの位置や足裏に注意して座面の高さを調整しましょう。

また子どもは背が低いので、普通の椅子

ですと、足裏が床につきません。そのため、**学習チェアは足置きがついたものがオススメ**です。足置きに足が置けると安定し、足がふらつかなくなるため、集中力が持続します。その他、子ども部屋には必ず本棚を設置してあげましょう。勉強のできる子どもの部屋には、必ず本棚があります。教科書や参考書などをきちんと片づけて、自分で本の管理ができるようにしましょう。

睡眠効果もあり不安定な心を落ち着かせる青色

子どもの能力と部屋の色やインテリアには深いかかわりがあります。

たとえば明るい赤などの暖色系で彩度が高い色は、興奮感を与え、反対に暗めの青など寒色系で彩度が低い色は、心理状態を落ち着かせる鎮静効果があります。

そのため、カーテンやラグなどの**比較的大きな面積を占めるインテリアに青などの鎮静作用がある寒色系を使うと、落ち着いた精神状態にコントロールできます**。

もしピンクなど好きな色を使いたいという場合でも、大きな面積を占める場所は青系がオススメです。青もくすんだ色からパステル・ビビッドな色までいろいろあります。子どもの好きな色は、クッションなどの小物でとり入れるという方法もあります。

図15－3 落ち着く部屋の例

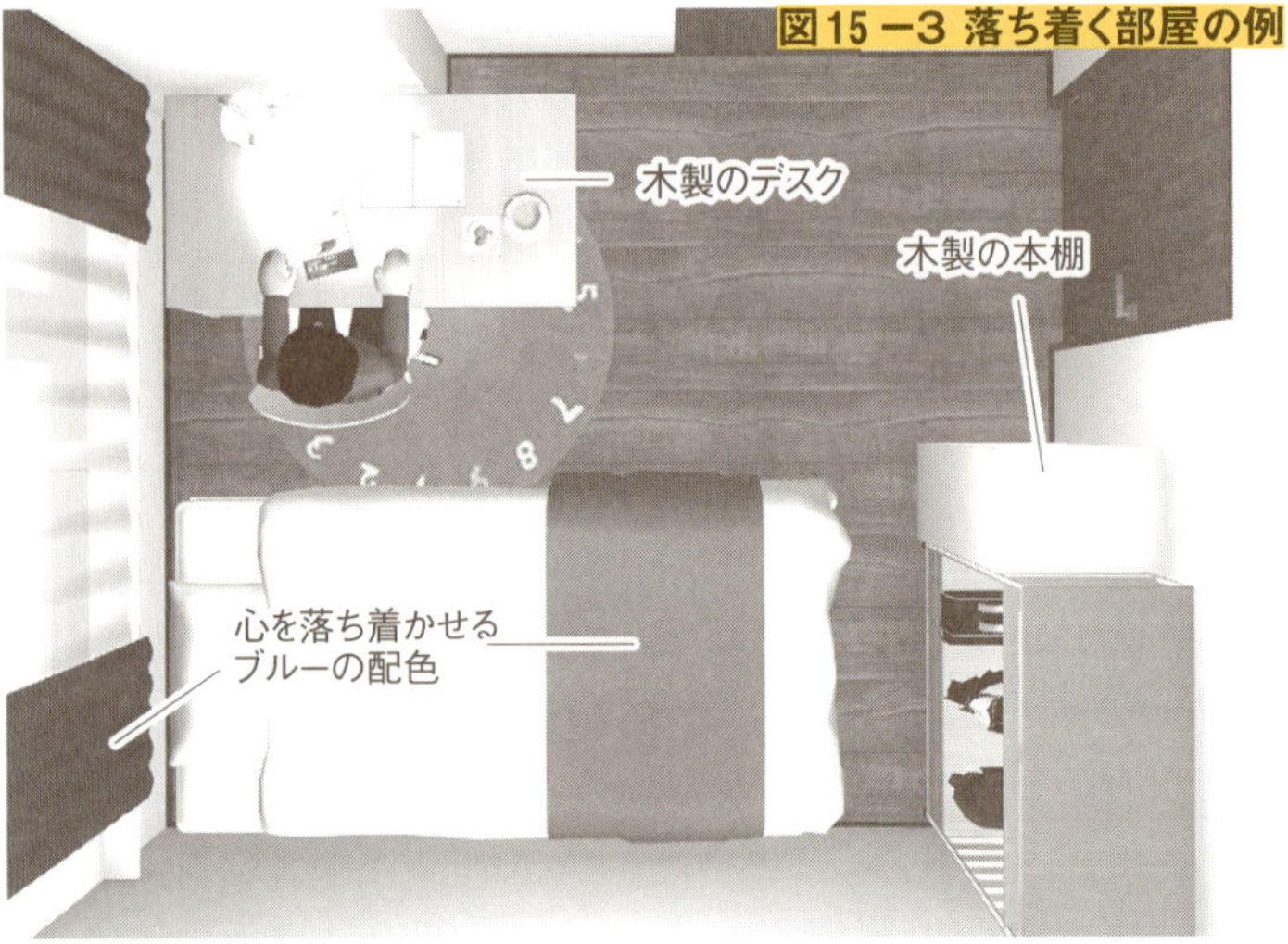

また、青は落ち着くものの、使いすぎると視覚的に寒く感じるので、その他の家具を木製にするなどして、気持ちをリラックスさせるベージュを追加しましょう。

ベージュは自然界にあるナチュラルカラーですので温かく、ゆったりとした気分にしてくれます。

また緑は勉強で疲れた頭や目を休めるのにも効果的。観葉植物などを置けば、癒しと安らぎを与えてくれます。

他にも黄色などのビタミンカラーは前向きな気分になり学習への集中力がアップしますので、ポスターなどの小物で取り入れるのもよいでしょう。

寝室のインテリアは睡眠時間にも影響するといわれています。人が生産的に活動す

図15－4 名画を飾る

るには1日7時間の睡眠が必要と言われています。そして、青か黄色か緑を使った部屋で眠る人は、平均睡眠時間が7時間40分程度と、睡眠時間が長くなるという研究結果[※1]がイギリスで報告されています。

反対に紫や茶色・グレーの部屋で眠る人は睡眠時間が6時間と短くなる傾向があるので、これらの色は子どもの寝室には使わないようにしましょう。

美的感覚や知覚力を鍛える名画

また子どもが嫌がらなければ、部屋の壁面には名画やポスターなどを飾りましょう。

美術は音楽に比べて環境要因が強いので、名画を観るなどの環境を作ってあげることで、潜在的に美的感覚や芸術の才能が養われます。

名画を観ることで海馬などの脳のさまざまな機能が向上し、学力や創造力に必要な能力が高まるとも言われています。

その他にも、絵画の鑑賞をすることで観察力や共感力も磨かれると言われています。イエール大学の医学部では「絵画観察トレーニング」※2が必修科目になっており、ハーバード大学など世界中の大学の医学部が同様のプログラムを設けています。また外資系コンサルタント会社マッキンゼーの新入社員研修でも、絵画観察が取り入れられています。


子どもに好きな名画を選ばせてもよいですし、とくに無いようでしたら、ピカソやモネなど名画と言われているものを飾ってあげましょう。

絵画は美術館にあるポスターで十分ですが、飾るスペースがない場合は、はがきサイズのものをフォトフレームに入れて棚や机などに飾るだけでもＯＫ。**大切なことは日常空間で名画に触れさせること**です。


じつは我が家でも、子どもと美術館に行っては子どもの好きな名画のはがきを購入し、子ども部屋やトイレに飾っていました。

子どもたちは知らず知らずのうちに絵画に興味を持ち、とくに次女には影響が大きかったようです。彼女は夢だったゲーム会社にオリジナルの企画を持ち込み、正社員として採用されたのですが、ゲームの企画からキャラクター作りまで、ものを生み出す能力は日常的な絵画鑑賞によっても培われたものだと思います。

※1：ホテル予約サイトTravelodgeが2000件のイギリスの家庭「寝室の装飾の色（寝室の色）」と「睡眠時間」を調べた研究による（https://www.travelodge.co.uk/press-centre/press-releases/SECRET-GOOD-NIGHT%E2%80%99S-SLUMBER-SLEEP-BLUE-BEDROOM）（2024年11月29日現在）

※2：絵画に「何が描かれているのか」について、視覚を頼りに徹底的に解剖するトレーニング。絵画の隅々にまで目を配って描かれている情報を収集しながら、その情報が持つ意味を見出していく作業を通じて、ふだんなら見逃してしまうようなインプットを得て、多様な解釈を引き出すことができるようになるという。

ルール16

子どもの安全を考えた部屋の作り方

安全・防災の観点から見た子ども部屋の家具配置のポイント

子ども部屋の作り方について、ご理解いただけましたでしょうか。

最後にとても大切な安全・防災の観点からも、子ども部屋の家具配置を考えてみたいと思います。家具の転倒防止や家の中の防災対策は、地震や災害時の安全を確保するために非常に重要です。そのポイントは次の3点です。

- 避難経路
- 家具の転倒防止
- 火災警報器

図16－1　地震で家具が転倒すると扉が開かない

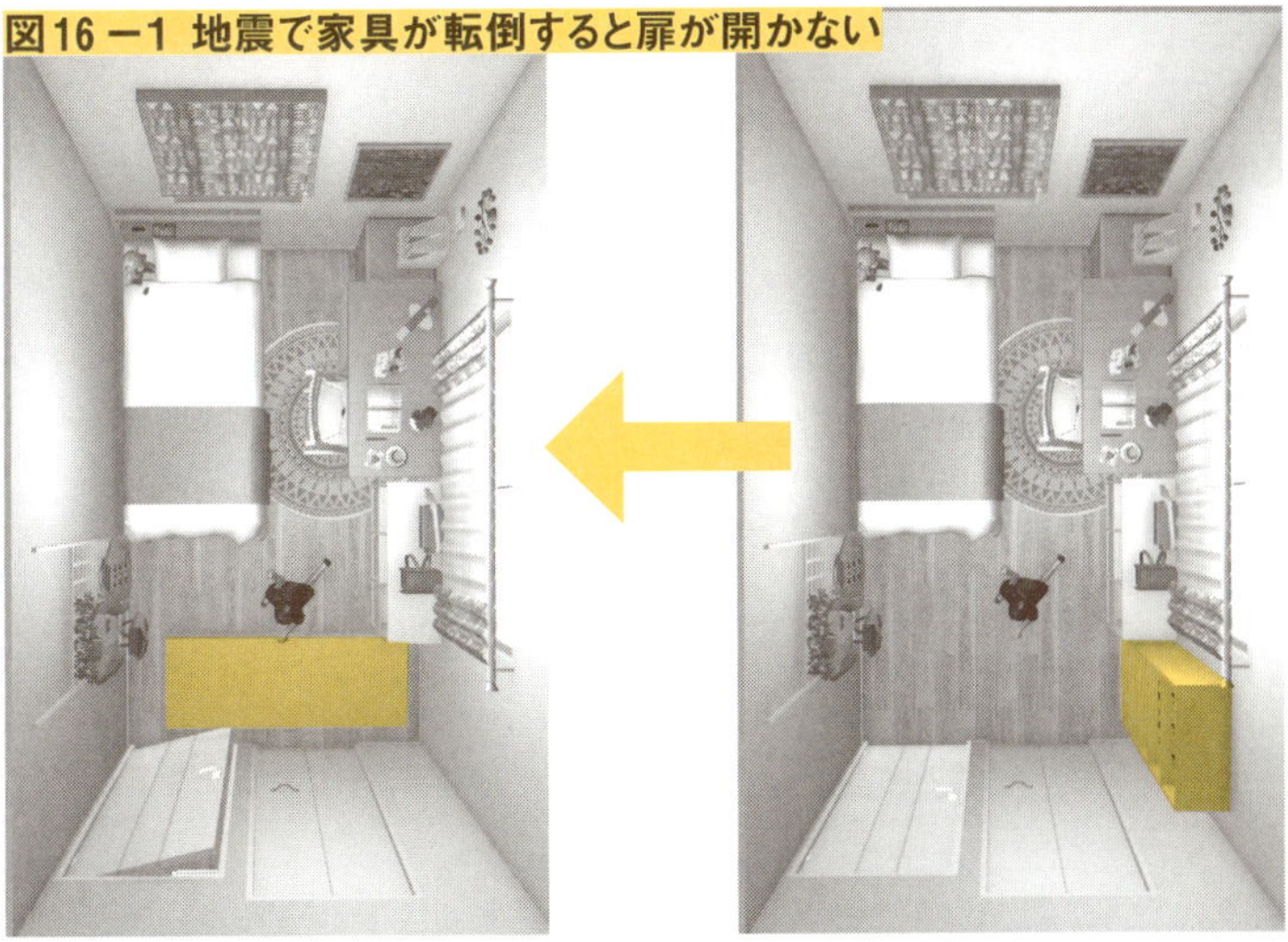

避難経路の確保が大切

子ども部屋の家具配置は、災害時にスムーズに避難できるように、避難経路を考えることが大切です。

部屋の扉は部屋の内側に開くうち開きが多いのですが、この扉付近に本棚など大きな家具を置いていると、地震により本棚が転倒した場合、扉が開かなくなり避難ができません。そのため、**部屋に大きめの家具を置くときは扉をふさがないように配置しましょう**。

また戸建てで子ども部屋が2階以上の階にある場合、火事が起きると他の部屋に延焼して室内からの避難が難しくなることがあります。そんな時のために、窓やバルコニーから

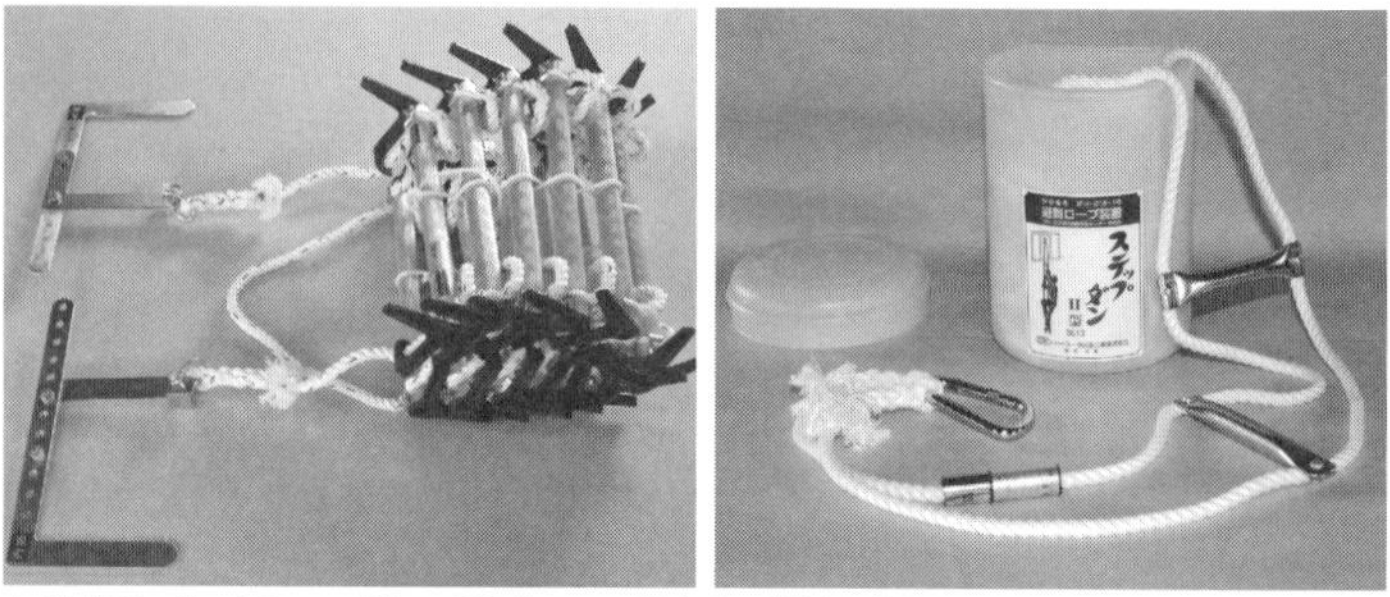

左:避難はしご　オリールⅡ型　３階用(トーヨー消火器工業株式会社／ 2022 ／ 48,510円・税込み)
右:避難ロープ　ステップダンⅡ　２階用(トーヨー消火器工業株式会社／ 5013 ／ 20,900円・税込み)
※共に戸建て用。戸建ての場合、2階までは避難ロープを使用することができますが3階は避難はしごになります。３階より上の階は、避難ハッチか非常階段で避難することになります。

の脱出方法も考慮しておきます。窓やバルコニーからの脱出には避難はしごを使います。

避難はしごは2階用と3階用がありますが、普段は収納しやすいコンパクトで子どもでも簡単に使える軽いものを選びましょう。その他にも、一人分の水、非常食、薬、懐中電灯、ラジオ、現金、衣類などをいれた非常持ち出し袋を準備しておくと安心です。

マンションの場合も地震や火災などで玄関から脱出できない場合があります。その場合はバルコニーにある避難ハッチから避難はしごを使って避難します。

この避難はしごですが、各住戸に設置されていないので、図面などで位置を確認しておきましょう。

たとえば図16－2のような位置に避難ハッチがある場合、Cに住んでいる人はAまたはEのバルコ

図16－2 マンションの避難

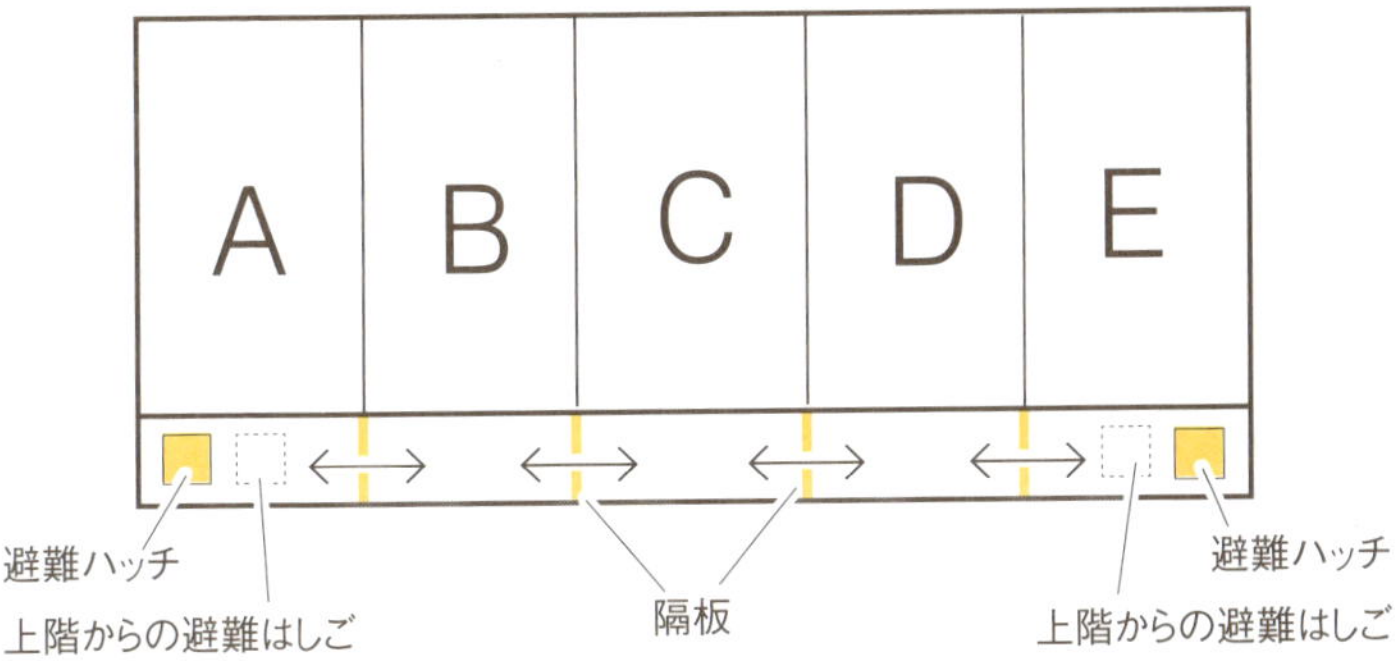

ニーにある避難はしごを使って地上まで避難します。住戸間にある隔板《かくはん》を壊してAまたはEまで移動します。この隔板、足で蹴ると簡単に壊れます。

そのため、**避難ハッチや隔板を家具や園芸などでふさがないようにしましょう**。もし隣の避難はしごや隔板がふさがれているようでしたら、万が一の時に避難ができない可能性があるので、マンションの管理組合などに相談して解決方法を探りましょう。

● 家具の転倒防止をする

避難経路も含めて家具を配置できたら、次は家具の転倒防止策を施しましょう。

背の高い大型家具はもちろん、高さ70センチ程度のタンスなども災害時には移動するため、凶器になります。

そのため、**家具を壁・床の2方向からそれぞれ2カ所**

以上固定するようにしましょう。固定の方法としてはL字金物や固定バンドなどで壁に固定し、家具の下には樹脂製の耐震マットを敷きます。また収納方法は重いものは下に、軽いものを上に置くことで重心を安定させ、また落下時のリスクも減らすことができます。

火災警報器はエアコンや換気口から離す

災害時など災による死亡で半数以上を占める原因は「逃げ遅れ」です。

そこで火災が発生したときに、いち早く知らせてくれる火災警報器の設置は大変重要です。

火災警報器は夫婦の寝室や子どもの寝室・階段には必ず設置しなくてはいけません。就寝時の逃げ遅れを防ぎ、安全な避難できる階への経路を確保するためです。

火は1階から2階へと燃え広がるので、子どもの寝室が2階にある場合は、1階の台所やリビング、その他の部屋にも設置しましょう。

火災警報器には煙を感知するタイプと熱を感知するタイプのものがあり、多くの場合煙を感知するタイプが設置されています。しかし台所は、調理の煙で誤作動を起こしやすいため熱を感知するタイプがつけられます。

寝室やリビングなどで使用される煙を感知するタイプの火災警報器ですが、エアコンの吹き出しや換気口からの通風があると、煙を正しく検知できないため正常に動作しない場合があります。そのため**火災警報器はエアコンや換気口の吹き出し口から１・５メートル以上離して設置する**ことが大切です。

また火災警報器がせっかく設置されていても、電源切れや本体の寿命で動作しないことがあります。そのため**半年に一度程度は正常に作動するか点検**しましょう。警報器本体にボタンがあるのでそれを押すことで作動するか点検できます。

火災報知機本体の寿命は10年程度ですので、古くなった火災警報器はホームセンターなどで新しいものを購入して交換しましょう。

最近は異常気象による台風や大雨の被害がとくに深刻です。

窓に雨戸やシャッターがついている場合は必ず閉めて、暴風時の損傷を避けましょう。雨戸やシャッターがない場合は、窓に飛散防止フィルムを貼ることも、災害時の被害を最小限にするためには効果的です。飛散防止フィルムは、衝撃によるガラスの飛散を防止するので、台風だけでなく地震時も有効です。

Column3　子どもの絵は額に入れてリビングに飾ろう

子どもたちが持ち帰る作品は、絵やお習字、粘土作品に紙模型など……実にさまざまです。

種類も多く、幼稚園から高校生までのすべての作品を保管しておくことは、現実的に不可能ですよね。

そこで定着しつつある方法が、子どもの作品をスマホやデジカメなどで撮影しデータで保管する方法。場所も取らずよい方法なのですが、データでパソコンに収納してしまうことは、子どもたちの作品をいつでも気軽に見返すことができない、というデメリットもあります。

そこでオススメなのが、子どもの作品を額縁などに入れて名画に変身させる方法。見栄えがグンと良くなり、親の「愛している」「大切にしている」というメッセージを、より効果的に子どもに伝えることができます。

やり方は簡単！

まず絵が入る額縁を購入します。額縁は絵の雰囲気をやさしくしたい場合は木製が、ゴージャスにしたい場合はゴールドやシルバー系がオススメです。

額縁には単品で販売しているものもありますが、額装付きがオススメです。額装とは絵と額縁の間に入れるマット用紙のことです。この額装を入れることで作品に奥行と広がりが生まれます。マットは1～2枚重ねるとおしゃれになります。色や材質は絵の雰囲気により自由に選んでみてください。

家族写真や子どもの絵やアート作品をリビングに飾ることでも、子どもの自己肯定感を高めることができます。

上手に描けた絵を額縁に入れて、リビングなど家族が集まる場所に飾ってあげると、それを見た子どもは、努力の過程や達成を再確認でき、「自分は大切にされている」「自分には価値がある」という気持ちになるのです。

少し手間はかかりますが、ぜひ額縁に入れて子どもの作品を飾ってあげてください。

第4章

3年後を見据えた家具配置をしよう

ルール17

【狭小3階建て 3人暮らし】赤ちゃんが生まれたのでリビングを整えたい

数年後を見越した部屋作りをしよう

ここまでご覧いただいたみなさんなら、もう快適に過ごせるリビングや子ども部屋の作り方がおわかりになられたでしょう。

そこで、ここからは家全体を考慮した総合的な部屋作りについて見ていきたいと思います。

部屋作りのポイントは、**今だけを見るのではなく、数年後も見越して考える**ことです。

まずはとある戸建て住宅の、赤ちゃん時期と、その3年後までの家具配置の例を見てみましょう。

【相談例9】

赤ちゃんに危険のないLDKにしたい

●家族構成

夫婦＋赤ちゃん

●お悩みの間取り

狭小3階建てのキッチン6畳、リビングダイニング約10畳

●相談内容とご希望

・LDKが2階にあり、階段があるため、赤ちゃんが心配です。今後成長しても危なくないような家具配置にしたいです。

・赤ちゃん用品やおもちゃが散らかりやすくて困っています。

・TVや家具などの安全対策はどうしたらよいか悩んでいます。

【おもな家具のサイズ一覧】ソファ:幅177cm×奥行90cm／ベビーベッド:幅125cm×奥行77cm／リビングテーブル:幅110cm×奥行50cm／ラグ:幅200cm×奥行140cm／TV台収納:幅140cm×奥行42cm／リビング収納:幅74cm×奥行35cm／ダイニングテーブル:幅120cm×奥行80cm／ダイニングチェア:幅42cm×奥行47cm／収納:幅35cm×奥行35cm

図17－1

図17－2

赤ちゃんの時期はとにかく安全で生活しやすい空間に

赤ちゃんは8か月頃からハイハイをはじめ動き回るようになるため、目が離せなくなります。そのためこの時期までには本格的な対策が必要になります。

まずリビングにあるテーブルや掃除機など、赤ちゃんにとっては不要なものは置かないように処分したり移動したりします。

収納量の少ない収納も、おもちゃなどが片づきません。そのため、おもちゃなどの片づけができる幅80センチ×奥行40センチ×高さ80センチ程度のサイズに買い替えます。

TV台にTVを置く場合は、ハイハイが終わりつかまり立ちする頃にはぐらつくなどして危険です。また、TV台は幼児期には足場にもなり、さらに危険です。そのため、TVを壁付けするか、転倒しにくい耐震設計されたTVスタンドに買い替えます。

ラグはハイハイする赤ちゃんにとって衛生上不潔になりやすいので、掃除のしやすいベビーマットに買い替えます。

ダイニングにある階段が心配とのご相談でしたが、3階建ての場合、残念ながら階段に転落防止のための扉などをつけることは建築基準法により原則できません。[※1] 扉があると火災などが起きたとき、避難に支障が出るからです。そのため、赤ちゃんがこの階段に近寄

図17－3 赤ちゃん時期

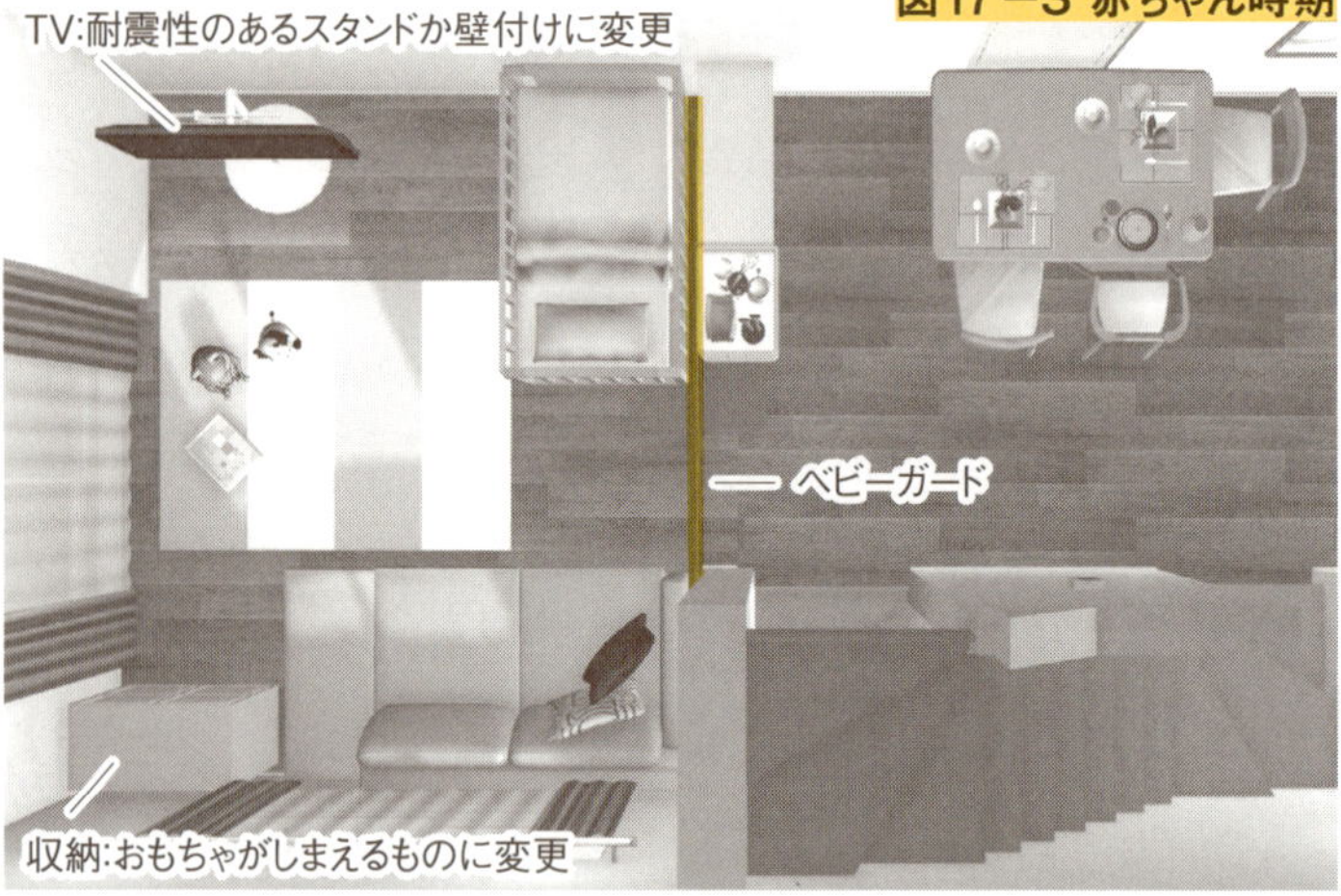

らない対策が必要です。

まず、ベビーガードをリビングとダイニングの間に設置し、ベビーベッドを置いてリビングとダイニングの間を人一人が行き来できる程度に狭くします。

ベビーガードには、置くだけのものと、壁に突っ張らせるもの、壁にネジで固定するものがあります。置くだけのものはレイアウトの変更がしやすく、固定式のものはしっかり固定できます。幅も70センチ程度から3メートルまでとさまざまなものがあります。設置場所や、使い勝手も考慮して選びましょう。その他、赤ちゃんが触れるようなものは誤飲を防ぐため基本的にベビーガードの外に出しておきましょう。

これで、部屋が片づけやすくなり、赤ちゃんが階段に近づくこともなくなりました。

図17－4

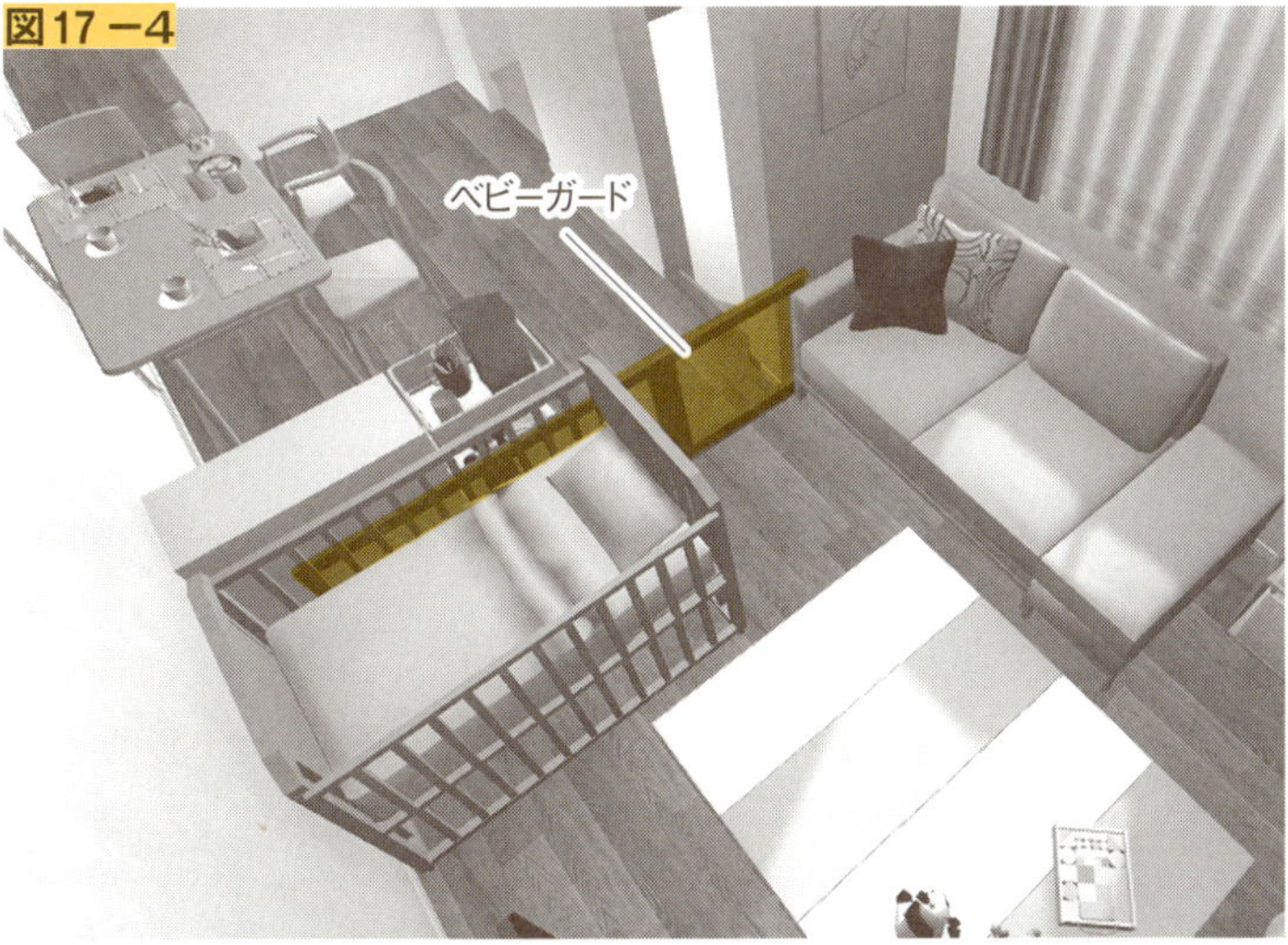

おくだけとおせんぼL（日本育児／16,280円・税込み／約 幅140～180×奥行65×高さ60cm）Mサイズ（15,180円・税込み／約 幅95～140×奥行65×高さ60cm）とSサイズ（12,100円・税込み／約 幅77～95×奥行65×高さ60cm）もあります。※階段上用には使用できません。

図17－5 幼児期①

ソファ:窓から遠ざける

動きが活発になったら転落防止策を

赤ちゃんがソファなどにも上れるようになったら、今度は窓やバルコニーなどからの転落を防ぐ必要があります。そのため、家具などの配置を見直します。

ソファは窓への足掛かりになるため、窓から離します。

その他にもリビングが2階以上にある場合は転落防止のために、ホームセンターなどで販売されている窓ロックなどを窓に取り付けて、窓が10センチ以上開かないようにしましょう。

また家具を置く場合は、ケガ防止のために家具の角にコーナーガードを付けましょう。

階段はまだまだ危険なので、引き続きベビーガードは使用します。

図 17 − 6

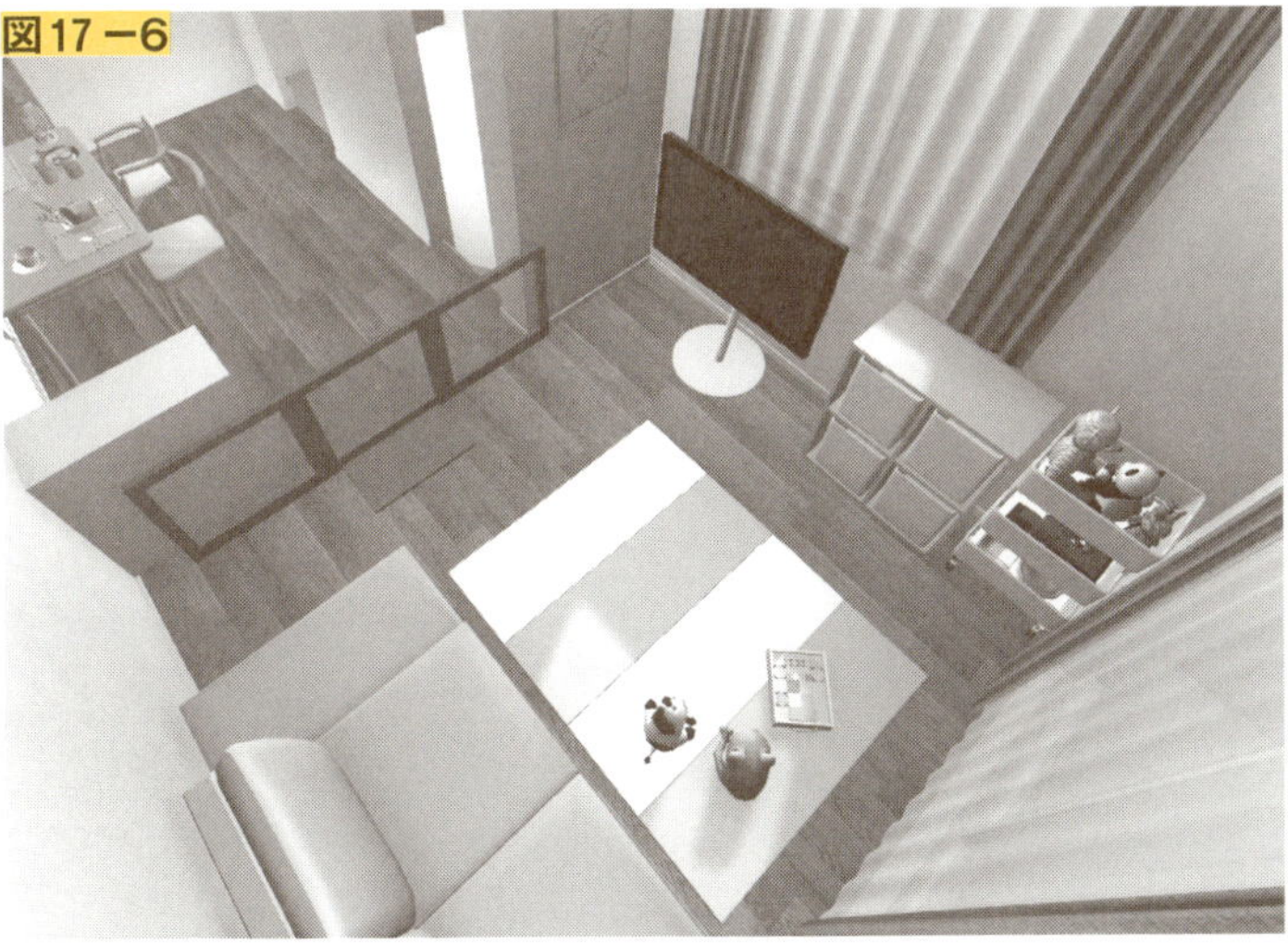

図 17 − 7

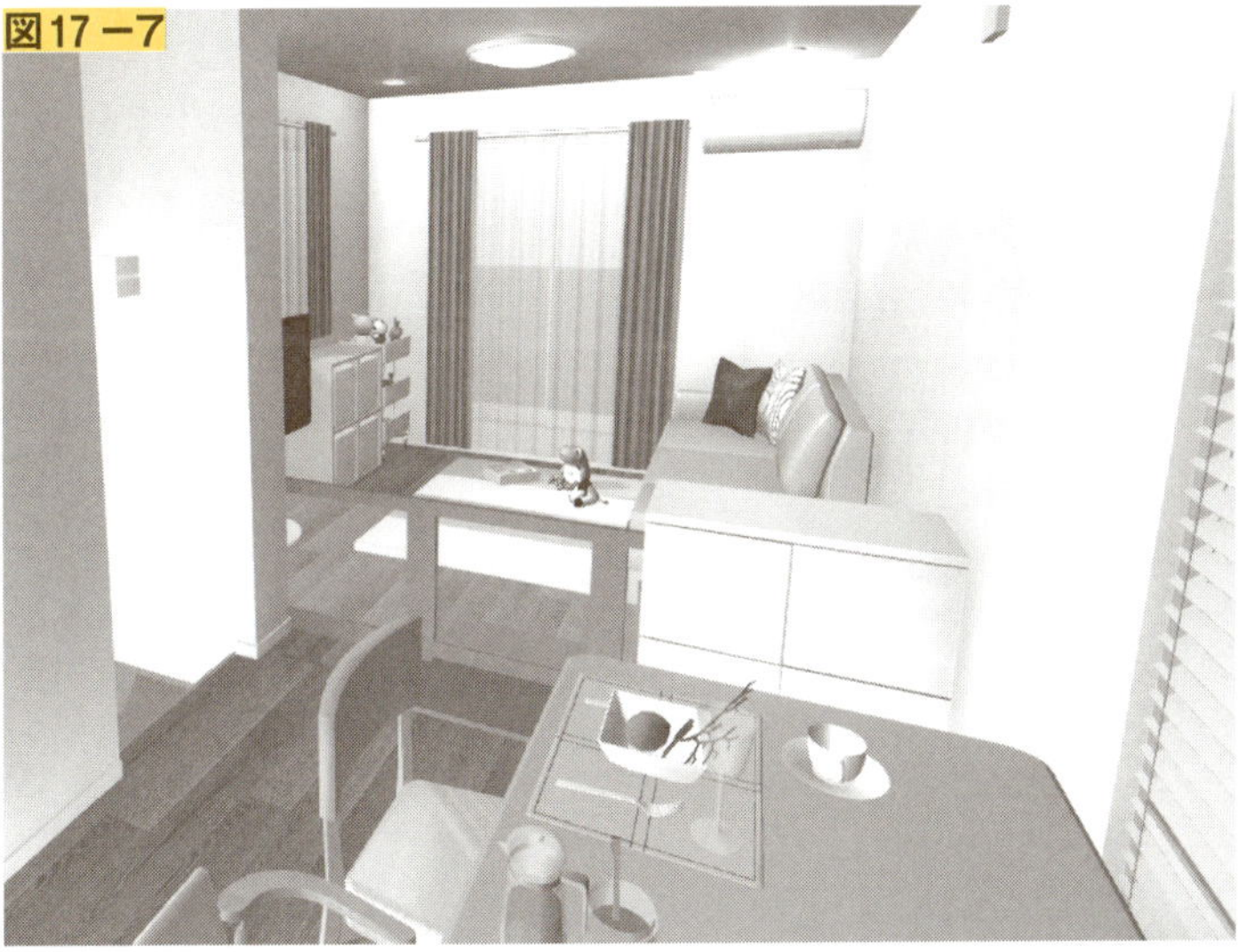

図17－8 幼児期②

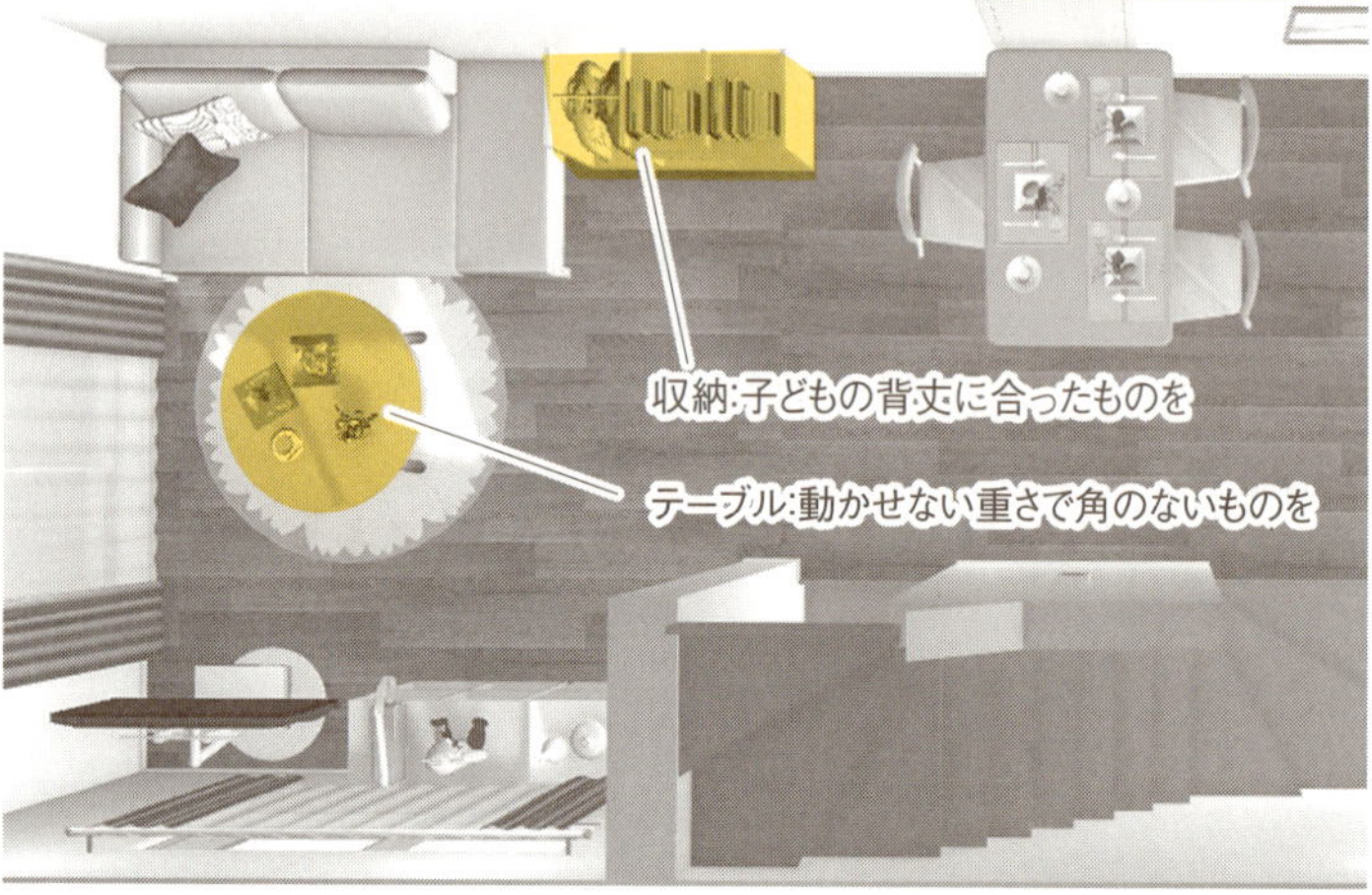

幼児期は生活習慣が身に付くように

ベビーガードは対象が2歳頃まで。乗り越えると危険なので必要に応じて撤去しましょう。リビングにテーブルを置く場合、ケガ防止のために角のない円形テーブルがオススメです。バルコニーなどに移動して足掛かりになるのを防ぐため、子どもが簡単に持ち運びできない重さのものにしましょう。子ども用の椅子も軽いものには注意が必要です。

絵本や洋服を片づけられる収納家具も置きます。子どもの収納家具は、片づけ習慣を幼児期から身に付けられるように、子どもの背丈に合った家具が使いやすくてオススメ。一時的な使用になりますが、そこは割り切りましょう。

図17－9

図17－10

※1:3階建ての住宅の場合、建築基準法により直通階段の設置が必要になります。そして直通階段には避難に支障が出るため、扉の設置はできません。しかし特定行政庁によっては、扉の設置に関して緩和措置がある場合があります。

ルール18

【1LDK 2人暮らし】小学生になる娘のために部屋を作ってあげたい

●親子2人暮らしの1LDK

次に1LDK40㎡の、数年先を見据えた家具配置を見てみましょう。

左は都内にある1LDKマンションの様子です。リビングダイニングは約7・5畳。ご相談者は、保育園に通う3歳の娘さんを持つシングルマザーです。新居への引越しにあたり、家具選定と機能的な家具配置をご相談にいらっしゃいました。

そこで無駄のないよう、3年後の子ども部屋作成予定も視野に入れながら、現在のプランを作ります。

【相談例10】

親子2人暮らしですが、子どもが大きくなっても1LDKで快適に暮らしていきたいです

●家族構成

母+娘（3歳）

●お悩みの間取り

1LDK40㎡

●相談内容とご希望

・娘と2人で就寝したい。
・娘の遊びスペースなどを広くとりたい。
・娘が小学生になるときは、ベッドを置いて独立した子ども部屋を作ってあげたい。
・将来的には物が増えそうなのでリビングダイニングの収納スペースを増やしたい。

【おもな家具のサイズ一覧】（シングルベッド:幅105cm×奥行205cm／デスク:幅100cm×奥行50cm／学用品収納:幅50cm ×奥行45cm／ TV台:幅120cm×奥行 60cm／ダイニングテーブル:幅155cm×奥行75cm／ソファベッド:幅187cm×奥行78.5cm〔ベッド使用時117cm〕）

図18－1 寝室兼遊びスペース

就学前の家具配置

まず初めに寝室空間です。

子どもが小さいうちは親子で就寝したいとのご希望でしたので、洋室を親子の寝室兼子どもの遊びスペースにします。子どもが自分でおもちゃや洋服をお片づけできる、子どもの背丈に合わせた収納家具を置きます。

部屋は1階で窓からの転落の心配がないので、おままごとセット、子どもテーブル&チェアを置きました。

子どもテーブルは、就寝時はコンパクトになるよう、脚が折り畳みできるものを選びます。同じく子どもチェアも不要な時は重ねることのできるものだとよいですね。

PORTO DINING TABLE（ジャーナルスタンダードファニチャー／104,500円・税込み／幅155×奥行75×高さ72㎝）

子ども部屋を作成する3年後までは就寝スタイルは布団敷きになります。**マットレスはベッドでも使用でき、折り畳みもできるものだと、邪魔になりにくく、また将来のベッド使用時にも使えます**。

次はリビングです。ダイニングテーブルは、子どものお絵かきや作業スペースも兼ねて幅155センチ×奥行75センチと、2人暮らしにとっては少し大きめのものを置きました（上図）。このくらいのテーブルだと、小学生になったときにはリビング学習もできます。

ソファは、将来、母親が就寝できるようにソファベッドにします。

リビングテーブルは将来ソファベッドの使用を始めた時に移動しやすいよう、飲み物を

図18－2 就学前の家具配置

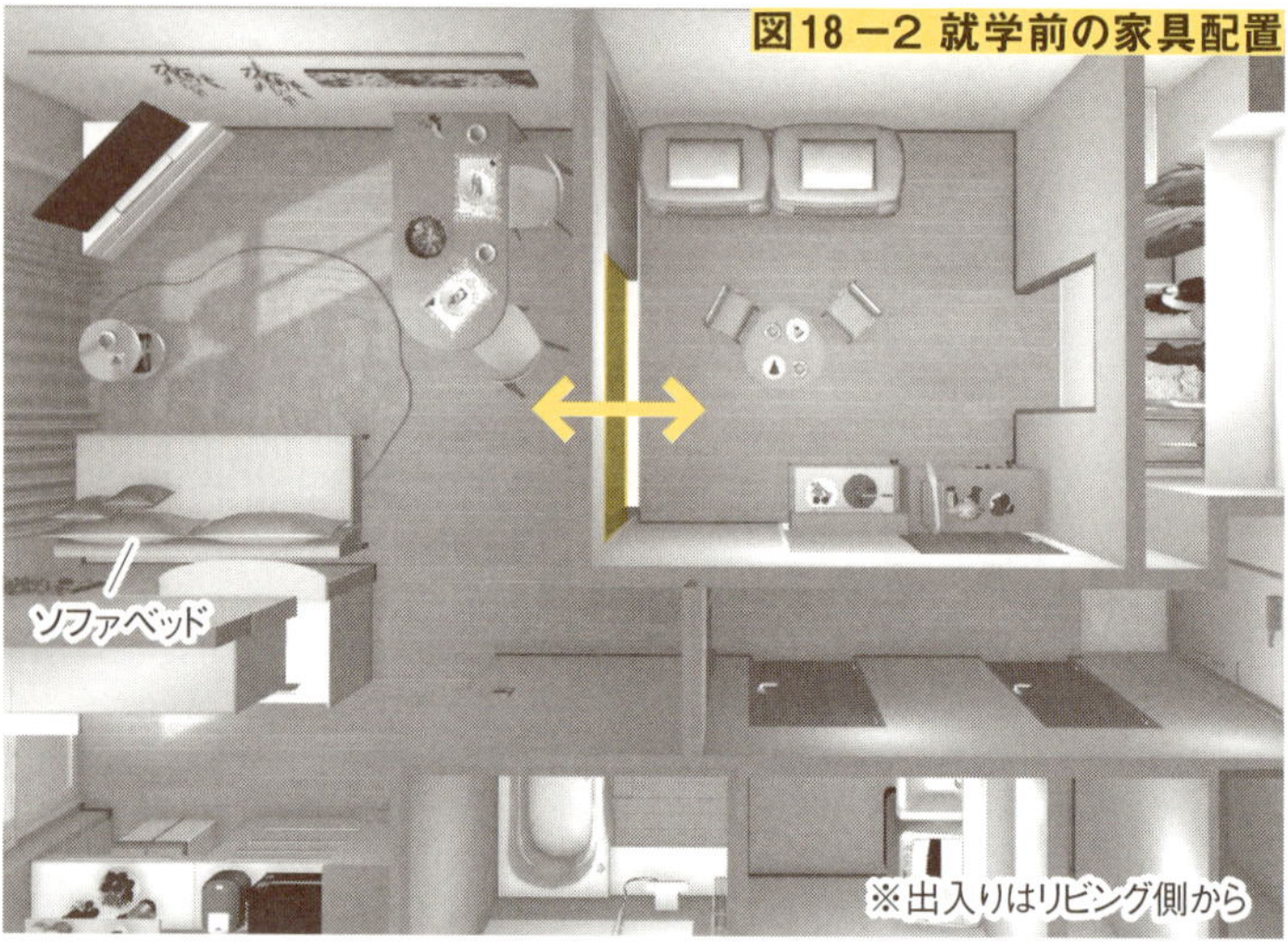

置ける程度の小さいものにします。

ＴＶ台は、ソファからもダイニングテーブルからも見やすいようにコーナー型で、少し背のあるタイプを選びました。（図18－2）

●学童期の家具配置

次に子どもが小学生になる3年後の家具配置も見てみましょう。

親子で就寝していた洋室は、子ども部屋にします。リビングダイニングとの間に引き戸がありますが、その洋室側に幅１２０センチの間仕切り収納を2つ置きます。（左下図）間仕切り側に学用品収納とベッド・学習デスクを置きます。（図18－3）子ども部屋への出入りは家具でふさいでいた廊下側から行います。

図18－3 学童期の家具配置

間仕切り収納ハンガータイプ 120㎝（販売元:ディノス・メーカー:日本住器工業／25,900円・税込み／幅120×奥行47×高さ181㎝）と棚タイプ 60㎝（23,900円・税込み／幅60×奥行47×高さ181㎝）
※棚タイプ120㎝（35,900円・税込み）とハンガータイプ60㎝（16,900円・税込み）もあります。

図18－4 子ども部屋

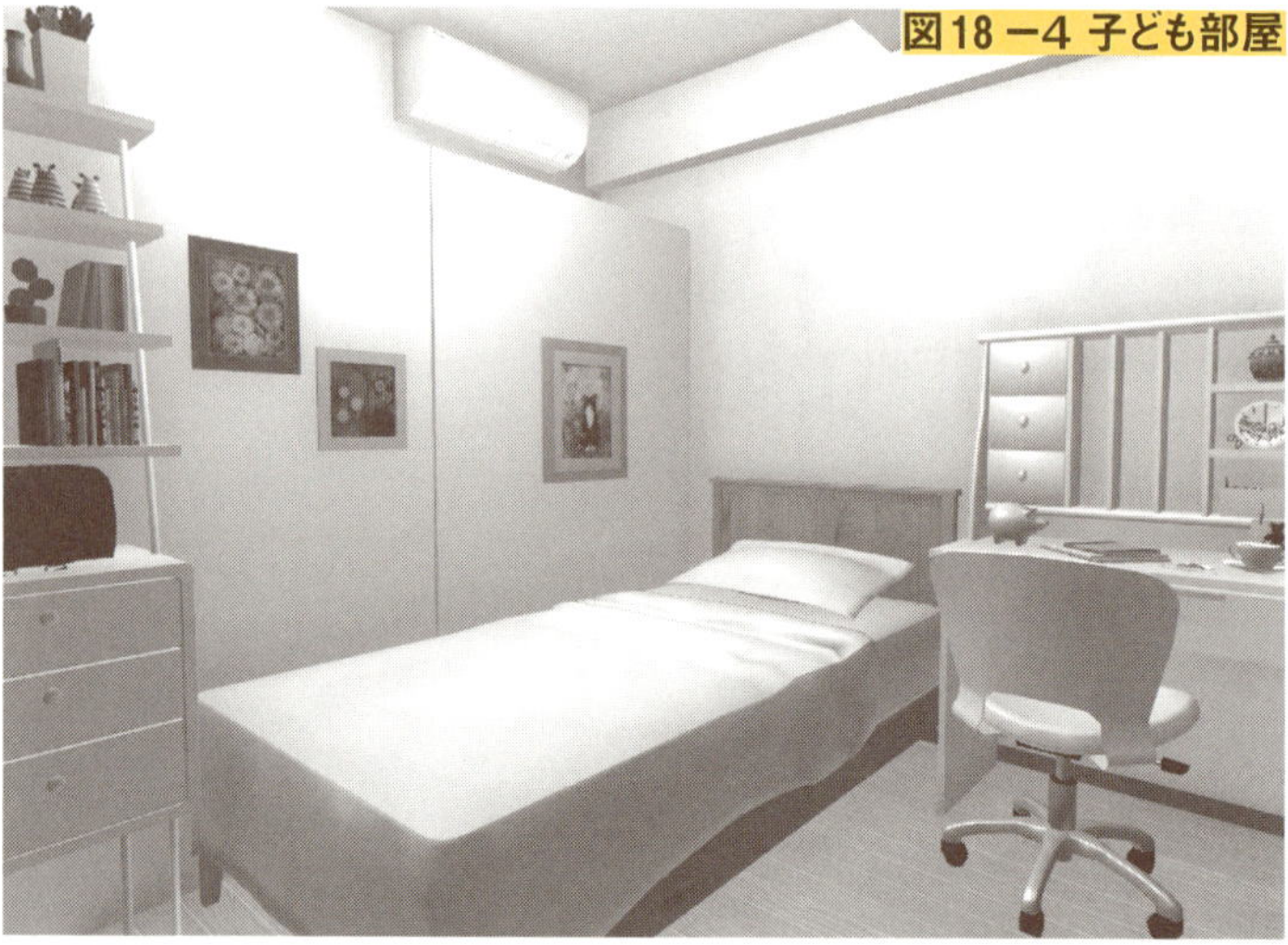

図18－5 リビング側から見た間仕切り収納

図18－6 リビングダイニング

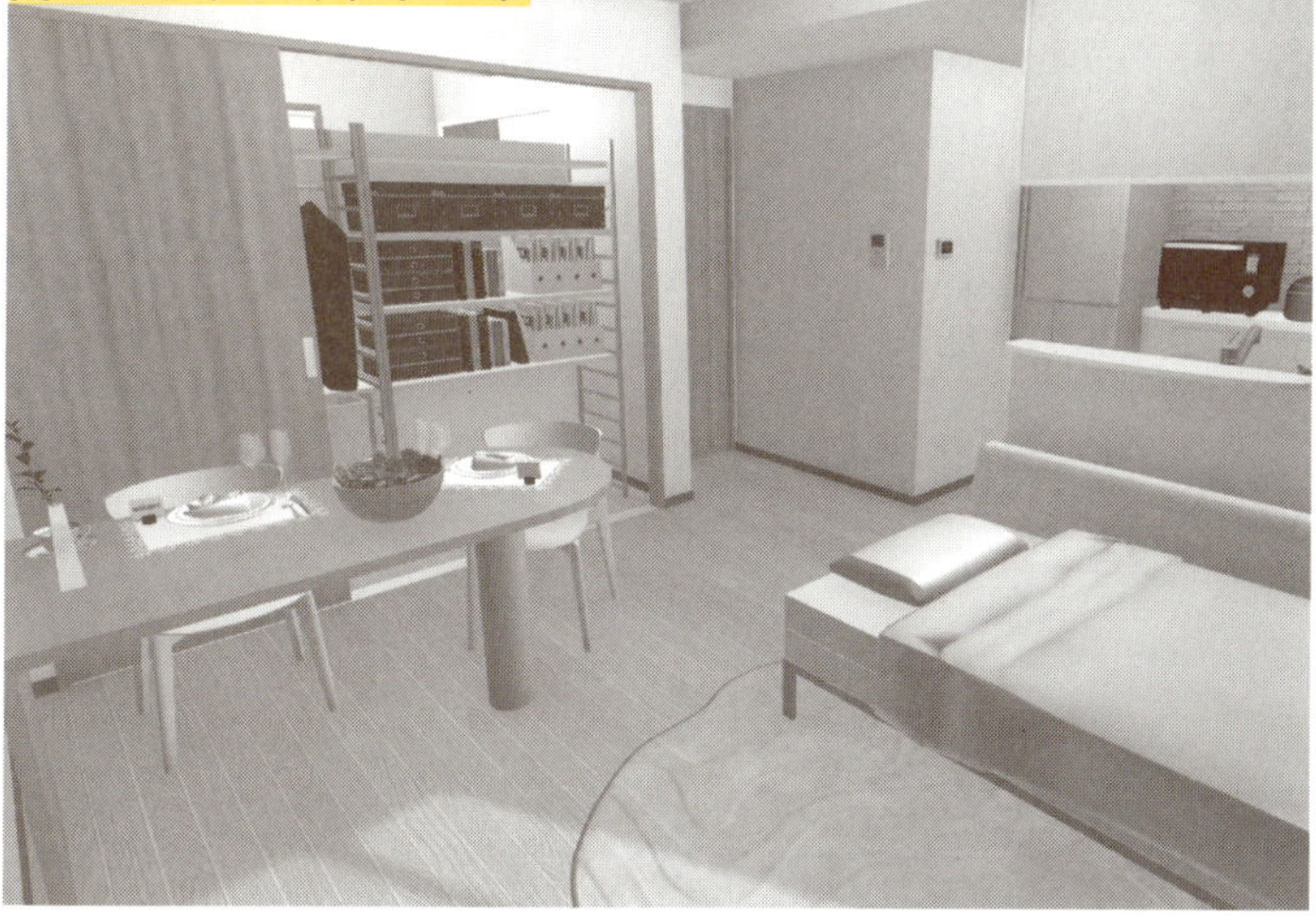

この収納はリビングダイニング側から使用します。収納物を見せたくないときには扉を閉めれば隠すことができます。ソファベッドで使用する枕や掛布団、書類・洋服・掃除機などを収納します。間仕切り収納は棚を追加できるものがオススメです。（図18－5）

高さが180センチほどありますので、耐震ポールなどを使い転倒防止策も講じましょう。母親はリビングのソファベッドで眠り、子ども部屋のクロゼットは母親と娘が兼用で使います。

いかがでしょうか？　親子で楽しく暮らす部屋が完成しましたね。**引越しなどで家具を新調する場合は、その先の模様替えも想定して家具を選ぶと、買い替えを最小限に抑えられ無駄な出費を減らすことができます。**

ルール19

【2LDK 4人暮らし】小学生になったので、学習習慣を身に付けさせたい

● 勉強に向かえる習慣を身に付けさせたい

小学生になったら基本的な生活習慣や学習習慣を身に付けさせたい、と考える保護者も多いのではないでしょうか。次にご紹介する事例は、そのような悩みを持つ親御さんからのご相談です。

ご相談者は、小学1年生の双子を育てているご夫婦です。子どもたちが小学校に入学したので、学習習慣が身に付く、自ら学べるようなリビング学習の仕組みを作ってほしいとのご相談でした。

【相談例11】

子どもたちが自ら学べるリビングにしたい

●家族構成

夫婦+子ども2人(小学1年生の男女の双子)

●お悩みの間取り

2LDKのリビングダイニング10畳

●相談内容とご希望

・ランドセルや学習プリントなどの学用品置き場を作ってほしい。

・学校の予定やお便り・家族のメモ書きなどを貼る場所がほしい。

・いまは勉強に向かう学習習慣作りを、3年後には中学受験に向けて本格的なリビング学習に模様替えできるようにしたい。

【おもな家具のサイズ一覧】学用品収納:幅79cm×奥行29cm/コピー置きワゴン:幅42cm×奥行 51cm/TV台:幅180cm×奥行42cm/ダイニングテーブル:幅135cm×奥行80cm/カウチソファ:幅215cm×奥行165cm/ラグ:幅200cm×奥行140cm/リビングテーブル:幅100cm×奥行55cm

図19－1 ビフォー

学習習慣を身に付ける時期の家具配置

現在の家具配置は、ダイニングテーブル横に学用品置き場があるのですが、小さいために物が収まっていません。また、ダイニングテーブルとの間の動線も狭く、大変窮屈になっています。

そこで、まずは基本的な学習習慣を整えられるように、初めにランドセルや図鑑や教科書・ドリルなどを収納する学用品置き場を壁に沿って作ります。

プリンターや学習プリントも子どもが使いやすいように1カ所にまとめて置きます。

次に、ダイニングテーブルの向きを変え

図19－2 ビフォー

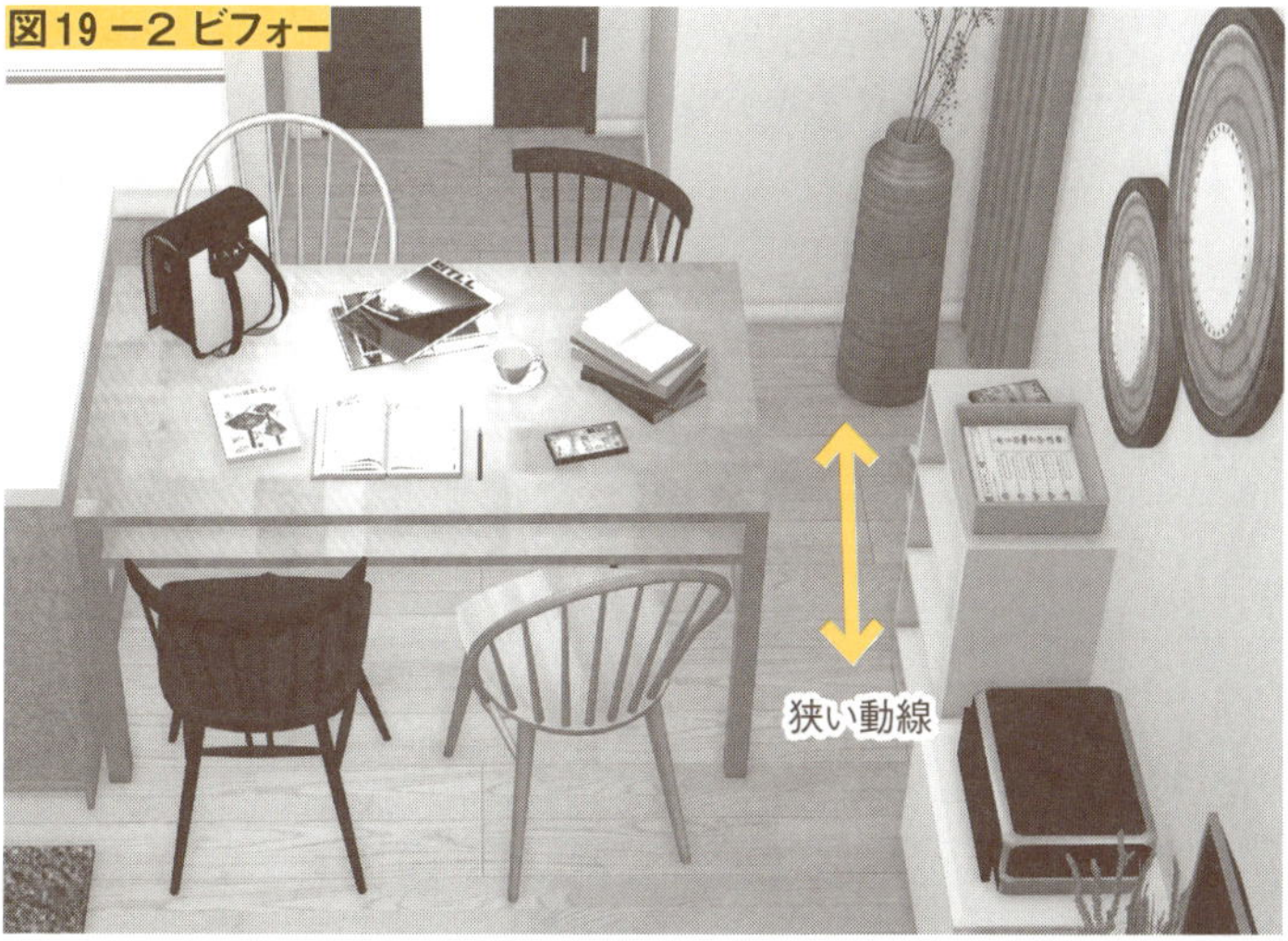

図19－3 アフター

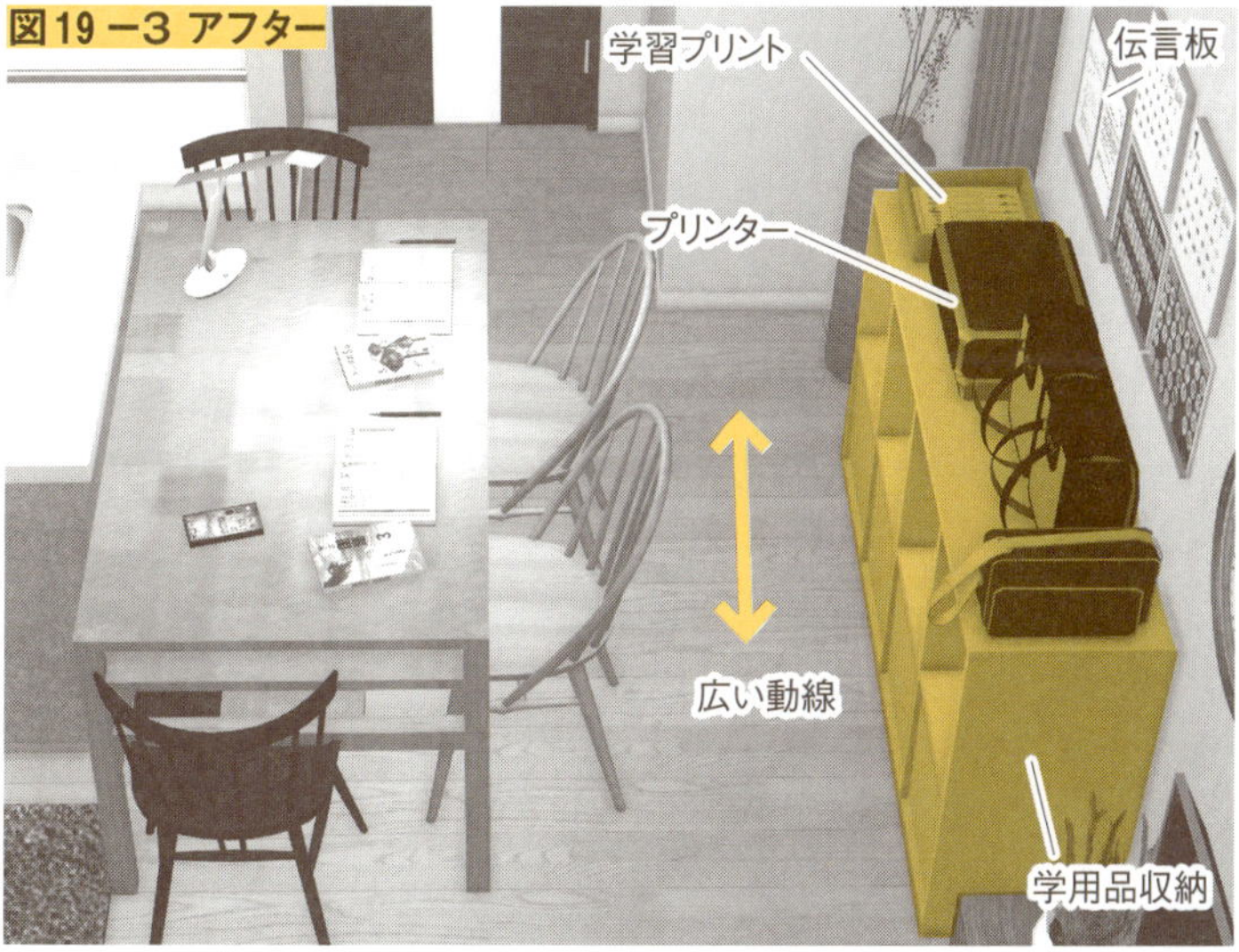

図19－4 学習習慣を身に付ける時期の家具配置

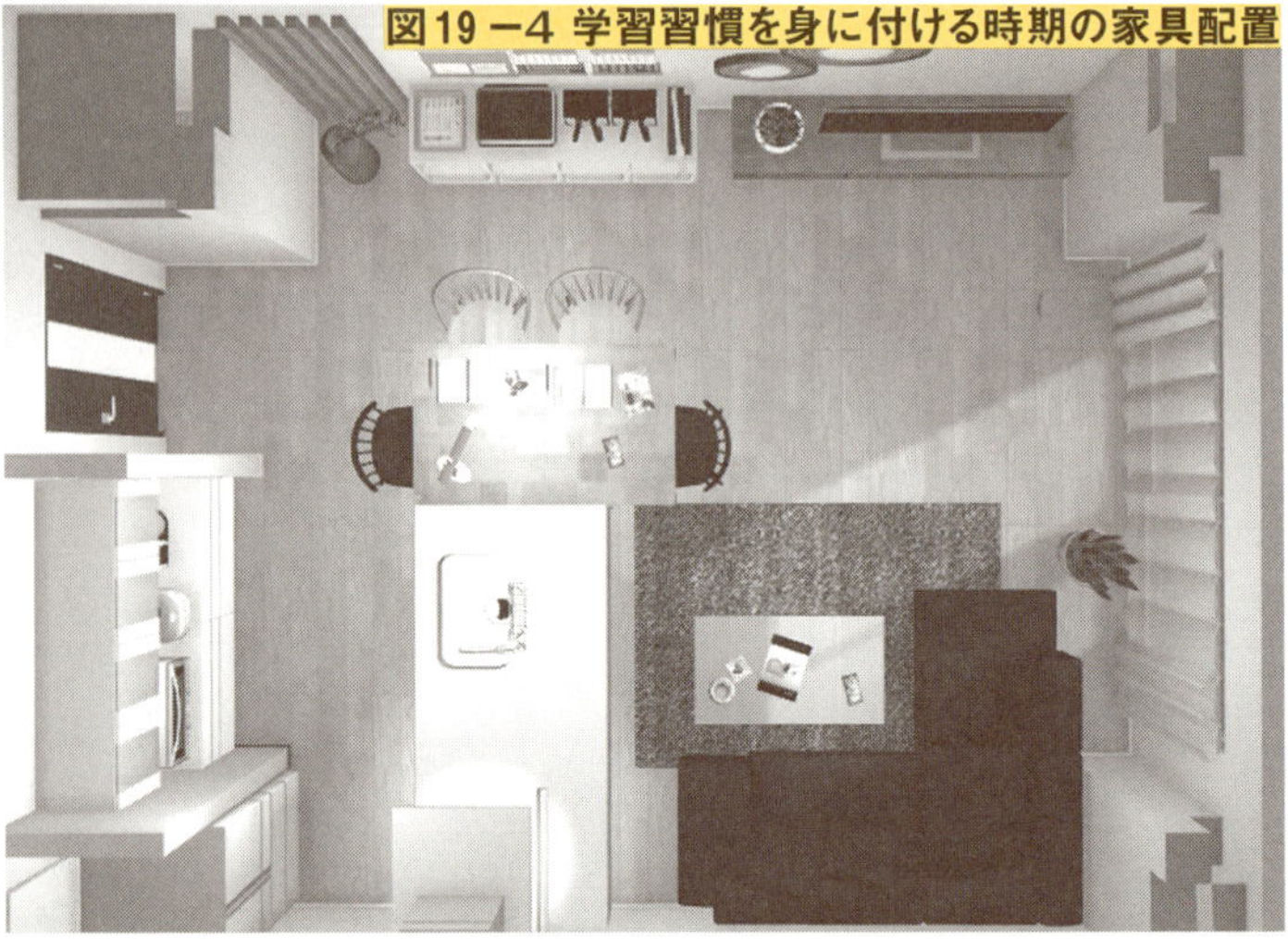

て、窮屈だった動線を広くします。この時期は本格的な勉強というより、学習習慣を身に付けるための時期です。そのため、**学習デスクは置かないで、ダイニングテーブルで家族と会話をしながら楽しく勉強に取り組むことができるようにします**。

食事の時は、そばにある学用品置き場に片づけることができるので、簡単に食事に移行することができます。

学校からのお便りや家族のメモなどを残す伝言板は、身支度がしやすいように学用品置き場の前に設置しました。

中学受験に向けた家具配置

次に小学4年生以降の中学受験に向けた

図19－5 中学受験に向けた家具配置

模様替えについても見てみましょう。

中学受験の準備に入る小学4年生になったら、リビングに学習デスクを置きます。

カーテンは両開きをやめて片開きに変更しました。そしてＴＶは向きを変えて配置し、窓のカーテンはＴＶへの逆光を防ぐようにＴＶ裏に寄せます。

学習デスクは幅100センチ×奥行60センチのものを2つ並べて、ＴＶとは背を向けるように壁に向けて配置します。

間取りには本棚を置くスペースがないので、学習デスクの前には突っ張り型の本棚を置きます。

また**学習チェアは食事のダイニングチェアと兼用して、リビングダイニングが狭くならないようにします**。学習チェアはキャスター

図19－6

図19－7

付きだと、ダイニングテーブルへの移動がラクです。このキャスターによる床の傷が心配な場合は、透明の保護マットなどを床に敷くと安心です。

保護マットには100センチ角程度のものから180センチ×300センチと大判なものまでありますので、必要なサイズに合わせて選びましょう。透明なためインテリアの邪魔にもなりません。

その他、家族の伝言板や学用品置き場などの位置は変わりません。

いかがでしょうか？

リビング学習の期間は、一般的には小学生の間までと期間限定です。

この期間は、リビングが狭くなるなどの多少の不便はありますが、**子どもが学習習慣を身に付ける絶好の機会にもなります**。そのため、学用品置き場やプリント置き場、プリンターや伝言板など、自分で勉強に取り組むことができるようになる仕組みをしっかり整えてあげましょう。

Colmun4　「木を見て森も見る収納術」が大切

雑誌やインスタグラムなどのSNSによる整理収納術の普及により、多くの人が部分的な片づけは上手になりました。

しかし、子どもの成長にうまく対応できていないと、リバウンドなどによりまた散らかってしまって元通りになるご家庭も多く、片づいた状態を維持するのに四苦八苦しているご相談者が大変多い印象です。

わたし自身も子育て中は子どもたちの予期せぬ物の増加により、収納場所を転々とし、大変苦労した思い出があります。

子どもの成長に伴い、片づけやすい収納場所は変わります。

たとえば幼児期は子どもが主に活動するリビングに収納家具を置いておもちゃや絵本・洋服や下着などを収納しますが、小学生や中学生になると子ども部屋やリビング・洗面室やクロゼットなどに収納場所は分散します。

子どもの成長に合わせて収納場所を変えていかないと、収納物があちこちに交ざり、不要になった物の見直しや行き場のなくなった物の選別をすることができなくなります。

そのため、子どもが小学生や中学生になるタイミングに合わせ、模様替えと同時に収納場所や収納方法を見直し、不要な物を適宜処分しましょう。

また収納場所の見直しの際には、子ども部屋のクロゼットやリビングなど部分的に見直すのではなく、住まい全体の収納場所を書き出し、どの収納に何を収納するのかを改めて考え見直しましょう。分類がぐちゃぐちゃになっていたり、どこにも行き場のない物が見つかったりするはずです。

このように収納を考える場合は、部分的にだけではなく、住まい全体で物の収納場所を決める「木を見て森も見る収納術」が大切です。

第5章

一生使える家具の選び方

ルール20

家具は計画的に購入すればずっと使える

数十年先を見越した家具の選び方

みなさんは家具を選ぶ時に、気を付けていることはありますか?

家具の購入を、「現在」のことだけを考えて行うと、失敗が多くなります。結婚・出産・就学など、人生にはライフステージの変化があり、その度に家具を買い替えることになってしまうからです。

もちろんその度に買い替えてもよいのですが、その場合は家具の購入費以外にも、処分費用や作業などの労力もかかります。ごみが増えるなどエコでもありませんよね。

そこで、長く使える家具はどのような基準で選べばいいのかについて考えてみましょう。

ポイントは部屋割と家具の移動のしやすさ

どのような家具を購入したらよいかを考えるには、まず、将来どのような家具が必要になるのかを考えます。つまり、現在から数十年先までの家族構成と部屋割の変化を考え、その変化にも対応できる家具を選ぶのです。

たとえば、現在子どもが赤ちゃんであっても、今後移動できる、長く使えるものを選びます。計画的に家具を購入すれば5～10年後に子どもが2人になった場合も、二段ベッドや子どものデスクを買い足すだけで模様替えができます。買い足す収納家具は、**既に持っている収納と同じシリーズや定番商品を選ぶと、並べた時などもサイズが合わせやすく使いやすい**のでオススメです。

二段ベッドを購入するなら、シングルベッドに分解できるものを選びましょう。そうしておけば、子どもが思春期になって個室を与えるようになった場合も、ベッドや収納家具を移動するだけで、家具の買い替えなしに模様替えが可能になります。

配置の自由度も考慮して

基本的に大きめの収納家具は移動せずに使いますが、それ以外は部屋割を変更した際に動かせるように、チェストやデスクなどは手軽に移動できるものを選ぶことが大切です。

また、いろいろな部屋で使うことができる収納家具に関しては、配置の自由度が高い収納家具を選びましょう。家具の正面と裏面から出し入れできるオープンタイプ収納は、間仕切りとして使えるほか、収納ケースをボックスや引き出しなどに自由に変えられるので、収納物が変わっても対応できます。

その他、**収納量に応じてサイズを増やしたり、分割できたりするなど、カスタマイズできるシステム収納家具などもオススメ**です。

家具を選ぶ際には、簡易なものではなく、壊れにくい丈夫な家具を選ぶことも重要です。長く使える家具を選ぶことで、お金はもちろん、労力も節約できます。

健康にもよい家具を

最後に、素材ですが、**ダイニングテーブルなど家族が集まる家具は健康被害が少ない無垢材の家具がオススメ**です。

一般的な家具からは、家具を作る際に使用した接着剤などから人体に有害な化学物質が発散されています。そのため、部屋の空気は汚染され、目がチカチカしたり、鼻水やアトピー・頭痛やめまいなどの健康被害を引き起こしたりします。

無垢材とは木そのものを使った家具ですので、当然ながら接着剤などは使っていません。そのため化学物質による健康被害の心配もありません。

また家具の表面に塗っている塗装も植物など天然由来の塗料を使っている場合が多く、こちらも化学物質による健康被害の心配は不要です。その他無垢材は傷がついても補修が簡単なために永く使えるため愛着もわきやすい家具といえるでしょう。

無垢材以外の家具を選ぶのでしたら、このような健康被害を起こさないよう、なるべく化学物質の発散が少ない**F☆☆☆☆（エフ　フォースター）製品を選ぶことが大切**になります。

F☆☆☆☆は、JIS製品に表示することを義務付けられているもので、建材や内装材などから発散されるホルムアルデヒド等の発がん性のある化学物質の、放散量を示した記号です。放散量の多い方が☆が少なく、F☆☆、F☆☆☆などがあり、F☆☆☆☆はその中でも、発散レベルが最も少ないランクであることを示す等級です。

置き家具に表示の義務付けはありませんが、家具メーカーによっては任意でつけていますので、マークがついているか確認してみましょう。なお、Ｆ☆☆☆☆は国内の基準です。海外の家具は規制の対象外ですので、化学物質の使用量は独自に調査する必要があります。

永く使える家具の実例

永く使える家具がよいことはわかったけれど、どのような家具が永く使えるのかわからない、という方もいらっしゃることでしょう。

そこで本項目の最後に、３ＬＤＫの間取りを使って、乳幼児期、学童期、思春期の部屋割と家具配置についてイメージしてみたいと思います。

この家にお住まいなのは夫婦と赤ちゃん1人のご家族です。将来的にもう1人子どもを希望しています。

どうやって数年先まで考えたらよいか、こちらを参考にして、ご自宅もシミュレーションしてみてください。

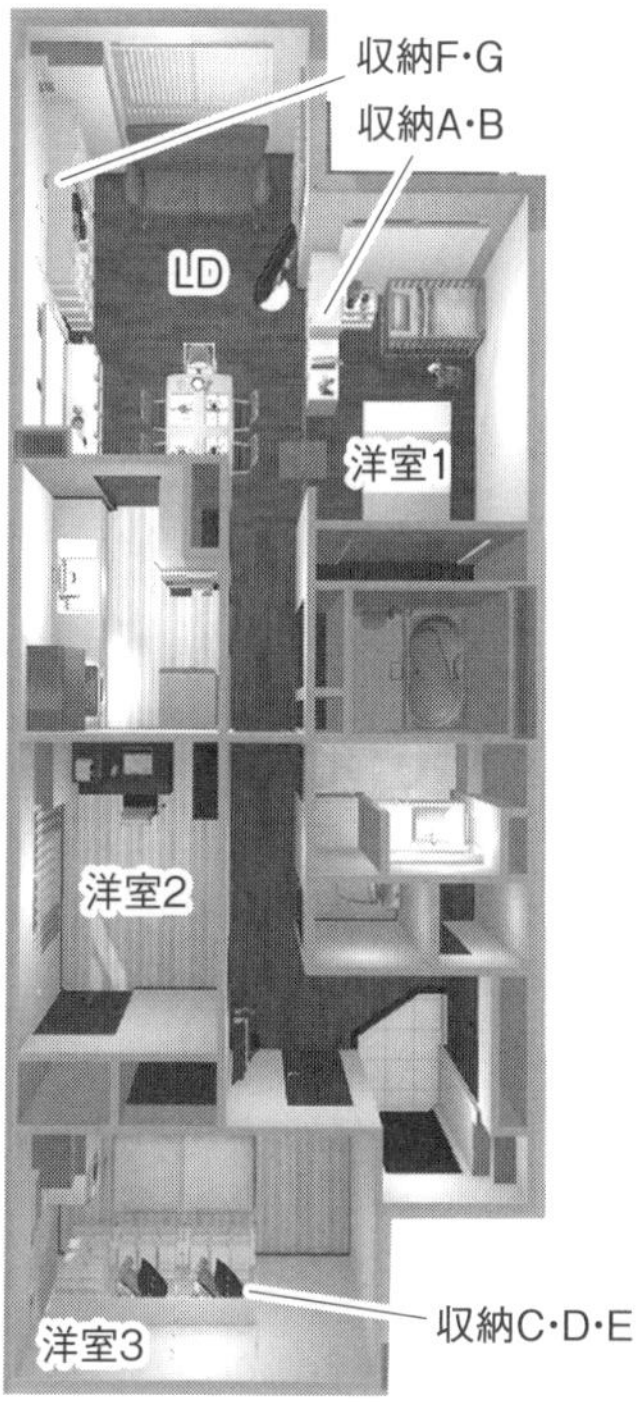

【時期】乳幼児期

【家族構成】夫婦＋赤ちゃん

【部屋割と家具】

洋室１＝赤ちゃん用
ベビーベッド、収納Ａ・Ｂ

洋室２＝テレワーク用
デスク、椅子、本棚

洋室３＝寝室
布団×２、収納Ｃ・Ｄ・Ｅ

リビングダイニング
ダイニングテーブル、椅子×４、ソファ、ＴＶ、ＴＶ台、収納Ｆ・Ｇ

【乳幼児期】

３ＬＤＫに３人暮らしだと非常に余裕がある状態です。テレワーク専用の部屋と赤ちゃん専用の部屋も確保することができます。

家具は移動させて使用できる、永く使えるものがよいとお話ししましたね。今回は収納・本棚やデスクは移動して使用できるものを選びました。

とくに収納ＡとＢは間仕切りにもなるオープン収納を採用することで、将来さまざまな使い方ができるようにします。

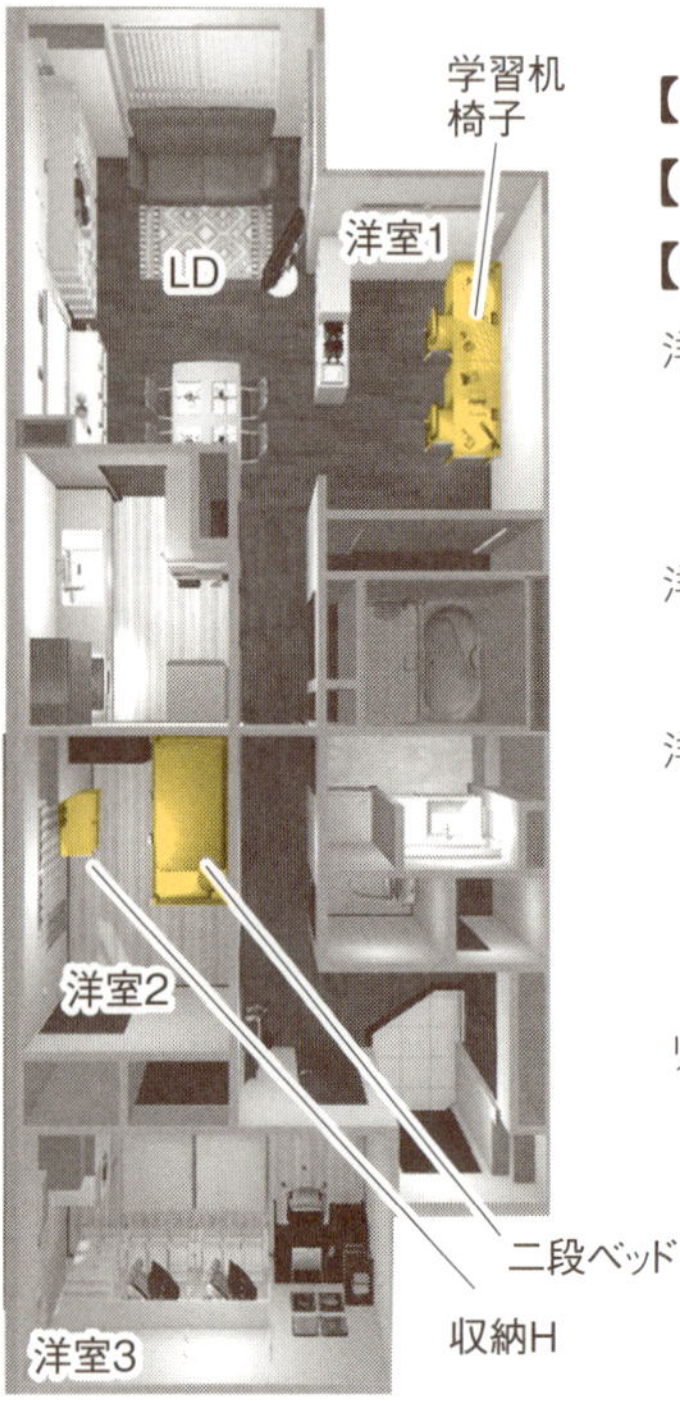

【時期】 学童期

【家族構成】 夫婦＋子ども2人

【部屋割と家具】

洋室１＝学習部屋

学習机×2、**椅子×2**、
収納Ａ・Ｂ

洋室２＝子ども部屋

二段ベッド、**収納H**、本棚

洋室３＝夫婦の寝室兼テレワークスペース

布団×２、収納Ｃ・Ｄ・Ｅ、デスク、椅子

リビングダイニング

ダイニングテーブル、椅子×４、ソファ、ＴＶ、ＴＶ台、収納Ｆ・Ｇ

※ ……新規購入家具

【学童期】

子どもが2人になり、少し大きくなったので就寝用の共同部屋と学習用の共同部屋を用意しました。

家具は学習机と椅子、二段ベッドと収納Hを追加で購入しましたが、それ以外は元々あったものを使い回しています。

テレワーク部屋はスペースが用意できなくなったので夫婦の寝室にテレワーク用のデスクと椅子を移動しました。

【時期】 思春期

【家族構成】 夫婦＋子ども2人

【部屋割と家具】

洋室１＝子ども部屋1
　ベッド、学習机、椅子、
　収納Ａ・Ｂ

洋室２＝子ども部屋2
　ベッド、学習机、椅子、
　収納Ｈ、本棚

洋室３＝夫婦の寝室兼テレワークスペース
　布団×２、収納Ｃ・Ｄ・Ｅ、
　デスク、椅子

リビングダイニング
　ダイニングテーブル、椅子×4、ソファ、ＴＶ、ＴＶ台、
　収納Ｆ・Ｇ

【思春期】

思春期には子どもたちに個室を与えることにしました。

二段ベッドは分解して使えるものを購入してあったので、分解して個々の個室に移動します。

洋室1では、間仕切り収納として使用していた収納Ａ・Ｂは壁に沿わせて置き、通常の収納として使用します。

このように、将来を見据えて家具を選べば、買い足すだけで模様替えができます。

ルール21

リビングに置きたい技あり家具

配置の自由度が爆上がり！　ユニットソファ

ここからはリビングに置きたい技ありな家具をご紹介します。

家具の選び方の項で「いろいろな部屋で使うことができる収納家具に関しては、配置の自由度が高い収納家具を選びましょう」と書きましたが、ソファも配置の自由度が高いと便利な家具の1つです。

とくに一人掛けのソファを組み合わせて使用するユニットソファは、家族の人数に合わせて数や配置を調整することができます。また一部をリビングだけでなく、個室に持って行って使用することもできます。そうすると、家全体の統一感を増すこともできますね。

※円形に配置した様子

【家具データ】

◆サイズ

幅:228cm

奥行:228cm

高さ:72cm

※腰掛け部分41cm

◆値段

198,000円(税込み)

◆補足

カラーはグリーンとライトブラウンの2色展開です。

中央のスツールと周りの8ピースソファを円形に配置した際、ぴったり円になるように設計されたデザインが特徴。

部屋に合わせてレイアウトができるので、家族団らんの場を設けたり、来客用にレイアウトしたりさまざまなスタイルに合わせてソファを組み替えることが可能です。軽くて女性一人でも移動させやすいので簡単にレイアウト変更ができます。

中央のスツールの座面はひっくり返すことで木目調の天板になり、テーブルとして使用できます。スツールの中は空洞になっているため収納としても使えます。

狭い住まいではソファベッドがオススメ

狭い住まいでは、ライフステージの変化とともに部屋が足りなくなり、家族の誰かがリビングで寝るということもあります。その場合は、ソファベッドを選んでおくと、臨機応変に対応できます。

このソファベッドですが、選ぶには3つほどポイントがあります。

1つ目は、マットレスがへたりにくいこと。

2つ目は、ソファカバーが洗濯できたり交換できたりするカバーリング仕様であること。

そして3つ目が、ソファ時とベッド使用時の伸縮が簡単にできることです。

これらの条件を満たした商品をぜひ選んでみてください。

【家具データ】

◆サイズ
幅:199cm
奥行:116.5cm
高さ:69cm
※伸長時(伸縮時は奥行82.5cm、高さ76cm)

◆値段
158,000円(税込み)

◆補足
幅180cmのタイプもあります。

右の3つの機能を満たしているのがモーブルのごろ寝ソファです。

ベッド時はベッド部分を前に引き出すだけですのでソファを壁につけて配置できるほか、足元の高さもあるためロボット掃除機なども使用できます。

マットレスもカバーを外して手軽に洗えるため衛生的。ソファ本体の一部に無垢材を使い高級感のあるソファベッドになっています。

掛布団などは「布団になるクッション」などが販売されていますので、併せて使うと場所をとらず便利ですね。

ダイニングテーブルは収納付きが便利

ライフスタイルの変化とともに、ダイニングテーブルは「食事をする」だけの空間ではなくなりました。子どもが「勉強」したり、夫婦が「仕事」をしたりする空間にもなっています。そのため、物がダイニングテーブルに集中し、散らかるようになりました。

そこでオススメなのが、収納機能付きのダイニングテーブルです。

テーブルに収納機能があると、子どもが勉強していても食事時にはさっと片づけられます。また、食事が終わったら収納していたパソコンや家計簿などを取り出して仕事や家事を行う、という動きもスムーズになります。いままではテーブル下に置いて蹴とばしたり、邪魔になったりしていた収納家具やワゴンなども不要になります。

当事務所の相談者も大半が、「リビングダイニングが片づかない」というお悩みも持っており、その原因は圧倒的に収納が足りず、収納家具を置く場所もないことでした。

そういった多くのお悩みを解決すべく作りましたのが、ＣＯＬＬＩＮＯの大容量収納デスク兼用ダイニングテーブルです。「しまう」「出す」「下げる」といった収納機能を使いやすくデザインしました。２０２４年にはキッズデザイン賞も受賞しています。

COLLINO 大容量収納 デスク兼用 ダイニングテーブル

KIDS DESIGN AWARD 2024

【家具データ】

◆サイズ
幅:150cm
奥行:80cm
高さ:71cm

◆値段
275,000円(税込み)

◆補足
両サイドには下げる収納バーが2本ついているので、鞄や、お掃除用品やスプレーなども下げて収納することができます。

上下二段の棚からなる収納量はカラーボックス2個分。上段の棚は、4つに区切られているので、家族それぞれ専用の収納スペースとして使うことも可能。下段には雑誌やリモコン・眼鏡・薬・文房具はもちろん、収納ケースを使い食器や化粧品なども収納できます。

食事時にはさっと片づけられたり、食事が終わると収納していたものを取り出して仕事や家事などがスムーズにできたりします

健康にも配慮したビーチ無垢材を使用。機能だけではなく高級感もある商品です。

子どもの才能が伸びる本棚

狭いリビングでも、できれば本棚を置きたいですね。

でも本棚は大きいため、既製品が部屋に合わない場合もあります。そんなときはカスタマイズできるタイプの本棚がオススメ。

また、幅だけではなく高さもカスタマイズできるものなら、子どもが小さいときは上下段併せてリビングで使用し、子どもが子ども部屋を使用するようになったら子ども部屋に上段だけ移動して使用する、ということもできるので大変便利です。

小島工芸 ニューエポックシリーズ

【家具データ】
※右の写真の組合わせ時

◆サイズ
幅:150.5cm
奥行:30cm
高さ:220.4cm
※耐震棒含まず

◆値段
475,200円(税込み)
※耐震棒・ボンフック含む(ラバーバンド含まず)／カタログ価格

◆補足
ウォールモカ、ウッディホワイト、チェリーナチュラルの3色があります。

部屋のスペースに合わせて上下左右自在に増やすことのできる本棚です。スライド棚やオープン棚などそれぞれ幅60～90センチのものがあり、間取りに合わせて上下左右に組み合わせることが可能です。

ライティングデスクも取り付ければ簡単な作業空間にもなります。

棚はさまざまなサイズの収納物に対応する前後分割式の棚板。前後の棚板に段差をつけることで後ろの収納物も美しく陳列できます。同じ高さで並べれば、奥行が約26センチとなりＡ４ファイルも収納できます。

ルール22

ずっと使える！　子ども部屋に置きたい家具

間取りに合わせて組み合わせ自由なデスク

ここからは子ども部屋にオススメの家具をご紹介します。

学習デスクのオススメは、なんといっても健康素材にこだわった無垢材で作られたもの。無垢材は少々傷がついても突板《つきいた》が剥がれたりしないため、幼児が大人になるまで永く使えます。

また、リビングでも子ども部屋でもどちらでも使用できるように、間取りに合わせてカスタマイズできるデスクがオススメです。

ウォーミー110デスクA60　久和屋

※L型収納タイプ

※ツインデスクタイプ

【家具データ】
※単体
◆サイズ
幅:110cm
奥行:60cm
高さ:72cm
◆値段
90,200円(税込み)
◆補足
書棚Low(幅110cm×奥行30.5cm×高さ72cm)やオープンシェルフ(幅60cm×奥行28cm×高さ135cm)と組み合わせることができます。

無垢材家具の製造が得意な久和屋のウォーミー110デスクA60は、奥行60センチ×幅110センチで、デスクとしての広さが十分であることはもちろん、間取りにも合わせやすいジャストサイズ。

またベースのデスクに書棚・オープンシェルフなどが自由に組み合わせ可能で、L型デスク（L型収納タイプ）にしたり、デスクを並べてツインデスクタイプにしたりもできます。

ロングセラー商品なので、買い足したいときにカスタマイズできるのも魅力。高級感のある愛着のわく商品です。

収納を手軽に増やせるチェスト

カスタマイズできる学習デスクを紹介しましたが、シンプルな学習デスクに収納機能を手軽に追加したい場合は、チェストシェルフがオススメです。

チェストシェルフは、引き出しにオープン収納がついたものです。引き出しとオープン収納がひとつになっているので、文房具など細々した物は引き出しに、教科書やノートなどはオープン収納に、と片づけがしやすい仕組みです。

一人用のデスクの横に置くのはもちろんですが、２人でデスクを並べた場合には、デスクとデスクの間に置くことで、間仕切りとしても活躍します。

リビングでの勉強スペースや２人で使う子ども部屋にとても重宝するアイテムです。

KOIZUMI BEENO チェストシェルフ

【家具データ】

◆サイズ

幅:35cm

奥行:60cm

高さ:150cm

◆値段

75,900円(税込み)

◆補足

可動棚が2枚と付け替え仕切り板2枚が付属します。

ＫＯＩＺＵＭＩのチェストシェルフは、チェスト部分は前に引き出せて、シェルフ部分は横から収納します。

学習デスクの横に並べて使用すれば使い勝手のよい収納スペースが手軽に作れます。２人で横並びにデスクを配置している場合は、デスクの中央に置けば間仕切り代わりにもなります。

間仕切りした場合、デスクの間がデッドスペースになりがちですが、このチェストシェルフは下部が引き出しなので無駄がありません。ありそうでなかったアイデア商品です。

ランドセルも収納できる学習チェア

次にご紹介するのは、みなさん悩まれる学習チェア。
学習チェアの機能として大切なことは３つあります。

１つ目は、子どもの成長に合わせて座面の高さが変えられること。
２つ目は、脚がふらつかないように、足をのせる足置きがあること。
３つ目は、勉強中に集中できるように椅子がふらつかないこと。

この３つの機能を満たし、さらに収納機能がついたものが浜本工芸の木製デスクチェアです。

浜本工芸 木製デスクチェア

【家具データ】

◆サイズ
幅:42.1cm
奥行:48.3～55cm
高さ:75cm
※座高43～52㎝

◆値段
38,500～41,800円（座面の種類による・税込み）

◆補足
木材部分の塗装色は、ナチュラルオーク、ダークオーク、カフェオークから選べます。

椅子の下の部分がすのこ上の収納スペースになっており、ランドセルや給食のかっぽう着・体操着いれなども収納できて大変便利ですね。

また座面の高さは4段階・足置きは3段階に高さ調節可能ですので、子どもの成長に合わせて最適な高さに調節できます。

チェアには移動しやすいようにキャスターがついていますが、子どもが座ればロックされるので、ふらつかず勉強に集中できます。座面は合成皮革と汚れを落としやすいクレンズから選べます。

収納量に合わせて伸縮する本棚

リビングに置くオススメ家具でも紹介しましたが、子ども部屋でも本棚は置きたいけれど、どのサイズを買ってよいのかわからないという声をよく聞きます。

大きすぎる本棚は部屋を圧迫しますし、かといって小さすぎる本棚だと、本が収納しきれず、結局、本棚を買い足すことになりかねません。

そこで、子ども部屋にオススメなのはサイズが変えられる本棚です。本が増えてきたら幅を広げることができれば、買い換えを減らすことができます。また家具の配置を変更する際にも、幅を変えることができれば選択肢が多くなります。

KOIZUMI BEENO
エクステンションシェルフ

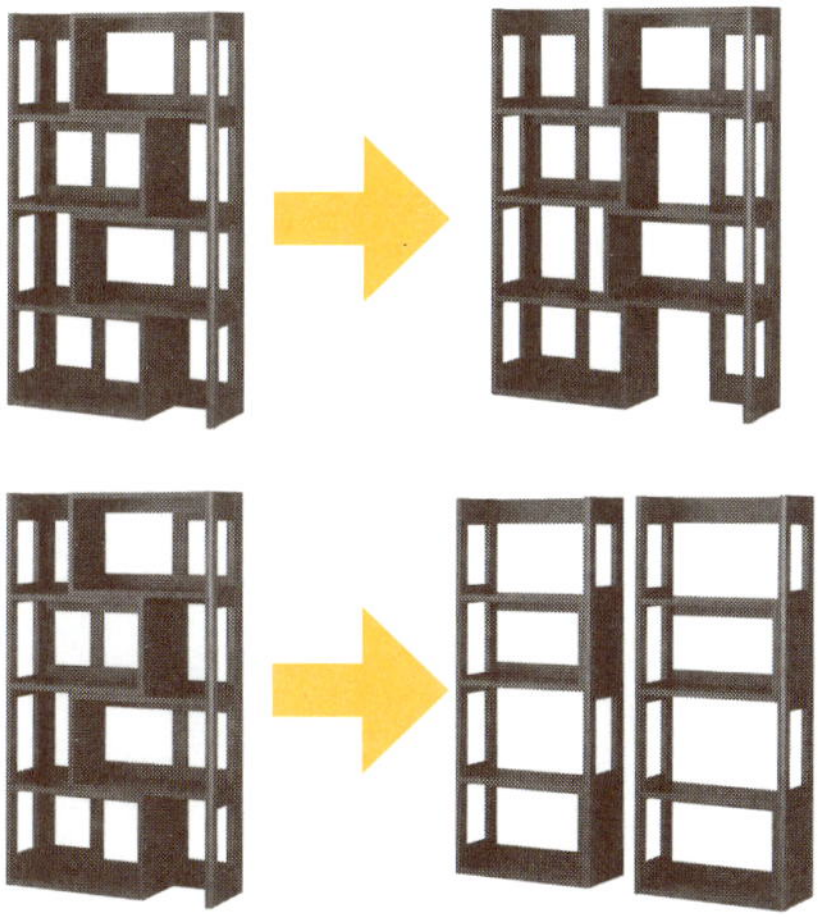

【家具データ】

◆サイズ

幅:60cm

奥行:29.9cm

高さ:141.9cm

※幅は82.9cmと105.8cmに伸ばすことができます。

◆値段

79,200円（税込み）

◆補足

引き出し付きの伸びないタイプもあります。

こちらのシェルフは、幅が60センチ、82.9センチ、105.8センチと3段階に伸縮できます。そのため本の収納量が増えたら、幅を広げることで対応が可能です。

また本棚を2分割して独立して使用することも可能ですので、置き場所に困ることもありません。

高さも約140センチと圧迫感のない、また子どもが使いやすいサイズにデザインされています。

ルール23 部屋を簡単に間仕切りできる便利商品

圧迫感なくお店のようなおしゃれ収納にできる

最後に、本文でもたびたびご紹介しました間仕切りですが、他にも優れた商品をご紹介いたします。

間仕切り収納は、間仕切りの背板があるため、どうしても圧迫感が出てしまいがちです。また、背板により光を遮ってしまうので空間が暗くなってしまいます。

そのため、狭い家を広く見せたい場合は開放感があるものを選ぶことも1つのポイントです。

【家具データ】

◆サイズ
右から
幅:59、74、99、119cm
奥行:27.5cm
高さ:183～272cm

◆値段
右から
49,990、52,990、59,990、65,990円
(税込み)

◆補足
奥行22cmと38cmのタイプもあります。

この商品は背板がないオープンタイプの間仕切り収納なので、緩やかに目線を遮りながら開放感を損なうことなく空間を間仕切れます。また背板がないので両側から使えるのも魅力的ですね。

突っ張り棒もついているので、耐震性もＯＫ。幅は４種類、奥行は３種類から選べるため、さまざまな間取りとニーズに対応できます。ベッドスペースやテレワークスペースの目隠しとしても使える、開放感とプライベート感を両立することが出来る間仕切り収納商品です。

狭い子ども部屋の分割や、リビングの子どもスペースにオススメ

子どもの人数分の子ども部屋がない場合は、共同部屋として1部屋を広く使うか、または狭くても個室に分けて使うとご紹介してきました。

とくに狭い子ども部屋を個室に分けたい場合は、間仕切りつきデスクがオススメです。間仕切り収納にコンパクトなデスクがついているので、狭い空間を無理なく間仕切りすることができます。

個室性を高めたい場合は、突っ張り間仕切りパネルを組み合わせれば簡単に個室スペースがつくれます。子ども部屋以外にも、たとえばリビングに子どもスペースを作ったり、寝室に親のパーソナルスペースを作る場合にもオススメです。

ベルメゾン 間仕切り パソコンデスク

※背面側

【家具データ】

◆サイズ
幅:100cm
奥行:60cm
高さ:145（デスク面72）cm

◆値段
39,900円（税込み）

◆補足
ホワイト、ナチュラル、ダークブラウンの3色展開です。

背面化粧仕上げで、間仕切りとして使えるパソコンデスク。サイドラックは左右どちらにでも設置可能ですので、間取りに合わせて自由に設置できます。

サイドラックの棚板とデスクバックパネルの棚板は好きな高さに調節でき、たっぷり収納できます。

パソコン用なので、デスクの幅が学用品などを広げるには少々狭めではありますが、サイドラックのデスクと続いている段も机の一部として使用すれば、デスクライトを置きつつ教科書を広げても困らないサイズを確保できます。

置くだけの簡単設置、実用的な収納間仕切り

何度かご紹介していますが、両面から使用できるオープンシェルフも、空間の間仕切りとして活躍します。このタイプは、何よりも置くだけなので、手軽なのも魅力の１つです。

しかし、間仕切り収納は高さがあると圧迫感が出やすいので注意が必要です。お部屋によっては、あまり高さがないものを選んだ方がよい場合もあります。

また、キャスターが取り付けられるものですと、パーティーなどの来客時に部屋を広く使いたいときは手軽に移動ができるのでより便利に使えるでしょう。

小島工芸 パーティションシェルフ（ロータイプ）

※2台使用時

【家具データ】
※単体

◆サイズ
幅:90cm
奥行:38cm
高さ:120cm
※写真は2台を連結しています。

◆値段
151,800円(税込み)
※カタログ価格

◆補足
高さ191cmのハイタイプもあります。

こちらのパーティションシェルフは、高さが120センチと圧迫感がなく、しかも収納量も豊富です。

本やファイル・雑貨の収納はもちろん、どちら側からも取り付けできる引き出し付きなので、文具などの小物も収納できます。

キャスター台を付ければ手軽に移動も可能。高さは120センチと、座っているときは目線をふさぎ、立っているときは圧迫感を抑えてくれるジャストサイズです。幅は70センチと90センチの2種類で、間取りに合わせて連結も可能です。

将来、子ども部屋を分けたい場合は移動できるクロゼットを

最後にお勧めする商品は、なんと壁にもなる大型クロゼット。

このような家具があれば、たとえば子どもが小さいうちは1つの子ども部屋を共同の子ども部屋として使い、子どもの成長により子ども部屋を分けたい場合はクロゼットを部屋の真ん中に移動して間仕切りクロゼットとして使えます。リビングの間仕切り収納としても活躍しますね。

その他にも、壁を作らず、とにかく広い部屋を作っておいて、家族の増減やライフスタイルの変化に合わせて間取りを変えるなどの使い方も可能になります。

南海プライウッド
ウォールゼットムーブ4

※2台+壁納めフィラー材使用時

【家具データ】
※単品(写真左上)

◆サイズ
幅:125.5cm
奥行:60cm
高さ:240cm

◆値段
539,880円(税込み)

◆補足
部屋の幅に合わせた個数と別売りの壁納めフィラー材(20,020円・税込み)を左右に使うことで、完全間仕切りにすることもできます。

普通、大型クロゼットというと移動や固定が大変なイメージがありますが、こちらの商品はキャスター内蔵なので女性一人でもラクラク移動できます。その上、1カ所のハンドル操作だけで簡単に固定できます。(写真左下)

高さと幅をミリ単位でオーダーできるため、梁があっても大丈夫。

通常クロゼットを作るリフォームを行うと50万円程度はかかるので、暮らしに合わせて気軽に模様替えや間取り替えが楽しめるこちらの商品は、コスパも最高なイチオシ商品です。

あとがき

子どもとの生活は楽しくて幸せなはずだったのに、どうしてかいつも将来の不安にさいなまれている、余裕がなくてイライラして怒ってばかり……そんな悩みを抱える夫婦が増えています。

仕事に育児・家事などに加え、昨今の物価高や今後増える教育費など、考えることが多く、いつの間にか余裕がなくなってしまうのも当然です。

しかし、そんな時こそ、ぜひ住まいを見直し、本書でご紹介した模様替えなどで部屋を整えてみてください。それは、**「心が荒れると住まいが荒れる　住まいが荒れると家族も荒れる」**からです。

多くの方が同じ過程を通り心も住まいも荒れ、家族が荒れる一歩手前で、当事務所にご相談にいらっしゃいます。心と住まいの状態は密接に関係し比例しているのです。

そのため本書で勧める幼児期・学童期・思春期の模様替え時期以外にも、気分がパッとしない場合は、ぜひ模様替えをして、快適で実用的な住まいに整えてみてください。

家が快適になるとイライラすることが減り、子どもと快適に過ごせるようになります。また家事や仕事などの作業効率も上がります。


子どもにとっても、**整理整頓された住まいはどこに何があるのかが把握しやすくなるため、親に頼らず自ら考え、物を管理しスケジュールを立て行動する力が育ちます。**

とくに本書でご紹介しました「学用品置き場」や「やることリスト」「家族の掲示板」などは大切ですので、ぜひできる範囲で取り入れてみてください。

わが家の子どもたちも小学生の時には、毎日の学校の準備はもちろん、林間学校の準備まで、家のどこに何があるのかがわかっているため、自分でなんでも用意できるようになっていました。

忘れ物なども一度もしたことがありません。中学生になるとお弁当の準備から、部活や塾・習い事など、忙しいスケジュールを自分で管理していました。わたしに聞いてくることといえば、月謝などのお金に関することや進路、体調の相談くらいでした。

機能的な部屋への模様替えや部屋作りのニーズは多いのに、知識は普及しておりません。本書をお読みになり、家具レイアウトや模様替えについて、さらに知識を深めたいと思われた方は、一般社団法人日本模様替え協会が実施する「模様替えアドバイザー資格者検定」の取得をお勧めいたします。

その他にも、わたしが代表を務めるCOLLINO一級建築士事務所では、一般の方向けからプロに向けたものまで、さまざまな住まいに関するセミナーも開催しております。ご興味のある方はメルマガ登録など、よろしくお願いいたします。

本書の編集にあたり、彩図社の大澤泉さんには大変お世話になりました。改めて感謝を申し上げます。

また、当事務所の模様替えサービスを通じて、数々のニーズや事例をご提供くださいましたお客様には、この場を借りてお礼を申し上げます。

最後までお読みいただき、ありがとうございました。

本書でお読みになったことが、子どもとの快適な暮らしのヒントになれば幸いです。

２０２４年12月

COLLINO一級建築士事務所　しかまのりこ

模様替えアドバイザー資格者検定↓

COLLINO一級建築士事務所（COLLINOインテリア）↓

【著者略歴】

しかま　のりこ

模様替え作家／一級建築士／建築基準適合判定資格者
「〜地球にやさしい　家族にやさしい〜」をコンセプトに、延べ5,000件以上の住戸の設計・検査・審査に携わる。また、これまで500軒以上のリビング・寝室・子ども部屋の模様替えを行った実績から、模様替えのスペシャリストとして、日本テレビ「ZIP!」、テレビ東京「日曜ビッグバラエティ」、扶桑社「住まいの設計」、小学館「週刊 女性セブン」などのＴＶ・雑誌でも活躍中。著書に『狭い部屋でも快適に暮らすための　家具配置のルール』（小社刊）。

※本書でご紹介した家具の詳細については2024年12月現在のものであり、今後商品の詳細が変更される場合や欠品となる場合もございます。恐れ入りますが、ご了承ください。

狭い家でも子どもと快適に暮らすための
部屋作りのルール

2025年1月23日　第1刷

著　者　しかまのりこ

発行人　山田有司

発行所　〒170-0005
株式会社　彩図社
東京都豊島区南大塚3-24-4
MTビル
TEL：03-5985-8213　FAX：03-5985-8224
印刷所　シナノ印刷株式会社

URL https://www.saiz.co.jp　https://x.com/saiz_sha

ISBN978-4-8013-0755-1 C0077
落丁・乱丁本は小社宛にお送りください。送料小社負担にて、お取り替えいたします。
定価はカバーに表示してあります。